支援が困難な事例に向き合う
発達臨床

教育・保育・心理・福祉・医療の現場から

別府悦子・香野 毅 [編著]

ミネルヴァ書房

ま え が き

　筆者は，大学や短期大学で保育士や幼稚園・小学校教諭，社会福祉士の養成に携わっているが，時に施設などに勤めている卒業生が訪ねてきて，事例の相談を受けることがある。その際に，傷や骨折のために腕などに包帯をしている卒業生の話を聞くことが何度もあった。担当している子どもや利用者がパニックになったり，他害・自傷行為を行った際にそれに対応しようとして，負傷したとのことであった。もちろん卒業生たちは，それを訴えに私のところに相談に来たのでなく，担当している事例に対して真摯に向き合い，どのように対応すればいいかを考え，助言を求めにくるのである。

　このように，いわゆる「身体を張って」，最前線で向き合い支援を行っている専門職が障害児・者の施設や児童養護施設，あるいは学校や保育所・幼稚園・放課後支援の施設などには多く存在する。中には必ずしも十分な待遇保障がされていないにもかかわらず，熱い思いをもち，そして実践の中で子どもたちや当事者の方たちが変わっていく姿が見られるなど，家族の支えとなりながら仕事をしているという話を聞くことも多い。

　文部科学省は2002年と2012年に全国悉皆調査を行い，発達障害などがあって特別なニーズをもつ子どもが通常の小中学校に2002年の調査では6.3％，2012年の調査では6.5％存在するという結果を公表した。この数字の公表は，通常学級の特別支援教育を推進するために重要なものでもあったが，今やこの数字だけではとどまらない率の子どもたちに特別な教育的支援が必要であることは，言を俟たない状況である。アレルギーなどの疾患を抱える子ども，不登校や引きこもりの子ども，災害や子ども虐待などによるトラウマを抱える子ども，外国籍の子どもなど，様々な支援ニーズをもつ子どもたちが増えており，現場はその対応に追われている。そして，子どもの社会は現代社会の縮図と言われるが，子どもにかかわる大人も経済的不安，暴力，家族内不和，そして災害や戦争の不安などによる不安定さやストレスを抱えながら生きており，それが子ど

i

もたちの育ちに少なからず影響を与えている。

　障害者施設などに入所してくる利用者の中にも，もともとの障害や発達上の困難に加え，このような環境の影響から状態が悪化し，問題行動の頻発やいわゆる「強度行動障害」などにより対応に難しさを抱える場合が増えている。冒頭に紹介した卒業生などの施設職員の中にも，関係性を修復しようとしてうまくいかず，対応に手を焼いている人が少なくない。

　こうした子どもや施設利用者，あるいは保護者の困難やニーズがますます多様になっている現状から，「子どもや利用者との関係をうまく築けない」「保護者への対応に悩んでいる」という教師や指導員，保育者の悩みもよく聞く。さらに，現場の多忙化も加わって，教職員や保育者の疲労感も高まり，うつ病などの精神疾患による病休や休職も増加の一途をたどっていることも，統計資料から明らかにされている。

　筆者は，心理士や発達相談員として，30年ほど前から，自治体の職員とともに事業の中で，保育所や学校，施設などの巡回相談活動を行ってきた。そこでは保育や授業，あるいは施設での生活場面で子どもや利用者の行動観察を行い，あるときには知能検査や発達検査を実施して，知的発達の状況や機能面のアンバランスさやずれなどを検討し，行動との関連を見ることによって，本人の内面を探る手掛かりにし，それらをもとに，助言や援助・指導の方策の検討を行っている。コンサルテーションと呼ばれる活動である。

　筆者がこうした活動を行ってきて，従来はどちらかと言えば，子どもたちや利用者の行動の特徴をどのように理解すればよいか，どういう（発達）障害か，あるいは今すぐどのように対応すればよいか，と尋ねられる相談が多かった。中には，専門家への相談結果ということで，こちらが伝えた内容が十分に吟味されずにそのまま実行されたり，逆に専門家に任せたいと，いわば「丸投げ」のような対応をされることもしばしばあった。しかし，最近では，どう対応したかを職員が語り，そして，その中で子どもたちや利用者がどのように変わっていったかという，具体的な実践の話を聞くことも増えた。一人ひとりの子どもや当事者の尊厳を大事にし，発達の可能性を信じる，最前線の方たちの熱意

や心意気を感じることも多い。

　今，国は「チーム学校」と称し，スクールカウンセラーやスクールソーシャルワーカーなどの専門職を学校に配置することを構想している。平成27年12月の中央教育審議会（第104回総会）の「チームとしての学校の在り方と今後の改善方策について（答申）」では，「単に子供たちの問題行動のみに着目して対応するだけでは，問題はなかなか解決できない。学校現場で，より効果的に対応していくためには，教員に加えて，心理の専門家であるカウンセラーや福祉の専門家であるソーシャルワーカーを活用し，子供たちの様々な情報を整理統合し，アセスメントやプランニングをした上で，教職員がチームで，問題を抱えた子供たちの支援を行うことが重要である」という。保育所や施設などの福祉分野においても，アウトリーチ型の支援として，心理や福祉の専門職を派遣しようとする施策が進展している。

　こうした施策が本格化されていくならば，コンサルテーションに携わる我々も，現場のニーズに応えるような専門的力量を高めていくことが求められるし，役割を果たしていくことへの責務を感じている。しかし，自分自身の相談活動を振り返っても，コンサルテーションに携わる（心理学）研究者や専門職はこのような現場の状況，ことに困難な状態を抱える子どもや利用者への対応に必ずしも追いついていない状況もあることを実感している。今後，実践の労苦を聴き取り，試行錯誤されている取り組みを方向付けるために，臨床活動や実践研究に何が求められるか。そして，学校や保育・施設現場における多職種の協働や人的・社会資源の充実をどう進めるか，ということを考えていくことが，筆者自身にも突きつけられている緊喫の課題である。

　このような困難な事例に対応している専門職の人たちへの思いを伝え，そしてその実践をより進めていくために必要なことは何かを考えたいと思っているときに，筆者が深くかかわっている日本臨床発達心理士会の研修会で香野毅氏に出会った。氏は「シビアケース」として，自験例を交えながら，この問題に明快に迫って論考を行い，その内容は筆者の臨床活動に示唆を与えるものであった。今回の本は氏の講演との出会いから生まれたものである。こうした趣旨

で，児童精神科医師の田中康雄氏をはじめ，実践と深くかかわりながら，あるいは自ら実践を行っている教育・保育・心理・福祉・医療の関係者の方たちにも執筆を依頼することができた。また，そうした筆者たちの願いを，ミネルヴァ書房が聞き入れてくださったことは幸いであった。

　まだまだ未整理の課題の多い分野ではあると思うが，困難な事例に「身体を張って」，真摯に実践を行っている専門職の人たちへの一助となればと願いながら，執筆や編集作業を行ってきた。

　当事者の子どもや大人は未来を生きる存在であり，親や教師・保育者・指導員たちも「この子を育ててよかった」「この方の支援にかかわった甲斐があった」と子育て・医療・療育・福祉・保育・教育等の重要性を再認識する時代にある。このような中でこそ，子どもや利用者の困難を，一人の親や担当職員のせいにしたり，任せるのでなく，施設や園・学校にかかわるみんなで子どもたちや当事者の発達を共有していくことが，必要である。そして，一つの専門性で対応したり，ゆだねたりするのでなく，協力し合える体制をつくることが求められている。子どもや当事者が主役の学校や社会になり，親や教師や保育者，指導員が実践の主体者となるために，本書を通して協同の取り組みが少しでも進展していくならば，編者として望外の喜びである。

　なお，本書の各章の多くは，事例をもとに執筆されている。著者による架空や創作の事例もあるが，発達臨床の実際の事例を掲載させていただいたものもある。その場合，当事者，家族，関係者等に口頭または文書で十分にご説明し，了解をいただいた。また，事例研究の際に論文への掲載の承諾を得たが，その後連絡が取れなくなったため，個人が特定されないように修正を加えた上で掲載したケースもある。ご協力いただいた皆様に，心より感謝申し上げる。

　　2018年8月

　　　　　　　　　　　　　　　　　　　　　　別府悦子

目　次

まえがき

第1章　支援が困難な事例（シビアケース）のとらえ方
　　　　　　　　　　　　　　　　　　　　　　　　香野　毅…*1*

1　実践を振り返るということ ……………………………………… *1*

2　アセスメントに起因したと思われる困難さ …………………… *2*

3　複雑に絡み合った問題による困難さ …………………………… *5*

4　家族との連携における困難さ …………………………………… *7*

5　相談ニーズと相談行動にかかわる困難さ ……………………… *11*

6　実践において生じる困難さを少しでも減じるために考えうること
　　…………………………………………………………………… *15*

第2章　自閉スペクトラム症児の困難事例の理解と支援①
　　　　　――遊戯療法と母親面接 ……… 中西由里・別府悦子… *19*

1　自閉スペクトラム症（ASD）とは ……………………………… *19*

2　自閉スペクトラム症（ASD）と診断されているAくん（男児）と
　　その母親に対する支援 ………………………………………… *21*

3　事例の経過 ……………………………………………………… *25*

4　事例をもとに自閉スペクトラム症（ASD）の心理療法を考える…… *36*

第3章　自閉スペクトラム症児の困難事例の理解と支援②
　　　　　――学童クラブでの集団活動………………… 服部敬子… *41*

1　場面緘黙をともなう高機能自閉スペクトラム症（ASD）児の
　　支援の困難 ……………………………………………………… *41*

2　Aくんの支援について ………………………………………… *43*

v

3 支援の経過 ……………………………………………………… *45*

4 Aくんの変化と支援についての考察 ……………………… *54*

第4章 自閉スペクトラム症児・者の困難事例の理解と支援
——発達のアンバランスに注目して ……… 別府　哲… *63*

1 自閉スペクトラム症（ASD）の問題行動と機能連関 ……………… *63*

2 定型発達における1歳半の節と機能連関 ……………………… *66*

3 自閉スペクトラム症（ASD）における1歳半の節と問題行動 ……… *70*

第5章 ろう学校の重複障害学級での困難事例の理解と支援
——「天敵」がかけがえのない友になるとき

………………………………………………… 竹沢　清… *83*

1 ぶつかりあう俊作と昇太 …………………………………… *83*

2 実践で大事にしたいこと …………………………………… *93*

3 実践の主体者になるために ………………………………… *97*

第6章 医療的ケアを必要とする重症心身障害児の困難事例の理解と支援——肢体不自由特別支援学校での実践

…………………………… 別府悦子・近藤博仁… *101*

1 医療的ケアの必要な重症心身障害者の支援の困難 ……………… *101*

2 重症児Aさんの支援について ……………………………… *103*

3 支援の経過 ………………………………………………… *104*

4 重症児へのかかわりの困難とそれに向かう支援 ……………… *111*

第7章 学童期における困難事例の理解と支援
——ソーシャルワークの観点から ……… 鈴木庸裕… *119*

1 ソーシャルワークのある社会 ……………………………… *119*

2 自閉スペクトラム症（ASD）の疑いがある小学生Aくん（男児）への

目　次

支援——個別的対応事例をもとに ……………………………………… *123*

　3　個々の多様性と家族を丸ごととらえる支援と学校づくりを通じて
　　　…………………………………………………………………………… *128*

　4　多様性の尊重をめざして ……………………………………………… *134*

第8章　思春期・青年期における困難事例の理解と支援
　　　　　　——生活指導と集団づくり ………………… 湯浅恭正 … *137*

　1　「支援困難な子ども」の理解 ………………………………………… *137*

　2　生活指導の視点から思春期・青年期をとらえる …………………… *139*

　3　支援困難な中学生の自立への取り組み ……………………………… *141*

　4　困難な課題を持つ青年への支援 ……………………………………… *148*

第9章　強度行動障害者の困難事例の理解と支援
　　　　　　——障害者施設での実践
　　　　　　…………………… 別府悦子・藤井美和・別府　哲 … *155*

　1　障害者施設で生活する人たちと支援 ………………………………… *155*

　2　行動障害の人たちの実践事例から支援について考える …………… *159*

　3　実践の試行錯誤と職員の願い ………………………………………… *165*

　4　集団の中で生活経験を踏まえた支援を ……………………………… *173*

第10章　支援の困難を生み出す保育の構造的な課題
　　　　　　——巡回相談の現場から ………………… 田宮　縁 … *177*

　1　問題の所在 ……………………………………………………………… *177*

　2　巡回相談で出会った保育者たち ……………………………………… *180*

　3　考　　察——現場の構造的な課題 …………………………………… *186*

　4　人と人との営みの中で ………………………………………………… *189*

vii

第11章　災害時における障害児・者や家族の理解と支援

……………………………………………………………………… 小林朋子… 191

1　支援の必要性 ……………………………………………………… 191

2　災害後の障害のある子どもの心身の反応 …………………… 191

3　災害時における保護者の困難 ………………………………… 196

4　障害のある子ども・人および家族への支援 ………………… 199

5　キーワードは「場所」「情報」「人」…………………………… 202

第12章　支援が困難と感じるとき——児童精神科医の立場から

……………………………………………………………………… 田中康雄… 205

1　われわれのクリニックの現状 ………………………………… 205

2　支援が困難と感じるとき ……………………………………… 207

3　「理解・協力者」から「応援されるべき者」へ

　　——子どもにかかわる人への支援 …………………………… 210

4　優れた支援者 …………………………………………………… 213

5　愚者の独語 ……………………………………………………… 214

6　支援者へのエール ……………………………………………… 215

7　支援から共生へ………………………………………………… 216

　付　録　*218*

　　1　発達障害について　*218*

　　2　アタッチメント障害について　*220*

あとがき

索　　引

第 1 章 支援が困難な事例（シビアケース）の とらえ方

香野　毅

1 実践を振り返るということ

　支援の場で用いる「事例」という言葉は，狭い意味ではその対象となる人を指し，広い意味ではその人にまつわる出来事や実践全体を指している。広い意味での出来事や実践には，当人，家族や所属する学校，園，施設，地域や行政，医療などの関係者，支援者である「私」も含め多くの人が登場する。そしてそこにはいくつもの関係性や具体的なやりとりが生じている。

　事例について振り返るとき，当人を中心にストーリーを成り立たせ，「私」や関係者を脇役や黒子におくこともできる。しかし困難な事例を振り返り，その事例から何かを学ぼうとするときには，多くの人物を登場させて相互の関係性や具体的なやりとりを検証する必要がある。そうしなければ困難さの理由を，当人の持つ特性や障害あるいは事情のみに帰属させることになってしまい，得られる学びが限られたものになってしまうだろう。一方では，困難な事例，うまく展開できなかった実践の原因を，支援者である「私」の不出来のみに帰属させることも，同じく学びを狭めてしまうだろう。

　本章では，このような思いに揺れながら，自身が困難であったと感じた実践を振り返り，そこからもたらされた気づきや学びを考察しながら，最後にまとめを試みる。ちなみに私の立場は，幼稚園の巡回カウンセラー，大学での相談

業務，スクールカウンセラーなど多岐にわたっている。

なおここで紹介するすべての事例は，実践をもとにエッセンスだけを活用して創作した架空事例である。

2 アセスメントに起因したと思われる困難さ

(1) アセスメントからはじまる支援

アセスメントとは，図1-1のように表すことができる。「情報収集・願いの聞き取り」「実態把握」から「目標設定・方針決定」に至るプロセスである。ただしこのプロセスは単純に左から右に至るのではなく，目標設定された後に改めて必要な情報収集や実態把握がなされたりする往来的な営みである。教育や心理における支援や指導はアセスメントをその循環的営みの始まりにおく（図1-2）。つまり，アセスメントのずれや誤りは，その後の実践に齟齬を生じさせる。さらに修正が適切に働かない場合，指導・支援における困難さは解消されずに進行していくこととなる。

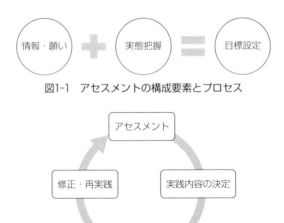

図1-1　アセスメントの構成要素とプロセス

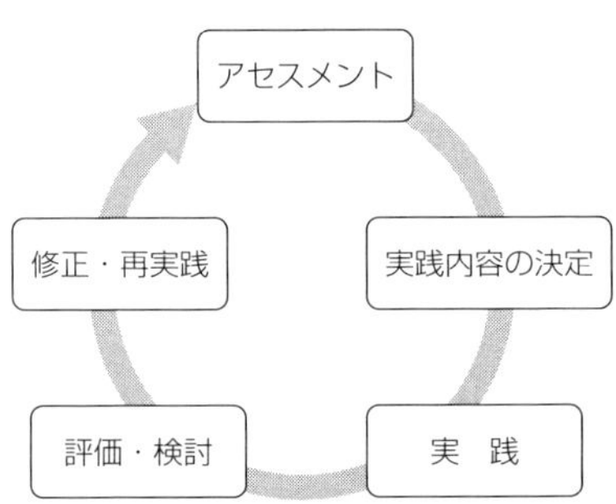

図1-2　アセスメントからはじまる実践の循環

第1章 支援が困難な事例（シビアケース）のとらえ方

（2）不登校から相談がはじまったAくんの事例

　Aくん（男児）は，不登校傾向があることから母親に連れられて相談に来た中学1年生である。話し好きのAくんは自分の好きな漫画やテレビの話をしてくれた。学校には趣味の合う友だちがいないこと，休み時間に同級生のおしゃべりに付き合うのが面倒なことなどを語った。家庭については，父親が厳格で口うるさいことへの不満を述べ，しばしばこのことが話題の中心となっていった。この時期に，両親の離婚により父親との接触がほとんどなくなるなど大きな環境の変化が生じた。このことをきっかけに徐々に安心したのか，登校状態も安定し，＜また何かあれば＞と終結に近い中断となった。約1年後，不登校状態が再発して，再度相談に訪れた。その後，高校卒業まで不登校状態が続くことになった。その間，極度に人の目が気になり，日中の外出がままならない状態や昼夜逆転の生活，家庭での器物破損などが生じた。

　生活状況や不登校状態が膠着した中，ある日の面接で相談室の外に散歩に誘った。下り坂をつま先歩きで進むAくんの姿を目にしたとき，それまで気づいていなかったAくんの一面に出会った感じがした。話すときの独特な手の動き，同じ色と素材でまとめられた服装，その他諸々のエピソードが自閉スペクトラム症（ASD）の特性と結びつくことに気づいた。さっそく母親に面接に来てもらい，ASDの可能性があることの見立てを説明したが，有益な面接とはならなかった。なぜならこの時点で家庭での生活は親子の努力で安定していた。本来なら，Aくんが個別的な支援を受けて生活すべき場所は学校であったが，そこはすでに登校を再開できる状態にはなかったのである。Aくんが生きづらさを感じていた集団（学校）生活において，診断名を利用した理解と具体的な支援を行う必要があった。遅れて提示されたASDの可能性は役には立たなかった。

　当初期において，Aくんと父親との葛藤が主たるテーマで，その解消が不登校状態の改善につながると考えていたのは明白である。両親の離婚によって，期せずして葛藤のテーマが霧散していったことで，不登校が一時的におさまっていった。面接の経過の中では，Aくんの持っている対人関係の取りにくさや教室の騒がしさへの不快感，独特の興味関心といった話題に触れていたにもか

3

表1-1　障害のある子どもについて把握する実態や収集する情報

・障害特性を中心とするもの
　　主たる特性と派生して生じている特性　2次的障害
・発達や能力を中心とするもの
　　発達検査・知能検査などの諸検査からの情報
　　ソーシャル・スキル　学力　運動能力　作業能力　コミュニケーション　などの実態
・生活実態を中心とするもの
　　ICFにおける参加状況　ADL　身辺自立の様子　ライフスキル　生活習慣
・将来像を中心とするもの
　　当人・保護者の願い　解消したい日々の困り　目指す姿　将来の夢
・これまでの歴史やかかわりを中心とするもの
　　成育歴　相談歴　発達歴　家族構成・関係　ICFにおける生活マップ

かわらず，それらの情報にもとづいたアセスメントが更新されず，Aくんの理解を深めることができていなかった。登校が再開される時点で，ASDの可能性を関係者間で共有し，特別支援教育による支援が提供されていれば，違った展開になったと振り返ることができる。

（3）アセスメントにおいて生じる困難さ

　アセスメントにおける問題は二つに集約できるだろう。一つは情報や願い，実態を集めていく段階における問題であり，もう一つは集めた情報や実態から目標や方針を設定していく段階における問題である。

　前者に関して，日頃，自分がどのような情報を集めようとしているのか整理することができる。たとえば障害のある子どもへの支援の場では表1-1のようにまとめられる。昨今，特別支援教育などの領域においては，子ども一人ひとりに対して個別の指導計画等の作成が義務づけられており，作成にあたっては実態把握等のアセスメントが行われることになる。必要な情報をもれなく収集していくという意味では，書式に沿ってアセスメントを進め，指導計画を作成していくことの意義は少なくない。少なくとも重大な見落としを避ける，実施可能な手続きと考えることができる。

　後者に関して，集めた情報からどのような目標を設定し，その目標に向けて具体的にはどのような教育，支援を選択していくかの進め方をマニュアル的に

第1章　支援が困難な事例（シビアケース）のとらえ方

定めることは難しい。優先順位，支援の枠組み，利用可能な資源，年齢や生活状況など考慮に入れるべき要素も少なくない。このようなアセスメントを少しでも適正化させるには“繰り返す”しかないのかもしれない。我々は，当面，集めうる限りの実態や情報，願いを頭に入れて，そこから目標や方針を絞り出す。そこにあるのは，開き直っていえばある種の“勘”のようなものかもしれない。この段階の不確実さを自覚して，つねに情報を更新し，実践の中で得られた情報を加えてアセスメントを繰り返していくことが求められる。

3　複雑に絡み合った問題による困難さ

（1）広がる子ども理解のキーワード

　ここ10年ほど，学校や幼稚園，保育所，認定こども園を訪問しての相談やケース会を行っていく中で，私自身も現場の教職員も，子ども理解のキーワードが広がっていることを感じている。当初は，言葉の遅れや集団行動への参加の難しさ，学習の遅れといったあらわれが話題となり，手掛かりとして「発達障害」や「発達の遅れ」といったキーワードを用いて，理解と支援を試みてきた。最近は，情緒的な不安定さ，対人関係の取りにくさや他害などのトラブル，生活習慣の乱れといったあらわれが話題となり，手掛かりとしていわゆる「愛着障害」を用いることが増えてきた。そしてこれらのキーワードが，一人の子どもの中で複合的，重複的に生じている事例にしばしば出会う。

（2）園生活において気になるあらわれを示したＢくんの事例

　Ｂくん（男児）は，園生活において集団行動にうまく参加できないことから巡回相談でお会いしたお子さんである。園での観察では，たしかに集団での活動から外れ，先生からの個別の援助を必要としていた。ハイテンションな印象と，一人遊びへの没頭，クラス全体への声掛け指示への無反応が印象的であっ

（1）「愛着障害」の定義や範囲については議論の余地が大いにあるが，本章ではとくに論考を行わない。

5

た。言語面などの知的発達には顕著な遅れは認められないことから，高機能の広汎性発達障害（当時の表現）の可能性を視野に入れながら，園の先生方と話し合いをもった。広汎性発達障害からの理解と支援は一定の成果をもたらした。たとえば視覚情報や個別的なわかりやすい声かけによって，Ｂくんの集団への参加状況は好転していった。母親にＢくんの様子を伝え，専門機関の受診も含めた今後の体制作りを話し合う面談を設定した。当初は否認や戸惑い，ショックなどが母親の感情として表現されたが，徐々に面談は進展していった。園と保護者が連携して，専門機関の受診と今後の支援を継続していくことを確認して，いったん巡回相談としては終了した。

　数か月後，フォローアップも兼ねてこの園を訪問した。Ｂくんの様子が不安定であること，担任と母親の関係がギクシャクしていることが園から報告された。そこで母親と個別に面談することになった。まず出された話題は，担任への不満や憤りであった。次に，母親自身の不調が語られはじめた。それは自身の子ども時代から続く両親への不信感や夫婦間の問題などにまで広がっていった。母親自身の気分障害の既往歴と現在進行中の不定期な通院，服薬も明らかになった。さらに父親から母親へのＤＶが明らかとなった。面談で次々に語られる話題に圧倒され，なんとか状況を整理しようと面接を重ねることしかできなかった。

　そのような中，Ｂくんの様子を教室に観察に行った。教室の中でボーッとしているかと思えば，突如，ハイテンションで走りだし，集団活動とはまったく関係のないところで，先生にしがみつき，声かけで参加をうながされるがキョトンとした様子で周囲を見回していた。その様子は，記憶や意識が途切れているようであり，解離症状を疑わせるものであった。その後，この家族への支援は家庭児童相談室が中心的な役割を担うことになっていった。

（3）子ども理解のキーワードの複雑さ

　杉山（2007）は発達障害の子どもにおける虐待のリスクや両者の切り離しにくい関係について指摘を繰り返し，この分野に携わる者へ警鐘を鳴らしてきた。

第1章 支援が困難な事例（シビアケース）のとらえ方

振り返ってみるとBくんと家族を理解するキーワードは，「発達障害」「愛着障害」「解離」，家庭内における「DV」「子ども虐待」，母親の「気分障害」など多岐にわたる。面接を重ねていくにつれて，雪だるま式に増えていった。振り返れば，この事例において追加すべきキーワードに「トラウマ」もあった。これもまた杉山（2016）が近年，「発達障害」と「愛着障害」が重複した事例において，そこに家族のもつ子育ての困難さも絡まって，トラウマ体験が生じやすいこととその処理が達成されない可能性が高いことを指摘している。Bくんに観察された解離を疑わせるあらわれには，このような背景があったと推測することができる。

　子どもの種々のあらわれから見立てをしていく際に，慎重さと幅広い視点をもつことは重要である。たとえば多動的な子どもの行動を観察したり，エピソードを聞いたりしたときに，我々はその背景要因を分析的に探し出そうとする。子どものもっている注意欠如・多動症（ADHD）やASDなどの発達障害の存在を見極めようとする視点は有用である。しかし一方で，その見極めようとするこちらの姿勢が，かえって視野を狭め，他の背景要因への気づきを阻害してしまうことも起こりうる。巡回での相談において，子どもに直接会う前に担任の先生から「ADHDの傾向があるように思って…」と紹介されながら当人に出会うと，その行動の一つひとつをADHDの特性に結びつけようとしている自分に気づくことがある。もちろん担任の先生の持っている印象は重要な情報ではあるが，近くにいるからこそ見逃していることもある。家族内における著しいストレスや暴力，事故や事件への遭遇も子どもの多動を引き出す要因となりうる。これらは子どもの支援者としてけっして見逃すことのできない要因である。

4　家族との連携における困難さ

（1）家族に期待される役割や機能

　今日まで，障害のある者への指導，支援方法は数多く開発され，現在もとど

まることはない。支援者も家族も，より多くの方法にアクセスし選択すること
が可能になった。さてこれらの指導，支援方法を俯瞰したときに，一つ最近の
傾向をみることができる。それは家族メンバーや家庭という場の役割や位置づ
けが大きくなっていることである。

　Family-Centred Service は，ニーズのある小児への医療的介入やリハビリ
テイションの領域で始まった，専門家にとっての哲学でもあり，アプローチ方
法でもある（Rosenbaum et al., 2009）。家族の個別性や成員一人ひとりのニーズ
を尊重することや家族への情報の開示と意思決定の手助けといったことが原則
や方針としてあげられている。わが国においても，医療や教育，福祉の分野に
おいて同様の哲学とアプローチは浸透しつつあるといえる。このような流れの
中で，家族を子どもの発達支援の参加者として位置づける取り組みが広まりつ
つある。これは，通常の意味での子育てを担う者としての家族という位置から，
積極的に家庭内で専門的なかかわりを提供する者という位置まで，幅広い連続
体を成している。たしかに発達支援や療育を，家族の承諾や参加のもと，専門
家と家族が連携して行うことは当然であり，効果という点においても有効であ
ろう。しかし家族もまた子ども同様，個別的である。様々な事情によって家族
との連携がうまくいかないことがおきうる。

（2）社会資源の利用の難しさを持っていたＣくんの家族

　Ｃくん（男児）は脳性まひと軽度の知的障害を併せ持つ高校生である。Ｃく
んの所属する特別支援学校では，放課後に事例検討会が開かれていた。将来を
見据えるという方向性のもと，社会生活体験を広げ，様々な人や場面に出会い，
社会的なルールやスキルを学ぶこと，卒業後の生活をイメージできること，余
暇の過ごし方や趣味を持てることなどが目標としてあがった。続いて学校で提
供できることと家庭で担ってほしいことが話題となった。そこでＣくんが放課
後や週末に，自室でゲームに没頭し，外出の機会をほとんど持てていないこと
が明らかになった。「家庭に難あり」という見方が先生たちの中に垣間見えた。

　Ｃくんは父子家庭であった。父親に放課後や週末，Ｃくんを外出させる余裕

がないことは容易に想像された。もう一つ明らかになったことは，父親が外出支援や放課後支援，レスパイトサービスなどの福祉的なサービス事業についてほとんど知識や情報を持っていないことであった。母親同士の口コミなどのネットワークで共有されることの多いこのような情報に，父親はまったく触れることができなかったのである。そこで学校ではＣくんの居住している地域で利用可能なサービスや事業所についてリストアップし，父親に情報提供することとなった。

（3）家族に多様な難しさが生じていたＤさんの家族

　Ｄさん（女児）は聴覚障害と軽度の知的障害を併せ持つ中学生である。登校状況が不安定なことから，学校からの紹介で母親が相談に訪れた。両親と祖母，成人した兄の５人家族である。最初の面接で家族状況を聞き取りした。父親は頻繁に海外出張にでかけるなど仕事が忙しいらしく，家族へのかかわりが希薄な様子であった。母親は長年，気分障害（うつ病）を患っており，定期的に通院と服薬をしていた。主治医が交代したことが不満で，転院を考えていた。祖母は要介護状態であった。昔気質の性格で，訪問介護や家事支援を受けること，デイケア等に出かけることに強く抵抗感を示していた。兄は高校以来のひきこもり状態であった。高校のときに相談した先生から発達障害の疑いがあることを指摘されていた。母親は，Ｄさんはよく家事を手伝い，母親をはじめ，家族みんなの話し相手であり，家庭に明るさをもたらしてくれていると話した。家族個々に，そして家族全体に生きづらさがあることは明白であった。母親に，外部に情報提供することの承諾を得て，ある相談機関に勤めているソーシャルワーカーに相談することにした。障害のある高齢者，精神障害者，発達障害，ひきこもり支援など幅広い領域に情報を持ったソーシャルワーカーは，こちらの依頼に応えて，家族それぞれへの支援プランを作成してくれた。後日，忙しい父親に時間を工面して来談してもらい，両親にこのプランを提示しながら面接することができた。

（4）家族との連携のありかた

中田（2009）は，親に「最良の教師」や「共同治療者」となることを期待し，求めることの息苦しさを指摘するとともに，まずは「親」になることを見守り支援することの必要性を述べている。家族との連携は近年ますます求められているが，どこか一方的で，親に教師役割を担うことや療育に励むことを期待しすぎる傾向があるのではないだろうか。Family-Centred Service は，家族が治療や方針決定に関与することを原則として掲げているが，同時に家族一人ひとりにもニーズがあり，それぞれの思いが尊重されるべきであることも掲げている。保護者の持っているパーソナリティや役割とは図1-3のような階層図に整理することができる。たしかに親には教育者や療育者の役割もあるが，それは安定した日々の生活の上に成り立つのであろう。そのためには子どもや自身に関することについて意思決定できる主体者であることや家族の日常的な日々が過不足なく過ごせる生活者であることが前提である。さらには子育てという難題は様々な支援を必要とすることから考えるならば，保護者も被支援者である。そして誰もがこれまでを生きて，これからを生きる一人の生活者である。これらは厳密なものではないものの，階層的な構造と考えることができる。

保護者のニーズや段階がどの層にあるのかの見極めを誤ると，支援が的外れになり，お互いの思惑のずれが生じてしまう。ここに家族との連携がとれない原因があるように思われる。保護者がどの層にニーズを持っているのかを見極め，その層に応じた目標が見定められ，具体的に相互の動きができたときに，はじめて"連携"といえるのだろう。

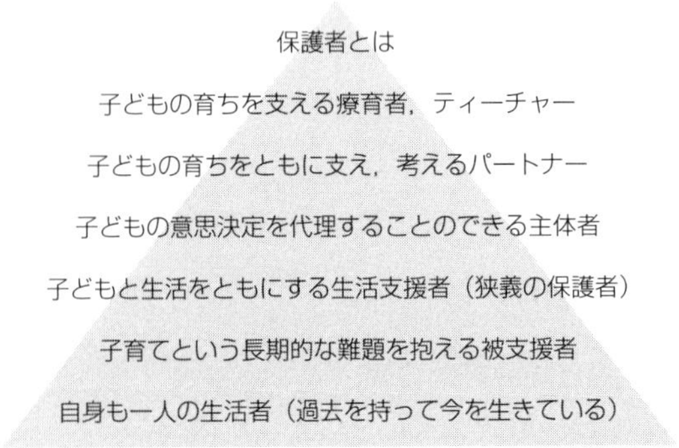

保護者とは

子どもの育ちを支える療育者，ティーチャー

子どもの育ちをともに支え，考えるパートナー

子どもの意思決定を代理することのできる主体者

子どもと生活をともにする生活支援者（狭義の保護者）

子育てという長期的な難題を抱える被支援者

自身も一人の生活者（過去を持って今を生きている）

図1-3　保護者の持っているパーソナリティや役割の階層図

第1章　支援が困難な事例（シビアケース）のとらえ方

5　相談ニーズと相談行動にかかわる困難さ

（1）相談がはじまらないという困難さ

　相談や発達支援の仕事は，当人やその家族などのクライエントが目の前にあらわれ，何らかの訴えをし，それをこちらが受け止めるという形からはじまることがほとんどである。相談室やクリニックはいうまでもないが，巡回相談や健診などでの相談においても，最終的には相談者が困っている状況を話しはじめたり，悩みを打ち明けたりするなどの何らかのアクションが生じてこなければ，相談関係を始めることは難しい。その意味では，＜相談行動をおこさない・おこせない＞というのは対応の難しい事例ということになる。

（2）相談ニーズと相談行動に関する研究が示唆すること

　2016年に，小中学生の保護者が持っている子どもについての悩みや心配事の内容とこれらの悩み等に関する相談実態に関する調査を行った（香野ほか，2017）。約1,000名の保護者を対象に，子どもについての悩みや心配事について，生活習慣，学校・進路，友人関係，健康・医療の四つの領域に関して，それぞれ選択肢となる項目をあげ，複数回答での選択を求めた。あわせて相談行動の有無やその意思，相談相手・機関を尋ねた。

　結果において注目したのは，選択した悩みや心配事の数と相談行動の有無が統計的に有意な相関を示さなかったことである。「悩みや心配事が多い」イコール「相談している」という思い込み的な仮説は支持されなかった。しかも中学生の保護者においては，悩みの多い群は，そうでない群と比べて有意に相談行動をとっていなかった。さらに子どもの「発達の遅れ」を悩みや心配事として選択した保護者を取り出して，その他の保護者と相談行動について比較を行った。ここでも「発達の遅れを心配している」と「相談している」は有意な相関関係を示さなかった。

　この調査では，家族全体の抱える悩みや心配事についても，心身の病気，介

11

護，経済的問題などを選択肢として回答を求めた。その結果，「子どもについての悩みや心配事が多い」ことと，「家族全体についての悩みや心配事が多い」ことが，正の相関関係にあった。つまり，子どもに関することを含めた複数の心配事や悩みが，家族内に生じている状況が明らかになった。また，子どもの発達の遅れの悩みや心配事を選択したものの，相談をしていない回答者の自由記述には「時間がない」「他にもやることがある」「どこに行けばよいのか情報がない」「誰が信用できるかわからない」といった記述があった。子どもについての悩みや心配事を抱えながらも，様々な理由からそれを相談することができずにいる保護者の実態が明らかになった。

（3）関係構築に至れなかったＥさんの事例

　Ｅさんは年長児の長男Ｆくんの母親である。園はＦくんに中軽度の知的障害があり，小学校への就学にあたっては特別支援学級が検討されるべきと考えていた。しかし母親は園からの就学相談に関する説明や３歳児健診以降の保健センターからの呼びかけを「うちの子は普通の学級に行くのだから必要がない」と拒否を続けていた。日常的にも，園でのＦくんのあらわれとＥさん（母親）が語る家庭での養育方針にずれが生じていると園では感じていた。たとえば，クラスでの活動において，園の先生は一斉での声かけでは理解が難しく，個別的かつ具体的な指示が必要と考えていたが，Ｅさんは家庭では日常的な会話には不自由していないと話し，とくに個別的な配慮は必要ないと主張した。園とＥさんは，協働的な関係が持てずにいた。

　ある日，別の用事でこの園を訪問した際に，Ｅさんのことについて園長からこれまでの経緯と対応に苦慮していることを聞いた。そして園長から「これからＥさんが園へ提出物を持ってくるので，私がＥさんに先生を紹介して，今日この場で面接をしてほしい」と依頼された。そこで＜子育て相談の仕事をしている者です。せっかくなのでお話ししましょう＞とＥさんに切り出して，何とか面接の時間を持つことになった。初回はひたすらＥさんの考えや方針を傾聴した。終了時間となったところで，＜続きを聞かせてほしい＞とこちらからお

願いをして，再度，面接を行った。２回目も基本的には傾聴していった。その中で＜お父さんはどんなご意見をお持ちですか？＞と尋ねたところ，夫婦間にも大きなずれがあることが明らかになった。なんとか３回目の面接を設定しお会いすることはできたが，Ｅさんは「私には先生とお会いして話すことはもうありません」と次回以降の約束を取り付けることはできなかった。一方，Ｅさんからは「先生も大変ですね」と，難しい状況での面接のはじまりへの労いと受け取れる言葉もいただいた。

（４）願いやねらいを共有できなかったＧくんの事例

　Ｇくんは脳性まひをもつ利発な印象の６年生である。松葉づえやクラッチなどの介助具を使用して移動していた。動作訓練（心理リハビリテイション）の月例会で出会い，最初のセッションを終えたのちに，＜近いうちに数歩ならば，介助具なしで歩けるのではないか，まずはそれを目指そう＞とＧくんと母親と私の三者で話し合った。そこで集中的に動作訓練のセッションを重ねることにした。その途中，母親がＧくんと二人で話してほしいと，セッション時間以外のときに彼を連れてきた。Ｇくんは「もう訓練は続けたくない」と涙ながらに訴えた。私はその理由もわからず，とりあえず＜今あなたがもっている「やめたい」という気持ちはわかった。今後もいつでも申し出てくれて大丈夫だから，もう少しやってみよう＞と返答した。その後，事前に予定していた数回のセッションには参加してくれたが，その後は継続することができなかった。たしかに驚くほどの効果がセッション経過とともにあがっていたわけではなかったが，母親も私もそれなりの成果は感じはじめていた段階での終了となってしまった。

　Ｇくんがやめたいと訴えた理由はわからずじまいであった。振り返って考えれば，私と母親はかなり前のめりでセッションに臨んでおり，Ｇくんの気持ちがついてきていなかったのかもしれない。またＧくんにとっては，はじめて集中的に受ける動作訓練であった。訓練の中では，＜ここ動かしてみよう＞＜もっと力を抜いて＞と援助されながら，自分のからだに向き合う。それは自分のからだの動きにくさや思うとおりにならない自分との直面でもある。そこには

言葉にならない様々な思いがもたらされたに違いない。私がそのことに思いを
よせることができていなかったことは明らかであった。数年後に会ったGくん
は車いすを移動の手段として用い，いきいきと活躍していた。「僕はこうやっ
て生きていくよ」と教えてくれているようであった。

（5）「支援をうけること，相談すること」そのものが持っている困難さ

　支援者は，子どもに障害があったり，発達の遅れや生活上の問題が生じたり
している場合，その保護者は相談ニーズや相談意欲を持っていると決めつけが
ちである。そこで知らず知らずのうちに＜お困りでしょう。相談して下さい。
一緒に考えますよ＞と受け止める構えをとってしまう。そして保護者が自発
的・主体的に相談してこない場合，そのことを不可思議な行動ととらえ，保護
者に何か問題があるのではないかとすら考えてしまう。家族内に多くの重篤な
問題を抱えている場合，保護者はストレスを抱え，日々の生活に疲弊する。そ
れは保護者の様々な力を削いでいくことになる。その中には援助を求める力や
問題解決のための糸口を考える力などもある。このように考えるならば，大変
な状況にある保護者ほど，相談できない状況になっていると想像することがで
きる。

　また相談するということは，ある側面では現状のうまくいかなさを認識する
という働きをもつ。Eさんにとって相談するということは，自らのこれまでの
考えや日頃の取り組み，現在の考えややり方を否定するという意味を持ったの
かもしれない。もちろん支援者としてはEさんのこれまでの頑張りを認め，ね
ぎらい，これからを一緒に考えていく方針であったが，そこまで至ることがで
きなかった。同様にGくんについていえば，リハビリや療育を受けるというこ
とは，現状の改善が目的となる。「今よりよくしよう」には「今はよくないよ
ね」という現状の否定というニュアンスが含まれている。生涯にわたって持ち
続ける障害とそれによって生じている不具合や問題もひっくるめて，彼ら自身
を成している。熊谷（2009）は，不具合や問題というとらえ方そのものも含め
て，そこに改善をせまるということが，ときに暴力的で侵略的な行為になりか

ねないことを指摘している。

6 実践において生じる困難さを少しでも減じるために考えうること

（1）アセスメントに関する問題

　ここまでの事例とその実践を振り返るとき，情報の収集不足，臨床像の見落としや見誤り，複雑に絡み合った問題に気づくことの遅れなど，アセスメントに関する問題が見えてくる。たとえばAくんの事例において，当初の見立てにおいては親子関係を中心に理解を組み立てていた。Aくんは初期においてはうまく展開しているように思えた事例であったがために，アセスメントの再検討がなされないまま進んでいった。それによって発達障害の可能性やそれにもとづく理解や支援を加えることができなかった。当初のアセスメントから導かれた目標や方針，支援方略はその時点におけるあくまで仮のものに過ぎない。事例の経過の中で，関与しながら得られた実感や新たな情報が再度アセスメントに取り込まれ，仮のものが少しずつ実効的なものに形作られていく。アセスメントのサイクルを循環させること，繰り返すことがこの問題への対応である。

　一方で，アセスメントの問題は，支援者としての扱える範囲や力量との関係においても生じる。Bくんの実践においては，Bくん自身の発達の遅れや特性，園と家族との協働体制づくり，母親自身の不調，夫婦関係といった多様なテーマが存在していた。経過の中で，このようなことを情報として得ていったわけだが，これらをすべて扱うことは私自身の対応範囲と力量を超えていることは明らかだった。しかしながらそこで支援体制の再構築や方針の修正を行わずに，面接を重ねていってしまった。単独での巡回相談でのケースであることから，連携体制やケースを共有する仕組みを持っていないことも背景にあった。

　それに対し，CくんやDさんでは，たしかに困難な事例ではあったが，自分の対応できる範囲や力量を超えた部分についての対処を取ることができた。いわゆる連携である。昨今，支援の現場では関係機関がタテにもヨコにもつなが

って，連携を図るよう努めている。それはそれぞれ自分たちが何をやれるのかという支援者・支援機関としてのアイデンティティを確かめることでもある。ある事例への支援を，より包括的に，より持続的に提供しようと試みれば，力量はつねに不足し続け，範囲は広がる。だからこそアセスメントでは，その時点で自分が提供できる力量と範囲について踏まえることは重要である。アセスメントの対象には，自分自身も含まれている。

（2）治療モデルから生活臨床モデルへ──生活によりそう

　支援がどのような目的で行われるのかの方向づけが誤っていたり，支援を受ける側と大きなずれを持っていたりするとき，そこには困難さが生じる。

　Eさんとの面接は，意図しなくてもEさんの子育てに関する考えや息子のFくんへの理解や対応を修正しようとする目的を孕むものとなってしまった。それはEさんのニーズとはまったく合致していない。間違いなくEさんにはFくんを懸命に育てたいという思いがあり，そこにまずは共有できるニーズがあったに違いない。発達支援において，子ども，保護者，支援者の相互的なやりとりの中で，保護者の子ども理解や子育て観が変わっていくことは珍しくない。しかしそれは子どもの豊かな成長を目指し，子どもを中心に保護者と支援者が協力して取り組んだ結果，もたらされる変化である。子どもの成長や日々のあらわれの変化，そしてそれへの気づきや喜びをともにすることをきっかけに生じることが多い。鯨岡（2016）は，子どもに変化があるとき，必ずそこには大人の変化があると述べた。関係発達や Transactional Model（大人と子どもの相互変容モデル）（Sameroff, 2009）の視点は，困難な事例を支援する際の有用かつ不可欠な視点となる。子育てという大きな仕事に対して，まずは相手のニーズを踏まえて，ごく一部でもよいので手を結べるところから協働関係を結び，実際の歩みを進めていくことが求められる。

　Gくんとのセッションは何を教えてくれるだろうか。最初のセッションで私が提案したのは，「身体不自由状況の改善⇒立位・歩行の獲得」であった。そこにGくんの願いや思いは考慮されておらず，脳性まひによる身体の不自由さ

の改善だけが対象となっていた。しかもリハビリの目的を共有することができていなかった。たとえば，数歩，独歩できることが生活にどのような広がりをもたらすかについて，一緒に話し合えればよかったのかもしれない。何よりもGくん自身の生活上の願いを語ってもらい，そこに貢献できることがないかと考えることが必要であった。目的を共有する丁寧さが欠けていたことや，目的が暗黙の裡に共有されているという思い込みがあったのだろう。

　この事例は治療モデルから生活臨床モデルへの変換を示唆する。これはたんに治療モデルの否定ではなく，治療的な働きかけをいかに生活臨床の文脈に埋め込むのかについて追求することである。発達支援においては，様々な理論や技法が開発され，その取り組みが蓄積されてきた。これらの理論や方法を学び，身につけた支援者として，一人ひとりのクライエントに接近し，個々の生活によりそいながら支援を提供していく実践的態度が求められる。

〈文　献〉

香野毅・大石啓文・田代篤・坂間多加志　2017　学齢児を持つ保護者の相談ニーズに関する調査研究　静岡大学教育学部附属教育実践総合センター紀要，**26**，1-7.

鯨岡峻　2016　関係の中で人は生きる――「接面」の人間学に向けて　ミネルヴァ書房

熊谷晋一郎　2009　リハビリの夜　医学書院

中田洋二郎　2009　発達障害と家族支援――家族にとっての障害とはなにか　学習研究社

Rosenbaum, P. L., King, S., Law, M., King, G., & Evans, J.　2009　Family-centred service: A conceptual framework and research review. *Physical & Occupational Therapy in Pediatrics,* **18**(1), 1-20.

Sameroff, A.　2009　*The transactional model of development.*　American Psychological Association.

杉山登志郎　2007　子ども虐待という第四の発達障害　学研プラス

杉山登志郎　2016　子と親の臨床――そだちの臨床 2　日本評論社

第2章 自閉スペクトラム症児の困難事例の理解と支援①
──遊戯療法と母親面接

中西由里・別府悦子

1 自閉スペクトラム症（ASD）とは

（1）自閉スペクトラム症（ASD）と発達障害

　自閉症については，その概念や診断名が時代により変遷している。簡単にその歴史を振り返ってみることにする。

　自閉症研究は，1943年のカナー（Kanner, L.）による「早期幼児自閉症」と命名された症例報告に端を発している。翌年にオーストリアのアスペルガー（Asperger, H., 1944）が独自の立場からカナーの症例とよく似た特徴をもつ知的に高い症例を「自閉性精神病質」として報告している。その後，1960年代後半に入り，ラター（Rutter, M.）らが，自閉症児・者の示す「自閉性」は言語障害や認知障害の結果もたらされた二次的障害だと考え，ベースに何らかの脳機能の障害があることを想定し，ここで「自閉症」は「小児精神病」から「発達障害」として考えられるようになった。

　1980年代に入り，米国精神医学会による診断マニュアルである DSM-Ⅲ によって自閉症は「広汎性発達障害（Pervasive Developmental Disorders：PDD）」として位置づけられた。2013年に出された DSM-5 では，自閉症は定型発達と連続しているとの考えから，スペクトラム（連続体）として捉えられ，名称も「自閉スペクトラム症（Autism Spectrum Disorder：ASD）」とされた。なお，

19

DSM-5では，発達障害ではなく「神経発達症」という用語が用いられているが，我が国では「発達障害」という用語が広く使われているので，ここでは「発達障害」という用語を使うことにする。

（2）発達障害や自閉スペクトラム症（ASD）に対する心理的支援

　発達障害やASDに対する心理的支援としては様々な立場から支援が行われている。たとえば，ソーシャル・スキル・トレーニングなども広く使われている。

　自閉症（ASD）の子どもを対象とする心理療法について筆者はすでに別に論じている（中西，2004）。簡単にまとめると，自閉症（ASD）に対する治療論としては，当初は遊戯療法が適用され，後にその批判から行動療法が主流となったが，治療場面で獲得された行動が日常場面に汎化されにくいという批判から，再度遊戯療法や心理療法が適用されるようになったという経緯がある。

　ここで紹介する事例は，大学附設の臨床心理相談室という場で行われた支援実践である。相談室では親子の来談者に対しては，原則としてそれぞれに担当者がつく親子並行面接を行っている。保護者には当面の主訴としての問題の解決を図るための助言を行いながらのカウンセリングを，子どもには原則として遊戯療法を行っている。

　筆者らは，ASDの成因が何であれ，その一次障害について直接アプローチできなくても，二次的な不適応や社会性への発達支援のためには子どもへの遊戯療法や保護者面接による環境調整などのいわゆる心理療法が有効であるという立場をとっている。なお，学齢期にある高機能広汎性発達障害（今でいうASD）児の我が国における支援の実態については，野澤・大場・坂井（2006）などによりレビューされ，そこでも遊戯療法や保護者面接による支援が有効であると位置づけられている。

第2章　自閉スペクトラム症児の困難事例の理解と支援①

2　自閉スペクトラム症（ASD）と診断されている　Aくん（男児）とその母親に対する支援

　こうした筆者らの立場から，ASDの心理療法についての意義と課題について，事例をもとに検討する。ここで示す事例は，不登校を主訴として小学校2年時に相談室に来談された男児Aくんとその母親への支援の経過である。筆者は母親担当者および子ども担当者のスーパーバイザーとしてかかわっている。筆者が行ってきている親面接の形態や適用については別に論じている（中西，2005）。この事例では，週1回という頻度での親子並行面接を行い，その後不登校が改善されてからは，隔週ペースと頻度を減らし，Aくんが高校生になってからは，定期的な来談はひとまず終わりとし，その時々の問題が生じたときに母親と電話やメール，面談などでフォローアップ面接および助言を行ってきた。

　面接回数としては，小学校2年生から中学校卒業までの8年間に親面接を103回，子どもの遊戯治療を104回行ってきている。ここでは，インテーク年をX年として記述することにする。

（1）事例の概要
　クライエントはインテーク時8歳（小学校2年）のAくんとその母親である。主訴は，アスペルガー障害と診断されている子どもへの対応について，であり，具体的には不登校と情緒不安定および落ち着きがないということであった。本事例の理解に家族の状況は大きく影響していないので家族に関する情報は省くことにする。

　生育歴：Aくんの胎児期について，特記すべきことはなかった。周生期および乳児期について，Aくんは満期産で誕生し，3か月スマイルも人見知りもあり，乳児期の発達は順調であったと母親は報告している。始歩は1歳前であり，1歳3，4か月ごろから多動傾向を示し始めた。

幼児期に入り，2歳過ぎから言葉が増えなくなったことに母親が気づき，3歳児健診で相談したところ，病院を受診するように勧められた。受診後，地域の療育施設に通園し，3年保育で年少組から保育所に入所した。幼児期には強いこだわりはみられず，保育所生活で言葉も増え，それまであった偏食も改善していった。IQは入学前の知能検査で90台といわれたとのことであった。

　保育所での適応もよかったので，小学校入学に際しては通常学級に入学し，その後の学校生活への適応も順調であった。学校側には，母親によってあらかじめAくんの特性について説明がなされ，理解を求めるような働きかけがなされていた。

　小学校1年時は，落ち着きのない印象はあったが，3学期に遊びをめぐって上級生とのトラブルをきっかけに学校でパニックを起こしたことがあるというエピソードがあるくらいで，学校生活は順調であった。

　2年生への進級時には，クラス替えの際にAくんの苦手な子どもとクラスを別にしてもらったこともあり，進級後の適応も良好であった。このころ幼児期から通院している病院と別な医療機関の2か所でほぼ同時にアスペルガー障害と診断を受け，投薬（デプロメール）を受け始めている。Aくんは2年生の1学期の間はとくにトラブルなく学校生活を過ごしていた。

　ところが，2学期に入ると，授業中に落ち着きのない行動が目立つようになり，文具で遊ぶことが増え，Aくんの席は担任教師の机に近い場所になったとのことであった。

　同じ2学期に，学校行事のため普段は給食後に行う清掃を朝一番に行わなければならないことがあり，行事に伴うスケジュールの変更を事前に伝えられず，説明不足のまま清掃を強要されたことがAくんには納得できず，同じ清掃場所担当の級友とトラブルとなった。次の日登校を嫌がるAくんを母親が学校まで送って行ったが，その際に担任ではない教師に体をつかまれたことからAくんはパニックを起こしてしまった。Aくんは体に触れられることが苦手であったのに，背後から体をつかまれた（教師としては抱きしめたつもりだったらしい）ことで混乱し，パニックが治まらず，母親が連絡を受けて学校までAくんを迎

えにいくことになった。この日を境にAくんの状態は急激に悪化し，極端な退行状態を示した。学校も勉強も拒否し，言葉を喋らなくなり，家では退行して「ニャーニャー」と猫のように母親に甘えたり，「シャー」という声を出して，両手を体の前にもってきて猫のポーズで，近づく人を威嚇するようになったとのことである。母親はこのときの状態を「Aが猫になってしまった」と語っていた。

このエピソードを契機にAくんは登校を渋るようになり，一時まったく登校できなくなってしまった。不登校になってから，医療機関で薬を変えてもらい，インテークの1週間前にさらにリタリンに変更となった。リタリンについてはAくん自身も効果があると感じているようであったが，登校しても授業中落ち着かず，黒板にイタズラ書きをする，教室を抜け出して木の上や靴箱に登ってしまうなど危険な行為があるため，母親が付き添って登校することになった。Aくんに付き添うために，母親はパートの仕事をやめることになった。そして，投薬だけでは不登校状態が改善しないため，心理的な支援を求めて相談室に来談することになった。

（2）見立てと援助方針

Aくんは乳児期から多動傾向や言葉の遅れがあった。療育機関を経て保育所入所後の集団適応は比較的良好であり，こだわり等の行動上の問題行動を示すこともなく，偏食等も改善されていった。小学校入学後もとくにトラブルを起こすこともなく，1年時の3学期に学校でパニックを起こした以外は大過なく過ごしていた。診断的には二つの医療機関でアスペルガー障害との診断を受けており，2年時から投薬も受けるようになった。

順調に学校生活をおくっていたAくんだが2年2学期に大きなパニックを学校で起こし，それを契機に退行状態となり，不登校にもなっている。このパニックは，学校行事によるルーティンの活動の時間変更が十分に説明をされずに行われたことに対して，Aくんが納得できなかったことから発していると考えられる。翌日，登校を渋り，母親同伴で登校したAくんを，玄関で出会った担

任ではない教師に突然背後から抱きしめられたことにより，Aくんはさらなるパニックに陥ってしまった。ASDの子どもは人の気配を感じることが苦手であることが多い。正面から人が接近することは視覚的に了解できるが，背後からの接近は感じることができにくい。教師が接近していることに気がつかない状態でいきなり抱きしめられたことがAくんのさらなるパニックを引き起こし，それを契機に発達的にも退行状態となり，言葉も話さなくなり，母親の表現によると『猫になってしまった』（母親の言葉を以下『　』で示す）とのことであった。医療機関にも通院しているが，心理的支援を求めての来談となった。

　こうした経過から，Aくんに対しては，Aくんの不安な気持ちを和らげ，Aくんのペースで安定して楽しむことができ，学校でのストレスを発散できるようなことを目指しての個別の遊戯療法を，母親には環境調整や本児への対応を一緒に考えていく場としての面接を行うこととした。

（3）支援のポイント

　発達障害の範疇にある子どもが学校や集団での不適応感や違和感から不登校傾向や不登校になることは，筆者らが心理相談を担当する中でよく経験することである。しかし，Aくんのように2日間にわたる二つのエピソードによって，調子を崩し，極端に退行してしまう事例は筆者の経験からもはじめてであった。このように，一時的に退行状態を示す事例は珍しくはないが，Aくんのように，それまで使っていた言葉も話さなくなり（一時的な全緘黙状態ともいえる），しかも人間よりも猫のような状態にまで退行することは稀であろう。それだけAくんの受けたショックが大きかったとも考えられる。ただ支援の方針としてはその他のケースと大きく異なるわけではない。Aくんに対しては，他者や集団に合わせるのではなく，Aくんに合わせてくれる治療者との一対一の経験を通して，安心や楽しさを体験できるような人と場を保障し，母親に対しては，Aくんの状態の理解と受け入れ，また学校との環境調整を担ってもらえるような面接を行ってきた。

第２章　自閉スペクトラム症児の困難事例の理解と支援①

（４）支援期間および回数

　Aくんに対しては，小学校２年のインテーク時から小学校卒業までの期間は遊戯療法を，中学生以後は面接に治療の形態を変えて，親子並行面接を行った。なお，中学校２年生からは，Aくんの担当者の交代や学校生活が忙しくなったこともあり，Aくんの来談は不定期となった。中学卒業までの８年間に104回のセッションを行った。

　母親面接についてもAくんの中学２年時からは，母親のみ来談することが多くなり，頻度も１か月から数か月に１回程度となった。Aくんの高校入学後は，母親が相談したいことがあるときにオンデマンド方式に，不定期に電話やメール，面談にてフォローアップ面接を行うこととした。

3　事例の経過

　この事例のインテーク前の状況および，その後の経過については，表2-1に整理した。

　筆者の相談室に来談したころには，Aくんはすでに「猫」の状態からは抜けだし，母親同伴で登校を始めていたが，学校内では落ち着かず，授業を教室で受けるという状態ではなかったので，週１回50分を原則として，インテンシブに親子並行面接を行った。

（１）Aくんの初期の治療経過

　初期の治療過程について，Aくんの担当者である有馬（2005）はX年11月〜X＋１年10月末までの１年間の経過を５期に分けて報告している。ここでは，それをもとに，初期の遊戯療法過程と親面接での情報（学校生活の変化など）の経過を以下にまとめて示す。

第Ⅰ期（X年11月〜X＋１年２月のインテークを除く第１回〜７回の７セッション）

　この期は〝Aくんによる部屋の探索，ゲームに勝つ体験を重ねつつ，治療者との関係が育つ時期〟と命名されている。

25

表2-1　事例の経過

事例		主訴	診断名	インテーク時の年齢	支援の形態	入所前	幼児期	児童期		青年期		
								小学校	中学校	高校	短大	4年制大学
相談形態	Aくん	学校が嫌い　落ち着きがない	自閉スペクトラム症（アスペルガー障害）	8歳（小2）	当初は親子並行面接			遊戯療法	中1では定期的に面接	オンデマンドで面接		3年次編入後2年間で卒業
	母親	Aくんへの対応						面接	面接			
学校等の状況						療育施設	幼稚園を希望したが保育所を勧められ、3年保育で入所	通常学級	通常学級	コンピュータ関連の学科	専門学校専攻科（短期大学相当）	
主なエピソード								小1でパニック1回　小2時にスケジュール変更に対してパニック。その後登校を渋り、小2の2学期後半からは不登校状態　小3からは皆出席	中1で通学途中に無断で逃走　中2で不登校傾向	皆勤賞を貰った学期もある		

26

第２章　自閉スペクトラム症児の困難事例の理解と支援①

　この時期は，プレイルームにある様々な玩具を試しながら，とくに勝敗が明確なゲームでＡくんが治療者に勝つ体験を重ねつつ，関係を築いていく時期であった。ドンジャラ（子ども向けの麻雀に似たゲーム）やバスケットボールゲーム・野球やカードゲームでＡくんは闘志をむき出しにして治療者に勝ったり，「負けた人はこれ（スポンジ付きの棒状の玩具）で叩く。痛くないから平気」（以下Ａくんの発言を「　」で示す）と自分の頭を叩いてみせ，治療者が負けると嬉しそうに治療者の頭を叩くなどの行動がみられた。Ａくんは自分が通り抜けたファニートンネル（直径60cm，長さ５ｍ程の蛇腹状のトンネル型の遊具）を治療者にもくぐるように要求し，治療者が途中でつかえてしまうと「子どもは通れるのですけどね」と言った（６回目）。７回目でも治療者にトンネルをくぐるように要求し，治療者が通りやすいように足を使って手助け（足助け）をしてくれ，Ａくんの助けもあって治療者は無事トンネルをくぐり抜けることができた。

　母親からの情報によると，この期の前半は３時間目から登校し，調子がよいときには最後の授業までいることもできるが，落ち着かなくなると途中で帰宅する日もあるとのことだった。チャイムの鳴る学校なのだが，授業が休み時間に食い込むと「遊びにいけない」と怒ってしまうことがあった。給食と体育は母親が離れていてよい（ただし学校内の別室にいる）ようになった。

　この時期は母子分離が課題であったので，Ａくんにお守りを作って持たせてみたらどうかと助言をしたところ，すぐに母親はお守りを作り，『いつも（お母さんと）いっしょだよ』と書いた紙を入れてあげたとのことであった。Ａくんはとても喜び常時身につけているが，「でも身体測定のときははずすよ」と母親手作りのお守りで安心を感じている気持ちと恥ずかしいと思う気持ちと両方が内在していることがわかった。給食時，Ａくんは図書室にいる母親を必ず確認に来るのだが，お守りを持たせた日から，図書室を覗きに来なくなったとのことであった。

　12月になると，Ａくんからパニックを起こした状況について「先生に押さえつけられてイヤだった」と言い，母親が『へぇー』と驚いてみせると「そうい

27

うのがボクイヤなんだ」とこの体験を言語化したとのことであった。

　学校場面では，Ａくんはパニック以来できなくなったことをやるようになったという変化が母親から語られた。例をあげると，教卓にもぐらなくなる，以前は参加せず一人で壁打ちをしていたドッジボールの練習に参加するようになる，気にいらないことがあっても，猫のポーズで「シャー」と威嚇をせずに「見るな」などと言語化できるようになる，やっていなかった日直活動を行う，などであった。

　第Ⅰ期の11月，12月は母親同伴の登校で，しかも３時間目からの登校であったが，１月になると１時間目から登校できるようになっていた。第Ⅰ期の終わりの７回目では，母子二人での登校ではなく，母親同伴により通学分団で登校できるようになっていった。

　学校でのパニックをきっかけとして著しい発達上の退行状態を示したＡくんであったが，比較的短期間で登校できるようになっていった。ただ，母親同伴の登校であり，学校でもずっと母親と一緒に過ごしていた。その意味では，登校はできていても母子分離ができない状況であった。

第Ⅱ期（Ｘ＋１年２月～４月／第８回～13回までの６回のセッション）

　この期は "感情が言葉で表現されると同時に不安の高さなどＡくんの特徴が示される時期" であった。

　この時期は，第Ⅰ期同様にゲームや野球などを治療者と行っているが，「勝つ」ことだけではなく，ある程度治療者と「競った後に勝つ」ことを楽しむようになり，また絵や文字を書くことが多くなっていった。一方で，Ａくんの不安が高いことが治療場面でも示され，物事を字義通りに受け取っているなどのＡくんの特徴（Ａくんらしさ）が示されるようにもなってきた。たとえば，インフルエンザにかかり，学校も来談も休んだＡくんに治療者が，＜大変だったね。よくなった？＞（以下治療者の言葉を＜　＞で示す）と話しかけると「よくならなきゃ来られないでしょ」と応えたり，ボールがプレイルームの天井に当たると大慌てで「知らせておこう」と母親の面接室に走るなどの行動がみられた。また，ホワイトデーのプレゼントとして治療者にキャンディを渡すが，一

方で照れて「ハズカピイ」を連発したりした。また，バドミントンをやっていて，シャトルが暖房機に当たると「心配だもーん」と母親に報告しに行く行動がみられた。

　治療者がポケモンの進化形をＡくんに尋ねると「ダメ，秘密。学校の子にしか教えられない」とはじめて治療場面で学校の話題をＡくんから出すこともみられるようになった（12回目）。ゲームで治療者が勝つと「これからは手加減なしで本気モードだ」と意気込んだり，ゲームの結果で「くそー」「やったー」などと悔しがったり喜んだりしていた。

　この時期の学校での変化としては，母親が付き添っての通学分団での登校から，Ａくんは通学分団で登校し，母親は授業が始まる時間に合わせて30分遅れで学校へ行くという形になり，3学期の終業式には一人で通学分団と一緒に登校でき，母親の付き添いなしで学校にいることもできるようになっていた。

　3年生への進級にあたり，筆者からの助言により母親から学校側に同じクラスにしてほしい生徒と離してほしい生徒の名前を伝えて，環境調整を図った結果Ａくんはスムーズに新学期を迎えることができた。

　第Ⅱ期でも学校で母子分離ができない状況が続いていたが，登校時にＡくんは母親とは別に通学分団だけで登校できるようになっていた。しかし，まだ学校での授業は母親同伴の状態が続いていた。短時間という限定つきであったが3学期最後の日である終業式に，母親と別れて通学分団で登校し，その後下校するまで，母親がいなくとも，学校で過ごすことができるようになっていた。

第Ⅲ期（Ｘ＋1年4月～5月／第14回～18回の5回のセッション）

　この期は“学校場面が治療場面に入ってくる一方で，攻撃性が表現された時期”であった。この期間は1回のセッションの前半は野球やテニスなど体を使う遊び，後半はゲームなどを行っていた。この時期も第Ⅱ期で示されたような不安がセッションの中で示されることがあったが，治療者がＡくんの不安を受けとめ，言葉かけをすることで，第Ⅱ期ではいちいち母親に報告に行っていたボールがプレイルームの天井に当たることでも「でもまあいいか」と言語化し，治療場面の中で不安を収めることができるようになった。

「鋭い球を投げて。受けとめる練習をする」とか「Bくんはこう投げる」と言いながら真剣な表情をしながら学校でやっているドッジボールを練習するなど，治療場面が学校場面の練習の場になることもあった。Aくんから「昔2年○組，今3年△組」との発言がみられたり，治療者からの＜新しいクラスはどう＞との問いかけに「楽しいよ」と答えるなど学校内の自身の居場所を宣言するかのような発言がみられるようになった。

一方で，ボクシングをしたり，ボールを思い切りパンチしたり治療者にぶつけるなど，攻撃性が表現されるようにもなってきた。

このような攻撃性の表出は，ストレス発散という意味だけではなく，治療者を倒すことによって，Aくん自身の自尊心を支え，立て直すという意味もあったと考えられた。

この時期，Aくんは些細なことで泣くこともあったが，その理由を言語化できるようになっていた。また，Aくんに付き添うために仕事をやめていた母親に「お母さん，仕事やめたの？　もう，仕事に戻ってもいいよ」と伝えたり，「3年生にもなってお母さんが（学校で）見守っている人っているのかな」などと自身を客観視できるようにもなっていた。

初回から17回目までは，学校を早退して来談していたが，新学期の適応も良好であることから，学校を早退せずに来談できるように，18回目からセッションの曜日と時間を変更した。

第Ⅳ期（Ｘ＋1年5月～8月／第19回～29回の11回のセッション）

この期は“外の世界に目を向け始める時期”であった。この期は，Aくんの好きなポケモンの絵を描きながら話をすることが多くなった。自前のカードゲームを持ち込んで，Aくんの好きなことを治療者と共有しようとする面もみられるようになった。

この期の後半は夏休み期間と重なっていた。Aくんは学校があるときはAくん自身が効くと実感しているリタリンを服用している。この薬について，Aくんは朝と昼に服用していたが，「4時間目になるとなんだかソワソワしてくるんだよね」と薬の効果が切れてくるのを感じているような発言がみられ，しか

し，長期休暇中は服用を休んでいた。そのせいか，脈絡なく違う遊びに移行したり突然走り回るなど注意の転導性や衝動性が高まるようなこともみられた。この点に関しては治療者の＜落ち着いてね＞などの言葉かけで次第に落ち着くことができるようになっていった。また，あらためてAくんと治療者とでお互いの名前（フルネーム）を確認し合う場面もあった。ドッジボールで「Cくんはこう投げる。オレはどう投げるか…」と友だちの投げ方を真似た後で自分の投げ方を考えてみたりして自己像の確認をすることもみられるようになった。1年のときにやめた習い事についても，「嫌な子がいたから」と理由を言語化することができていた。

　この時期，母親からの情報によると，学校のテストで100点の科目が一つもなかったと泣いたことがあった（それまでは，テストの点数にはこだわっていなかった）。ドッジボールで今までは"逃げる専門"であったのが，「～くんみたいになりたい」とボールを投げて攻撃に参加するようにもなっていた。担任からは「最近は（学校での様子は）よくなりましたね。去年（のパニックとその後の不登校）は何だったのでしょう」と言われたとのことであった。さらに，Aくんは虫やゲームに詳しいので，クラス内でも人気者であるとのことであった。

第Ⅴ期（X＋1年8月～10月／第30回～38回の9回のセッション）

　この期は"砂の中にものを埋めては取り出す遊びを繰り返す時期"であった。

　この期では，突然プレイルームに入り込んできたコオロギをみつめて「一番長い針は産卵管かな，この針を土の中に刺して卵を産むんだよ。産む場所を探しているのかも」とコオロギを外に逃がしてあげた。そのことを治療者が＜Aくん優しいね＞というと「優しくないよ。字書けって言われて怒っているもん」とのやりとりから，虫に詳しいAくんの一面と自身の怒りの状態について客観視してとらえることができている面もみせていた。

　箱庭の中に玩具（投げ輪）を置いて丁寧に砂を被せては取り出すという遊びがみられた（30回，33回）。砂場に玩具を埋めて宝探し（35回）を行ったり，Aくん自身の足を砂場に埋めて水をかけて砂を重くしては足を引っこ抜く（36回），ドッジボールをやった後で，「コントロールの練習」と砂場に穴を掘って，

ボールを投げ入れる練習を行い，その後でボールを埋めて，取り出してからきれいに洗ってタオルで大切そうに包み込みながら拭く，など"砂に物を埋めては取り出す"という遊びが頻繁にみられた。

ファニートンネルの中に入り「オレのお気に入り。この中に入ると落ち着く。ここで瞑想する」（31回）と中に入っていた。「外が暗くて怖い。プラネタリウムも怖くて見られなくて2回目で見られた」（37回），「給食でゲボした（嘔吐した）。卵とほうれん草が嫌いなの。それを食べたからゲボって」（38回）という発言に表れているようにAくんの自己像の理解も深まっていっているようであった。

この時期，学校ではAくんが"泣く""怒る"ことが頻発していた。"泣く"ときは，読めない漢字やできないことに遭遇したときや大好きな子に話しかけたが相手にしてもらえないときなどで，声を立てずに大粒の涙を流して泣くとのことであった。

一方で"怒り"は，教師の言いつけを守らずふざけている子どもや，故意ではないがぶつかってきた子どもに対して，また自分の持ち物を笑われたこと，あるいは，授業の時間延長など予定変更などがあったときなどにみられた。2時間目の時間に学校を出発するスケジュールの社会見学に対しては，Aくんが言うには，「最大の難関があるんだよ。もし1時間目に怒れることがあったら（社会見学に）行けなくなるんだよ」と語り，自身の感情のコントロールの難しさを母親に伝えていたという。母親は『（Aくんが）自分でわかっているだけに可哀想』と感じていた。このころ，Aくんが"狭くて薄暗いところ（ファニートンネルや机の下など）"で落ち着くことから，担任の教師が何かあったときの逃げ場所として教室の隣の学習室を提供してくれていた。家庭ではテレビゲームに没頭することがみられていた。

第Ｖ期では学校での友人たちとの距離のとり方の難しさやAくん自身のもっている対人的な過敏性，あるいは被害的な受け取りがあることが示されている。一方で，どういう状況で自分が落ち着くのかについて語り，ドッジボールのコントロール練習をする中で，自身の抱えている日常生活での"コントロールの

難しさ”を表明しているようでもある。“怒り”についてＡくんが語る内容からもＡくん自身が感情のコントロールを適切にできないと自覚していることもうかがえる。なお、この“感情のコントロール”はその後もずっとＡくん自身の課題となっていった。

（２）治療の転帰（支援のポイント）

　Ａくんの場合、治療開始後約半年で、母親同伴ではなく、通学分団で登校できるようになり、また母親が付き添いをしなくとも、学校で授業を受けることができるようになった。３年生の１学期も無事過ごし、主訴の一つである不登校は改善したが、情緒の不安定さや衝動性のコントロールの問題がまだ残っていたこと、そして、何よりもＡくんが遊戯療法をとても楽しみにしていたことから、来談は継続することになった。

　当初、筆者らはＡくんの状態が重いのではないかと考えていたが、比較的短期間に不登校状態から抜け出すことができたのは、母親のＡくんへの対応と学校側の理解と協力の２点がよい方向に進んでいったことによると考えられる。Ａくんは学校で母親の付き添いをずっと求めており、母親がトイレに行っても探しに行くほどであり、不登校の背景には“母子分離（分離不安）”の課題があると考えられた。そこで、Ａくんが安心できるような方策の一つとして、“母親手製のお守り”を提案したところ、母親はすぐにお守りを作って持たせてくれた。お守りのおかげで学校内での分離不安が少しずつ軽減されていった。

　担任の教師も、Ａくんの障害のことは聞いていたが、適応がよかったので安心して油断をしてしまったと語り、母親も『Ａに障害があると意識して対応してこなかった。その点で説明不足の面もあったと思う』と語っているように、小学校入学後の適応がよかったので、母親も学校側もＡくんに配慮が必要との意識が薄らいでいったころにパニックのエピソードが生じたのだと考えられた。

　Ａくんは納得をすると行動できる面があり、「なんで九九をやるの？」との問いに母親が『たとえばね、900円の物を５個買うときに九九を知っていると

900×5ってすぐに計算できるけど，九九を知らないと900円を5回足さないといけないんだよ』との説明で納得し，九九を覚えようとするようになったというエピソードからも裏づけられるであろう。

　一時的に猫のように退行し，不登校であったAくんは3年の2学期には皆勤賞をもらうほどになった。

（3）その後の経過

　表2-1にも示したように小学校の間はAくんの遊戯療法と母親の面接という親子並行面接を行った。Aくんが中学生になってからは，プレイルームから面接室に場所を変え，ゲームなどを取り入れながらの面談という形態に変更した。小学校5年時には，Aくんは自分には「ノーマルモードと怒りモードと爆発モードがある」と図解して説明し，"怒りのコントロール"が自分自身の課題であることを語ったことがあった。そこまで意識化されているので，母親に，Aくんに対して，"頭の中で怒ったり喋ったりするように"伝えるように助言したところ，次第にAくんは「頭の中で怒る」ことができるようになっていった。

　Aくんの中学校生活は比較的順調であったが，1年時に，一度登校途中で行方不明になるというエピソードがあった。家族や学校関係者が手分けをして探し，学校近くで父親が無事Aくんを見つけ出した。また，2年生の2学期にはときどき欠席をしたり，遅刻，早退するなどの不登校傾向が再びみられた時期があった。この不登校状態のときに，Aくんの来談はなく，筆者は母親の相談を受けて間接的にAくんの世界を理解し，支えるという形の支援を行った。中学校卒業までは母親面接によって間接的にAくんを支え，中学校卒業後は何か問題が生じたときに母親の相談にのるというオンデマンド方式による支援を続けていった。

　中学校卒業後の進路について，どの高校を選ぶのかということについての筆者の助言が結果としてAくんには有効に働いたのでそのことを記しておこう。

　進路に関しては，Aくんの興味や成績と自宅からの通学の便利さ，学校の勧

第2章　自閉スペクトラム症児の困難事例の理解と支援①

めなど総合的に判断をして複数の志望校の候補を選んだ。最終的にどの高校にするのかを決める際に，Ａくんの希望は「ヤンキーのいない学校」であった。Ａくんは"規則やルールを守りたがる"という自閉スペクトラム症によくみられる一面をもっていた。そこで母親に，オープンスクールや学校説明会では建前的なよい面しか示されないので，生徒の日常を見ることができる，平日の下校時間に学校の近くへ行って，部活をしていない生徒の下校風景や校門を出てからの行動・服装をよく見てくるように助言をした。Ａくんは真面目そうな生徒の多い学校を第一志望校に選び，入試を経て進学をした。そこでＡくんは好きなことを学び，友人もでき，大きな問題なく過ごすことができた。学期によっては皆勤賞をもらったこともあったという。卒業後は，短大相当の専攻科のある専門学校に進学し，編入学試験を経て，専門を生かすことのできる4年制大学へ進んだ。Ａくんは運転免許を取得したり，アルバイトをしたり，と時折困難にぶつかりながらも比較的良好な大学生活を過ごし，無事大学を卒業することができた。

　筆者は，中学校卒業以降のＡくんには会っていないが，母親から情報をもらい，Ａくんが大学の課題として作成した作品が某コンクールに入賞したとのことで，作品が展示されているギャラリーに見学に行ったことがある。オリジナリティもある緻密で素晴らしい作品であった。

　この先も，Ａくんの社会適応のためには配慮と支援の視点が必要であろうが，小学校2年時のパニックのように大きく崩れ，退行してしまうことはないのではないかと考えている。

　Ａくんの社会適応が比較的良好であった要因の一つとして，家族（この場合は母親）のＡくんの障害や状態に対しての理解が深まり，サポーティブに動くことができるようになったことがあげられるだろう。相談室に来談する前に医療機関で診断を受けていたことにより，母親はある程度はＡくんの状態を理解してはいた。しかし，小学校入学後の適応が比較的よかったため，母親も担任も"油断"をしてしまい，Ａくんが一時的に言葉も喋らなくなるほどの退行状態になるまでに至ってしまったことが心理相談機関への来談の契機となった。

主訴がある程度改善されてもＡくんが楽しみにしているということで，母親が
Ａくんとともに相談室への来談を続けたことも，その後の経過が良好だった一
因であろう。

　筆者も相談室に籍をおいている限りはＡくんと母親を支えていくつもりであ
る。

（中西由里）

4　事例をもとに自閉スペクトラム症（ASD）の
　　心理療法を考える

　本章は中西がスーパーバイザーを担当しているセラピストとともに遊戯療法
と親子並行面接を長期間（104セッション）行った事例の報告である。ここでは，
別府が本実践をもとに，ASD の心理療法の意義と課題について考えたことを
述べる。

（1）安心や楽しさを体験できる環境

　本実践のＡくんは，幼児期から ASD の特性を抱えながら大きな問題なく適
応していたようであるが，小学校2年生2学期に起こった，学校での予期しな
い出来事や本児の不安，不快を極度に高めるかかわりによって，発達上の退行
現象や不登校などの不適応状態が生じ，来談に至った。猫になってしまうなど，
了解が難しい退行現象や攻撃性や不安が高い状態があった。

　中西はＡくんのように極端に退行してしまう事例は「筆者の経験からもはじ
めてであった」と述べており，セラピストとしての困難事例ととらえていたこ
とがわかる。しかし，アセスメントをもとに，支援（セラピー）については今
までの他児の実践において中西らが基本にしていることをここでも行うことに
した。すなわち，Ａくんを他者や集団に合わせるのではなく，本児にセラピス
トが合わせ，その一対一の，安心や楽しさを体験できるような人と場を保障す
ることをまず先決にしたという点である。そして，母親に対しては，Ａくんの

36

第2章　自閉スペクトラム症児の困難事例の理解と支援①

状態の理解と受け入れを進めるとともに，学校などで環境調整を担ってもらえるような支援を行うよう，並行面接を位置づけた。

伊藤（2017）は，遊戯療法は言葉での表出が不十分な子どもにおいても適用が可能であり，その子どもたちの表現にとって重要な役割をもつことを指摘している。ことに不安や新規場面での恐怖を感じやすい ASD 児にとって，安心して自由に遊ぶことのできる空間や玩具が提供されることは意味が大きいという。太田（2018）は，創造性の欠如により遊びが十分に展開できない ASD 児において，遊戯療法の意義を強調する。それは，伊藤の指摘と同様に，安心できる場所の提供が ASD 児にとって大きな意味をもつということである。セラピストが子どもの遊びの守り人としての役割を果たすとともに，プレイルームが「心の器」となって，そこで子どもの主体性や創造性が守られることに意味があるという（伊藤，2017）。淀（2017）は，守られる環境のもとでの主体性の相互作用の重要性をあげている。時間までプレイルームで過ごし，時間が来たら終了してプレイルームから外の世界へ出ていくことになる。こうした「枠」のもとでの繰り返しが，内部と外部つまり自他の分化や対象との分離をもたらす体験となるという。

この実践においては，まずプレイルームでの探索を保障し，自由に何でもできる空間と玩具を提供した。そして，ゲームに勝ってセラピストよりも優位に立つことを経験させた。ファニートンネルをセラピストにくぐらせて，うまくいかないと手伝うなど，セラピストを肯定的に受け止める関係が形成してきた。こうした肯定的な関係をもとに，その後，「勝つこと」だけを優先するのでなく，セラピストと「競った後に勝つ」ことができるようになる。

田中（2018）は，不登校児の診療活動において，「一緒にいることが苦痛にならないよう，出会いの場は，遊びや対話に満ちて，休息を可能とする『贅沢』な時間を過ごすことに腐心する」ことが重要だとしている。本実践も当初のセラピストとの出会いの場として，「心の器」であるプレイルームの中で，一緒にいることが苦痛でない体験を保障したという意味で，遊びや対話，休息が可能な時間になったのであろう。

37

（２）プレイルームと母親面接室の往復

　一方で，当初から不安が高く，母親との分離によってそれが高まり，Ａくんの遊びにおいても破壊的，攻撃的なものが表現され，それによって不安が喚起される状況もあった。その中で，母親がいなくても大丈夫だと思える安心感を抱かせる必要があった。そこで，母親面接の担当セラピストからの助言により，「お守り」を持たせることになった。プレイルームと母親面接室を往復しながら，Ａくんは「お守り」を支えにし，感情をコントロールして過ごすことが増えていった。

　伊藤（2017）は遊戯療法の一つの意義として，母子のそれぞれの主体性の確立を目標にしている。このころＡくんは，学校ではまだ母子登校を行っていたが，徐々に自分で通学分団で通い始めたところであった。部屋を行ったり来たりし母親の存在を確かめながら，徐々に主体性をプレイルームの中で発揮してきたといえる。伊藤（2017）によれば，遊戯療法の中で表出された不安な状態は，母親に向けられてきた原初的不安がセラピストに向け換えられた「陰性転移」ともいえ，それがセラピストにしっかりと受け止められることによって，肯定的な感情，いわば「陽性転移」がセラピストに向けられ，母子関係の安定化につながるという。その意味でもセラピストの役割と，親子並行面接における母子分離の安定化がこの実践においては重要であったと考えられる。医療機関との連携や服薬も功を奏しているが，このように守られた環境を提供するということから，遊戯療法と親面接は有意義であったといえる。

（３）支え続けること

　そうした関係性を基盤に，徐々に学校の現実がセラピストとのやりとりの中であらわれるようになり，生活が遊戯療法の中で再現できるようになってきた。このように現実の生活に向き合えることになり，Ａくんは学校生活に徐々に適応できるようになっている。その後長期間のセッションが進行しており，比較的順調な転帰を迎えるまで見守りや進路選択への支援をしていることが本事例にとっての安心感になっている。このような支え続けることの意味とともに，

ASD の子どもたちにとって，不安や不適応をかかえたときにこそ，田中（2018）のいう「贅沢」な時間が重要であり，安心・守られた環境を保障するための療法や面接の意味は大きいといえる。

(別府悦子)

付記
Aさんとお母様にこの原稿に目を通していただき，発表・掲載することに同意していただきました。深く感謝いたします。また読後の感想としてAさんには，小学校時代の不登校の時期の記憶がほとんどないこともわかりました。ここに追記いたします。

(中西由里)

〈文 献〉
American Psychiatric Association 1980 *DSM-Ⅲ*. (髙橋三郎他（訳） 1982 DSM-Ⅲ 精神障害の分類と診断の手引 医学書院)

American Psychiatric Association 2013 *DSM-5*. (髙橋三郎・大野裕（監訳） 2014 DSM-5 精神疾患の診断・統計マニュアル 医学書院)

有馬房恵 2005 アスペルガー障害と診断された小3男児とのプレイセラピー──一過性に不登校状態を示したケース 椙山臨床心理研究，**5**，29-33.

Asperger, H. 1944 Die autistishen Psychopathen im Kindesalter, Arch. Psyshiat. *Nervenker, 117*, 76-136.

伊藤良子 2017 遊戯療法の本質 伊藤良子（編著） 遊戯療法 ミネルヴァ書房，pp. 1-50.

Kanner, L. 1943 Autistic disturbance of affective contact. *Nervous Child*, **2**, 217-250. In Kanner, L. 1973 *Childhood psychosis: Initial studies and new insights.* John Wiley & Sons. (十亀史郎・齋藤聡明・岩本憲（訳） 1978 幼児自閉症の研究 黎明書房)

中西由里 2004 親面接について 椙山臨床心理研究，**4**，7-12.

中西由里 2005 自閉症児を対象とした心理治療の適用の可能性について 椙山臨床心理研究，**5**，7-13.

野澤祥子・大場千明・坂井玲奈 2006 高機能広汎性発達障害をもつ人々の理解と支援に関する研究 (1)：第3部 高機能広汎性発達障害者への支援 義務教育期高機能広汎性発達障害児への支援の実態──臨床心理の専門家による支援：文献から 東京大学大学院教育学研究科臨床心理学コース紀要，

29, 200-204.

太田智佐子　2018　発達障害児のプレイセラピー　精神療法，**44**(2)，33-38.

Rutter, M.（Ed.）　1970　*Infantile autism: Concepts, characteristics and treatment.*　Churchill Livingstone.（鹿子木敏範（監訳）　1978　小児自閉症　文光堂）

田中康雄　2018　教育周辺との連携――架け橋としての医療　小児の精神と神経，**58**(1)，23-28.

淀直子　2017　自閉症を抱える子どもの遊戯療法　伊藤良子（編著）　遊戯療法　ミネルヴァ書房　pp. 70-85.

第 3 章 自閉スペクトラム症児の 困難事例の理解と支援②
──学童クラブでの集団活動

服 部 敬 子

1 場面緘黙をともなう高機能自閉スペクトラム症（ASD）児の支援の困難

（1）通常の学級に在籍する発達障害児の困難と指導上の困難

　「通常の学級に在籍する発達障害の可能性のある特別な教育的支援を必要とする児童生徒に関する調査結果について」（文部科学省，2012年12月）によれば，知的発達に遅れはないものの学習面又は行動面で著しい困難を示すとされた児童生徒の割合は推定値6.5％であった。「児童生徒の困難の状況」に関する質問項目のうち，行動面の「対人関係やこだわり等」では，「周りの人が困惑するようなことも，配慮しないで言ってしまう」，「友達と仲良くしたいという気持ちはあるけれど，友達関係をうまく築けない」，「動作やジェスチャーが不器用で，ぎこちないことがある」，「ある行動や考えに強くこだわることによって，簡単な日常の活動ができなくなることがある」といった特徴があげられている。

　学習面又は行動面で「著しい困難を示す」とされながら，校内委員会において特別な教育的支援が必要とされた児童生徒の割合は約18％にとどまっている（文部科学省，2012）ことから，各教員が多忙な中で個別に工夫して取り組んでいるケースが多い現状が浮かび上がる。同報告書では，こうした児童生徒を「取り出して支援するだけでなく，それらの児童生徒も含めた学級全体に対する

指導をどのように行うのかを考える必要がある」と述べ，ソーシャル・スキルの学習を取り入れたり，授業を理解しやすく改善したりする対応が提案されている。

　先に挙げたような困難さを周りの人に適切に理解してもらえない状況は，否定的な自己認識や攻撃性，情緒障害などの二次障害を引き起こすこともある（白石，2006；菊池，2010）。暴力や暴言，多弁・多動，危険行為などがある場合に，不適切に叱責したり放置したりされることで問題行動が反復し，経過とともに憎悪する例も多い（林，2008）。また，学童期においては，クラスの子どもたちが「なぜ，○くん／さんは△△なことをするのか」という疑問を抱きはじめたときに納得できる説明がされないと，教師の対応への不満からその子どもが挑発やいじめの対象になることがある。したがって，その都度お互いの気持ちを伝え合い，考え合うなど，子ども同士の理解を深めるための丁寧な指導が求められる。

（2）通常学級で場面緘黙を示す自閉スペクトラム症（ASD）児に対する支援の困難さ

　DSM-5で不安症群の一つに分類された「選択性緘黙（Selective Mutism）」は，「A．他の状況で話しているにもかかわらず，話すことが期待されている特定の社会的状況（例：学校）において，話すことが一貫してできない」と記載されている（American Psychiatric Association, 2013/2014）[1]。ICD-10（WHO, 1992）にも記載され，発達障害者支援法の対象にもなっているが，現状では福祉や労働施策の支援や医療的な治療，教育的支援などを十分に受けていない「忘れられた障害」と言わざるをえない状況にある（久田ほか，2016）。

（1）　DSM-Ⅲ（1980）では "Elective Mutism" と表記され，「話そうとしない」と説明されていたが，DSM-Ⅳ（1994）から "Selective Mutism" という表記に変更され，症状の説明も「話すことができない」となった。自ら主体的に選択してしゃべらない，つまり発言を「拒否」しているのではなく，ある特定の場面でしゃべることが「できない」というニュアンスが伝わるよう，角田（2011），久田ら（2014）に倣って「場面緘黙」という用語を本章でも用いる。

第3章　自閉スペクトラム症児の困難事例の理解と支援②

　場面緘黙の出現率は，神戸市公立小学校の児童77,038人を対象とした梶・藤田（2015）の調査では0.15％と算定された。また，K小児科を受診した場面緘黙の症例の中で，ASD（診断を受けた，または疑いがあった）併存例は38.2％であった（金原，2009）。ASDの特性がある子どもは，発話が苦手であるだけでなく，状況が読みにくく不安が強く，対人関係やコミュニケーションが苦手な子どもが多いので，場面緘黙を併存しやすい素因をもつと考えられる（久田ほか，2016）。

　場面緘黙の当事者は社会的場面で自身のニーズを訴えることが困難であり，家庭内で家族が問題に直面することがなく，学校でも担任にとって学級運営上の大きな困難にはならないことが多い。学校で自主的な行動がほとんどできず不適応を起こしている子どもが「手のかからない『いい子』」（楠，2005）として支援ニーズが見落とされることもあれば，そうしたわが子の状態について母親が「あまり心配していない」というケースもある（渡部・榊田，2009）。

　場面によって異なる姿を見せるゆえに共通理解が難しい面があるが，場面緘黙がある子どもの場合も「学級で支援する」という方針をもった学級集団への働きかけが重要となる。人に触れられるのが嫌だったのが，「かもつれっしゃ」などの遊びを通して友だちに触れあうことが平気になってくると教室で音読ができるようになった，という実践報告もある（高橋，2010）。

2　Aくんの支援について

　本章では，高機能ASDが疑われ，学校の通常学級において場面緘黙，寡動を示しながらも，特別な支援を受けることなく過ごすことを余儀なくされていたAくんが，学童クラブにおいて丁寧な指導がなされる過程で大きく変化していった事例（長谷川・服部，2016）をとりあげる。

（1）学童クラブにおける障害児の受け入れと指導が困難な現状
　1998年4月に「放課後児童健全育成事業」として児童福祉法の適用範囲とさ

43

れた「放課後児童クラブ」（学童クラブ）は，近年，施設数・利用児童数ともに急増している。2016年5月の調査報告（厚生労働省，2016）によれば，障害がある子どもを受け入れている学童クラブは12,926か所（全体の54.7%），登録されている障害児は33,058人であり，5人以上受け入れているクラブがそのうちの13.4%となっている。大阪府と京都府の全市町村を対象として行われた調査によれば，学童保育に入所している障害児の約半数が発達障害児とみなされており（丸山，2013），その数は年々増加しているとみられる。

　学童保育は緩やかな集団の枠の中で，自由遊びを主とするために，子どもの姿を明確に把握し，一定の方向性のある働きかけを継続することが難しい（西本，2008）。子どもが安心して生活できる集団の規模を各地の学童保育関係者が強く求めてきたことなどの結果として，「71人以上」の学童クラブの分割が2011年までは一定程度すすんだが，2016年5月1日現在（厚生労働省，2016），23,619か所のうち「71人以上」のクラブ数が3,082（13.0%）にのぼり，対象年齢の拡大とあいまって指導の難しさが生じている。

（2）Aくんについて

　この支援でとりあげるAくん（男児）は，保育所では，人とのかかわりが薄い，みんなと一緒におやつや給食を食べられない，聞いてイメージするのが難しい，こだわりが強い，といった姿がみられていた。小学校に入学してからは，兄に教室まで送ってもらって入ることができたが，授業中はずっと下を向いたまま身をかたくしていた。休み時間も一言も声を発することがなかった。給食衣を着ることができず，2週間以上給食を食べることができなかった。

　学童クラブ入会時は人とかかわろうとせず，新奇な状況を避けていた。いつも同じ帽子をかぶり，うつむきかげんで表情が乏しく，お気に入りのTシャツは穴があいていても着続けていた。

（2）　2007年10月に厚生労働省が策定した「放課後児童クラブガイドライン」では，「放課後児童クラブにおける集団の規模については，おおむね40人程度までとすることが望ましい。また，放課後児童クラブの規模については，最大70人までとすること」とされた。

２年生の５月に民間医院の発達相談を受けたが，発達検査場面（約30分）では一言も話さず身動きもしなかった。同年６月に臨床心理士が学校と学童クラブでの様子を参観し，家庭での会話内容や制作・読み書き能力から「高機能ASDの疑いがある」と見立てられた。

3　支援の経過

（１）当学童クラブの特徴と指導方針

　Ａくんが３年間所属した学童クラブは，登録数が毎年70名を超え，そのうち１割強が要支援児であった。[(3)]当学童クラブでは，年少児に心を配ってあげられる関係や自分の力を発揮して対等平等に伸び伸び遊べる仲間，憧れの対象となる仲間の存在が必要（西本，2008）と考え，子どもたちに様々な出番のある集団を保障していくこと，集団活動に必要な仕事や行事に自治的に取り組む集団を組織していくこと（住野，2005）が大切にされている。

　Ａくんに対しては，「異質」な行動の意味と思いを代弁する，本人の好きな世界での出番をつくる（別府，2010）ことにとくに留意された。場面緘黙に効果的なサポートとして，「自分の役割を果たすことができて周囲から認められることによって自信をつけ，自己肯定感を高めていける」ように，「本人が担当する内容や場の設定を明確にし，近くに慣れた友達が活動するような状況をつくる」（吉田・小枝，2010）ことが意識的に行われた。

　「楽しさ」を第一に，「一人ひとりの願いをみんなの願いへと繋ぎ，みんなで実現していく」こと，「みんなでルールを決め，話し合いで問題を解決する」力を育てることを重視し，お互いの違いを認め合える集団をつくっていくことをめざして意図的に働きかける「集団づくり」の考え方を職員間での統一認識として指導が行われた。

（３）　障害のある児童に係る加算がつく要件（療育手帳を保持，又は特別支援学校や育成学級に通う）に該当しない要支援児がほとんどであり，Ａくんについても個別の職員担当はなかった。地域ボランティアや館長が必要に応じて支援に加わっていた。

（2）実践で用いられた記録シート

　この学童クラブでは，通常の「日誌」に加えて，テーマ，児童名，月日欄以外は自由欄の「エピソード」記録シートと，いつ／どこで／誰に対して／どのような状況で起こった出来事かを左側に，導入の仕方／子どもの変化／職員とのかかわり・子ども同士のかかわり／職員の気づきを中央～右側に書くそれぞれの枠が設けられた記録シートが用意されていた。これらの記録シートは，職員がその都度自由に書けるように事務室に置かれていた。

　Ａくんが入学してから約３年間の日誌とＡくんにかかわる記録シートを分析したところ，以下のように五つの時期に区分される変化を取り出すことができた。

第Ⅰ期：入会～１年の８月ごろ…心の支えである兄を介して人とかかわる

　学童クラブへの入会当初，集団での活動には一切入ろうとしなかったため，兄を介して人とかかわり，能動的な活動を引き出すことを最初のねらいとした。また，家や保育所で経験したことがあり，かつＡくんが好みそうな題材を設定することにした。５月末，「きり絵」の題材を用意し，集団から少し離れて安心できるように兄と二人だけの場を設けたところ，はじめて取り組むことができ，「またやってみる？」と尋ねるとすぐにうなずき，次回への意欲をみせた。

　児童館行事でもある「お店やさんごっこ」は来館者が100名を超える。Ａくんは，うつむきながらも廊下から「見て」いたことから，"入ってみたい"気持ちがあるのではないかと考え，「皆がいなくなったらのぞきに行こうか」と声をかけた。自分から「兄ちゃんと行きたい」と表明し，兄が来ると，まだ人がいる新奇な場に入ることができた。

　一方，市販の弁当を用意してみんなで食べる日（８月）でもＡくんはうつむいて廊下からずっと中を見ていた。職員が何度か声をかけたが身をこわばらせたままだったので兄に頼ることにしたところ，結局，昼食を食べることができなかった。「兄となら大丈夫」という過信を反省し，やはり，新奇な取り組みについては事前に伝えることを丁寧に行い，"～してみたい"と思えるような働きかけが必要であると考えられた。

第Ⅱ期：１年の８月〜２年の７月ごろ…職員との信頼関係を築きかかわりを深める／集団活動への接近

　８月なかば，遊び場面で兄に強く怒られて大きなショックを受けたＡくんに職員が寄り添い，「つらかったね。なんでお兄ちゃんあんなふうに言ったのかな」と受け止め，心が落ち着くまで待ったところ，気持ちを立て直すことができた。

【エピソード１】　少しずつ少しずつ近づいて…輪に入って笑顔　１年／９月
　２階の階段からコマ遊びをじっと見ている。声をかけるが入らない。適宜声をかけ続け，１週間かかってようやく１階の廊下におりてきた。集団から少し離れた場所でＡくんが一人でじっくりコマで遊ぶのを見守った。
　はじめは遠巻きに見ていたが日に日に集団に近づき，やっとみんなの輪の中に入ることができた。その後は学校から帰って来るやいなや，迷うことなくすんなりみんなの輪に入ってコマをまわす。みんなの言っていることに耳を傾けて笑う。

　職員との信頼関係を深め，自分からかかわろうとする気持ちを育てるために，集団参加を焦らず，Ａくんの思いを尊重したのんびりとした環境設定にするとともに，集団活動を気にするサインを見逃さずにさりげない声かけを行っていくこととした。

【エピソード２】　声かけを意図的にやめる／最終日に「やりたい」　１年／９月
　みんなでゴム飛行機をすることになった。最初はじっと見ている。初日だけ声をかけ，それ以降は声かけを意図的にやめて，自分からやりたいと言うのを待つことにした。４日め（ゴム飛行機遊びの最終日），ついにすり寄ってきて「やりたい」と言ってきた。

　夏休みが終わってからもゆったりとＡくんの気持ちに寄り添い，時間をかけて「待つ」ことでＡくんの能動的な行動を引き出すことができ始めた。集団遊びに入れないときに「きり絵」を職員と二人だけの落ち着いた環境ですることを提案したところ，自分がやりたいものを選び，完成するとはじめて自発的に

自分の名前を漢字で書いた。友だちに「Aがやったの？」と驚かれ，笑顔を見せた。

このように，入会から半年ほどで心の支えとなる他者が兄と職員に複数化し，学校ではけっしてやらないことを学童クラブでやってみせることも現れた。他児らがAくんを見る目が変わり，Aくん自身も"できる自分"を感じ始めたように思われる時期であった。

第Ⅲ期：２年の７月～９月ごろ…ルール改良により，得意な集団遊びができる／親密な友だちができる

２年生になり，遊び集団に接近するようになったAくんに対し，①自分の好きな遊びや得意なことを見つけて人とのかかわりを深め，②仲のいい友だち関係をつくることをねらいとしたが，遊びのルールが受け入れられずに孤立するようになった。

以下に出てくる「みんな遊びの日」というのは，遊びを考える実行委員を募集し，月１回実行委員が決めた遊びをみんなでするという取り組みである。氷オニやドッジボールでAくんは孤立していたが，職員が後から理由を聞くとしっかり自分の思いを話すことができた（エピソード３）。孤立するAくんの姿を無視する子どもたちに，Aくんの思いを伝えていくことが課題となった。

【エピソード３】 みんな遊びの日，集団の真ん中で孤立 ≪氷オニ≫ ２年／７月

オニにタッチされないように子どもたちが遊戯室を所狭しと走り回っている中で，ど真ん中あたりに一人だけうつむいて本を読んでいる。他の子どもたちは知らぬ顔で，ぶつからないように動いている。

Aくんに声をかけたが，うつむき，貝のようにじっとうずくまる。数日後に聞くと，「氷オニがいややった」「タッチされて座るとなかなか生きかえれないから」。

Aくんの行動をたんに「わがまま」とみるのではなく，"Aくんもみんなと一緒に遊びたがっている，どうすればみんなが楽しく遊べると思う？"と，新しいルールづくりを子どもたちに投げかけ話し合うことになった。ドッジボー

ルは「外野があるのがいや。自分が当たったらずっと外野にいないとあかん」というAくんの発言から,「当てられて外に出ても,味方が受けると先に当った人から中に入れる」,つまり,中に入れるチャンスが増えるというオリジナルなルールが誕生した。その結果,Aくんをはじめ,今までドッジボールをしなかった子どもまで入れるようになり,学童クラブにくるなりドッジを始めるほどの盛り上がりとなった。Aくんは強いボールを投げることができ,みんなに認められていく中で「得意な遊び」として自信をもつまでになった。

　同時期に,家が近所のBくん(男児),学校で緘黙を続けるAくんの代弁をしてくれる級友のCくん(男児)と同じ班で仲良くなった。そのCくんと一緒にAくんがはじめてごっこ遊びに加わり,柔軟にイメージを共有して一日中遊びこむ姿が見られた(エピソード4)。家でもそのことを話したという。

【エピソード4】　Cくんと作戦会議：戦いごっこ　2年／8月
　ブロックを組み合わせて武器を作り走り回る。2,3年男子で戦いごっこ。Cくん「おれが先に行くから,後について来い」。Aくん「うん,わかった」。職員が近づくと「この薬をぬると生き返る」と嬉しそうに言いにくる。

　この11日後には,同じ2年男子5人がじゃんけんをしている所に近づいてはじめて「よせて」と言い,一緒にかくれんぼをすることが見られた。さらに同日,Aくんがいきなり友だちを叩いたことに対し,職員がその意図を受けとめつつ注意すると,「すいまへん」と謝った。他者の意図をうまく理解できずにトラブルになることも多く,そのたびにAくんの気持ちを尊重しながら仲介されてきたが,自分が悪かったと認めて言葉に出して謝ったのはその日がはじめてであった。

第IV期：2年の9月～3年の7月ごろ…友だちと協同する集団活動への参加

　学童クラブでは同学年の親密な関係ができてきたことから,①お互いを認め合い,思いが出せるような仲間づくり,②自治の力の芽生えを育てる,の2点が2年生全体のねらいとされた。友だちと一緒に考え力を合わせるからできるという手応えのある集団活動をしかけ,Aくんに対しては,集団での話し合い

をする前にあらかじめ考えを整理できるように個別に丁寧に伝えられた。

大型ブロックで遊んでいたAくんに，先日Dくん（男児）が工夫していたことを話したところ，Dくんと相談しながら新しいアイディアを取り入れ，最後まで完成させて喜びあう姿がみられた。「エピソード」記録シートには，その感動を職員に伝えたこと，「『Dくんはすごいな』と褒めたことが印象的であった」と記されていた。この日以降，当番活動では，音楽が鳴り始めると一番に手を洗って準備を始めるようになり，能動的な行動が増えた。また，このころから学童クラブでは会話がスムーズに成立するようになった。

毎年11月に開催されるバザーは，縦割りの班で子どもたちが考えを出し合い，協力して企画・運営する機会である。1年のときは参加できなかったが，2年になったAくんには得意な折り紙で一役を担い，準備段階から参加できるようにはたらきかけがなされた。前日から班の作業について説明しておくと看板作りに参加し，1年生と一緒に折り紙で飛行機を作って貼り付けた。後日，職員に「遊びによせてくれない」と言いに来た1年生に「俺が言いに行ったろか」と声をかけ，そばにいた2年女子と一緒に仲介に行き満足気であった。縦割り班の取り組みを通して関係が深まったと考えられる。

新年度を迎え，Aくんは3年生になったが，学校では「緘黙・寡動」な状態が続いていた。学童クラブでは，「集団活動におけるルールがわかって自己調整ができるように支援し，自分の思いを表現できるようにする。自治の力の芽生えを育てる」という学年目標のもと，話し合いに参加して意見が言えるように支援が行われた。

「1年生を迎える会」の準備会議では，前日と昼食時の2回心づもりをさせる，Aくんが得意な「ドッジボール」を議題としてわかりやすく提示する，書字に苦手意識があるAくんに対して「下書き」をしておく，という支援のもと，Aくんは会議の場ではじめて発言し，翌日は能動的に「ルール表作り」に取り組んだ。

月1回の「みんな遊びの日」の内容を考える実行委員会議は通常「立候補制」としているが，夏休みの「お店やさん」に繋ぐための前段階として意図的

第3章　自閉スペクトラム症児の困難事例の理解と支援②

に5月は立候補制にせず，「3年生男子のみ」の限定会議とされた。全体的に幼さを感じる3年生男子が，同学年の小集団の中で，見通しをもって役割を分担し，最後までやりきることをねらうものであった。

　Aくんはウロウロする友だちの行動を注意する一方で，自分の役割を決めたり発表したりするときには声を出せなかった。自分の苦手なこと（書字，描画）をよく自覚していて，その作業は自らEくん（男児）に頼むことができ，Aくんができないことは周りの子がフォローするなど，集団としての力が高まってきたと感じられた。

　7月にはAくんら3年生男子が大型ブロックで「鉾」を作り，屋根にのぼって「俺たち」だけの親密な空間を楽しむグループ遊びがよく見られた。また，ドッジボール大会に向けてAくんとBくんが「先生」になり，投げる見本を見せて逃げる練習をするなど，いきいきと1・2年生に「教える」姿がはじめて見られた。

第Ⅴ期：3年の8月～11月ごろ…友だち関係で新たな葛藤が生じ，対立，孤立化

　8月なかばには毎年恒例の「お店やさん」が行われる。3年生がグループごとに話し合って昼食のメニューを考え，人数分を計算して買い出しから調理，販売まで担当して1・2年生にふるまうというこの行事は，企画・立案・実行をできるだけ子どもたちにまかせて「自治の力の芽生えを育てる」ことをねらった取り組みである。

　遊び場面では集団の親密性が高まりつつあったが，「お店やさん」の班分けでは，Aくん，Fくん（男児）がどのグループからも拒否されてしまった。職員が入れてあげるように提案したが，みんなは嫌だと言い，「Fくんはいつもちゃらけて，その場からいなくなる」，「Aくんは叩いて，いつも走って先に帰る」といった批判的な意見が続出した。Aくんや他の要支援児に対する職員らの特別な配慮に対して，他の子どもたちが予想以上に不満を募らせていたようである。そこで，「どういうことがいやなのか」を思う存分出し合い，AくんとFくんに「どうしてほしいか」を具体的に要求するよう伝えた。最終的に二人は班に受け入れられたものの，不満はまだ残された様子であった。

51

Ａくんは，結局当日の「お店やさん」には参加できなかった。

「お店やさん」の日のおやつの時間は３年生だけ小さな部屋に入り，調理したものの残りを分けて食べることにしたところ，Ａくんも加わって一緒に食べた。食べ終わるとＡくんが「俺，一人で片付ける」と言い，Ｆくんが「Ａくん一人やったら大変やし，俺手助けしたるわ」と言って二人で片付けるという姿がみられた。

学童クラブでは自分の思いを表明できるようになり，友だちから厳しいことも言われるようになったこの時期，Ａくんはテレビドラマに憧れてバスケに夢中になり始めた。友達の気持ちを気にするような姿がみられる一方で，ルールを勝手に変える，気に入らないとボールを投げる，「俺は～～がしたい」と一方的に主張し，仲の良かった友だちまでも叩くなど，行動上の問題が目立ってきた。

同級生らがＡくんを避けるようになり，Ａくんは投げやりで，したくないことはかたくなに拒むようになった。恒例のバザーの取り組みにも加わろうとしない。学校から帰ってくると，「折り紙ないか」と職員の所に行き，職員と一対一で折り紙をすることでかろうじて安定を保っているような状態となった。

この時期にＡくんの「居場所」となったのは，３年生の５月下旬から月に１回通い始めた民間の療育教室であった。少人数で自由にダンボールなどを使って遊び，Ａくんが作るものを他の子どもが「すごい」と認めてくれるという。学童クラブ以外に「居場所」を見出し，自分にとって居心地のよい場所を選びとることもこの時期に大切な課題であると考えた。「学童は楽しくない」と話すものの，クラブをやめようとはせず，学童クラブに来ると友だちのところに寄って行き，きっかけを探しているようであった。

第Ⅵ期： ３年の11月末～…集団遊びで仲間関係を修復し，積極的に役割を果たす

学童クラブでは職員が受けとめて心の安定をはかりつつ，「学童で友だちと遊びたい」という声にならないＡくんのねがいを実現させるきっかけが待たれた。ある日，職員のそばにいたＡくんが聞こえないくらいの声で「リレーがしたい」とささやいた。保育所の年長時にリレーで転んだが必死で走った，と園から聞いていたこともあり，職員はこの思いを大切にしたいと思った。

第3章　自閉スペクトラム症児の困難事例の理解と支援②

【エピソード5】　Aくんの要望を3年生の集団へ→全体のリレーへと発展　3
年11月末

　「リレーがしたい」というAくんの要望をさっそく3年生に伝えた。リレーは
却下されて氷オニをすることになったが，Aくんはみんなの輪に入り逃げ回る。
顔はニコニコ。

　帰る時間になったので館に戻ろうとすると，Gさん（女児）が「Aくんのやり
たいリレーをしよう」と言い，全員で学年対抗リレーをすることになった。男女
に分かれ職員が言わないのに作戦会議。Aくんが中心になり誰が何番に走るかを
話し合っていた。リレー後，笑顔で館に戻る。Hさん（女児）から「Aくんでも
笑うんや。おやつが入れないのなら，私らが2階に上がって食べたら？」という
提案が出た。

　この日以後，再びドッジボールに加わるようになり，はじめて手で砂を触っ
てみんなで落とし穴を作って遊ぶ姿もみられた。そのときは，他児に砂をかぶ
せようとしたAくんに友だちが注意したことにも素直に従っていた。

　学童クラブでの友だち関係が修復されてくると，「居場所」となっていた療
育教室に「楽しくないから行かない」と言うようになった。対等にぶつかりあ
いながら役割やルールのある遊びができる学童クラブの場をより「楽しい」と
思い始めたようであった。

　冬になってAくんを含む子どもたちから，様々な難関をクリアしてゴールを
目指す「サスケ」をやりたいという要望があがった。自分たちでコースを作っ
て遊ぶようになり，テレビ番組のような大会を企画した。大会当日は学校から
帰って来るなりテンションが高く，「漢字で（出場者の名前）書ける」とやる気
満々だったが，いざコースの説明が始まると部屋から出て参加しなかった。A
くんにとって「やりたいけどできない」という葛藤はなお大きいことがわかった。

　そこで，前回は当日に参加できなかった「お店やさん」を冬に再び企画し，
「今度こそ」というAくんの思いが実現するよう支援が行われた。「やりたい」
という気持ちとは裏腹に，「しない」と表明する不安な内面の揺れ動きに寄り

53

添い，個別に段取りを確認すると安心した様子が見られた。するとその後，自分の役割をきちんと果たし，はじめて「お店やさん」になることができた。これまでの行事では，「いつのまにか抜け出ていく」ことが多かったが，積極的に友だちと協力して最後までやり遂げ，仲間に入れない子に「ちゃんとするときはちゃんとできるよな」と声をかけるなど，Aくんの新たな一面が現れる取り組みとなった。

4 Aくんの変化と支援についての考察

（1）Aくんの仲間関係を育んだ学童クラブの職員集団と記録シートの活用

　3年間の記録を分析した結果，支えとなる重要な他者が，兄→職員→Bくん・Cくん→同学年男子へと複数化していく過程で，つねに葛藤を表しながらも「自分から」「はじめて」友だちや集団活動と新たな仕方で関係を結ぶ（「よせて」と言う，謝る，ごっこ遊びを楽しむ，相手をほめる，会議の場で発言する，砂遊びをするなど）ことができるようになり，友だちと何かをやり遂げたときにAくんの輝く笑顔がみられるようになった。

　「子どもたちが氷オニで走り回るフロアのど真ん中でAくんが本を読む」姿（第Ⅲ期）がみられたときには，「そんな所で読んでいたら危ないよ」といった声かけをするのではなく，Aくんの“参加したいけどできない”という葛藤を感じ取ってその思いを聞き出すという支援がなされた。「否定的な参加に見える」時期（西田，2000），「場は共有」しながら「排除」されている「ダンピング状態」（浜谷，2009）にあると考え，無視していた子どもたちにその思いを伝えるとともにルールの改良が提案された。オリジナルルールの導入によってAくんの他に入れなかった子たちも入れるようになり，インクルーシブな集団遊びとなった。結果として同学年の友だち関係が深まり，Aくんは学童クラブでは会話がスムーズにできるようになり，集団活動の中での役割も果たせるようになった（第Ⅳ期）。

　このように第Ⅳ期までを整理すると，比較的短期間で順調な変化をとげてい

第3章　自閉スペクトラム症児の困難事例の理解と支援②

ったように思われるが，大規模で要支援児の多い集団に対して十分とは言えない数の職員で支援を行っていくことはけっしてたやすいことではない。子どもどうしの「つながり」をつくり出す丁寧な取り組みが可能であったのは，エピソードや気づきを書き込む2種類の記録シートが活用され，「共感をつくりづらい特性をもつ子どもだからこそ，支える身近な指導員が，子どものまなざしで彼らの世界をとらえて，そのつらさに心を寄せながら，かかわりをつくることが大切」（奥住，2010）であり，「自尊心を高めるためにこそ，集団指導が必要」（別府，2010）という考え方が，実践事例等の学習会を通して職員間で共有されていたことが大きかったと考えられる。

　Aくんの場面緘黙については「しかたがない」となかばあきらめ，問題を認めたくない思いとの間で葛藤していた母親の声に耳を傾け，学童クラブでのAくんの姿を具体的，肯定的に伝えていくことが心がけられていた。対子ども，対保護者の両支援において，結果（問題の解決）を目標にするのではなく，話し合いの場をつくり継続するプロセス自身を目標とする「プロセスゴール」（湯浅，2008）が大切にされていたのである。

（2）第Ⅴ期の意味――集団の発展とAくんの自己形成上の質的変化

　3年生の夏ごろ，集団遊びで友だちと折り合いがつけられず仲の良い友だちまで叩くなどの「問題」行動が顕著になり，友だちから避けられるようになってしまった。この第Ⅴ期にはAくんのどのような内面の変化があったのだろうか。

　7，8歳ごろは「能力」に自覚的になり，有能性への願いが生じる（エリクソン，1973；Harter，1983；服部，2000）。通常4歳ごろに獲得される「心の理論」を，高機能 ASD 児は9歳ごろに獲得し，突然みえだした他者の心に敏感になり，自分が他者からどうみられているかを定型発達児よりも強く意識しやすい（別府，2010）。そのことで自分への否定的な感情が強まっていく危険性もある。Aくんは，友だちからの批判と班への受け入れ拒否，行事で"できない自分"という現実を認識して，"できる自分"を実感したいと強く願うように

55

なったと考えられる。参加できなかった「お店やさん」後のおやつを3年生だけで食べ終えて「俺，一人で片付ける」と申し出たのはそうした願いの現れとも考えられる。

　また，テレビ番組の主人公への憧れとともに，得意なボール遊びで"できる自分"を実感したい，認めてもらいたいという発達上の要求が高まり，それが「競争的自己肯定感」（高垣，2004）を求めるかたちで前景化し，友だちと折り合えなくなってしまったのではないだろうか。

　第Ⅳ期までにAくんは職員らの丁寧な支援・配慮によって学童クラブ場面ではいきいきと活動できるようになってきた。それゆえに，周りの子どもたちはAくんに対する職員の対応が「特別扱い」だという不満を強くもつようになってきたと考えられる。つまり，集団の発展という観点からも第Ⅴ期は大きな質的変化期であった。要支援児に対する特別な配慮は，当初「必要な支援」と認められていても，対象児の発達や変化にともなって「特別扱い」であると非難され始めることがある。支援の内容について，子どもたち同士の納得と合意が必要であり（服部，2011），「集団的自己」（田中，1987），および「多価的パーソナリティ」（ワロン，1983）形成過程にある学童期においては，時と場合を考慮してお互いを多面的に理解していけるような合意形成が求められる。

（3）Aくんの自己肯定感を支えた集団づくり——大・小集団の双方向的組織化

　学校での疲れを癒すためには小さな特別な集団も保障していく必要がある（品川，2002）が，本学童クラブは70名を超える大集団であった。「遊び集団が大きくなっていく」ことと「小集団の親密性が増していく」ことは両方とも，遊びのおもしろさの展開に「支えられるし，反対に支えるもの」になっていく（河崎，2010）。

　本実践では，縦割り班，同学年男子，同学年全体，クラブ全体という四つの集団サイズを意識して遊びや生活活動が組織された。行事後に親睦を深めるために小部屋で3年生だけでおやつを食べる，Aくんがはじめて会議で発言した後の「みんな遊びの日」実行委員は立候補制ではなく3年生男子限定にするな

56

ど，小集団を工夫することによって要支援児の多い学年男子の親密性が高まり，それぞれの思いを表現することが可能になったと考えることができる。

　また，三山（2009）の報告に学び，小集団で出された意見をより大きな集団に伝え，話し合うという指導が意識的になされた。小集団と大集団への双方向の指導・組織化によって集団の質が高まっていき，３年生冬には全員参加の学年対抗リレーが子ども主導で実現したと考えられる。このリレー遊び後の３年生女子の発言（「Ａくんでも笑うんや。おやつが入れないのなら，私らが２階に上がって食べたら？」）は，お互いの違いを認め合い包括する集団へと高まった一つの徴証と言えよう。

（4）障害がある子どもにとっての学童クラブの意義

　Ａくんは２年の夏にＢくん，Ｃくんと仲良くなってから，多人数が行き交う学童クラブで能動的に集団活動に参加しはじめたが，学校ではＢくん，Ｃくんと同じクラスであったにもかかわらず緘黙・寡動状態が続いた。親密な友だちがそばにいるだけでなく，親の期待や教師の教育的意図から解放されて，自分の願いで「こうありたい自分」を表現できる場（白石，2007），「連れ立って幼い連帯を試み」，自由に活動を展開させることのできる「第３の世界」（田中・田中，1988）としての意義が本学童クラブにはあったと考えられる。

　「友達のなかで自分というものが認められ，評価され，『自分は，ここにいていいのだ』という感覚」（高垣，2004），すなわち「共感的自己肯定感」（高垣，2004）をもてる状態が「居場所」であり（茂木，2010），学童クラブは数少ない放課後の「居場所」となりうる場である。高機能 ASD 児の自尊心の低さは，仲間がいないことや仲間とうまくかかわれず孤独感を感じることと強く関連していると考えられ，自尊心を高めるためにこそ，集団指導が必要とされる（別府，2010）。

　本学童クラブが，新奇な場面に対する不安が大きく緘黙や緊張反応を示したＡくんの「居場所」となり得た要因の一つとして，「逃げ場を作り，そこでの活動も保育の一環」（田中，2005）と認められていたことがあげられる。「逃げ

場を作る」ことは，ともすれば隔離や放置につながる恐れもある。気持ちを高めて一歩踏み出すまでに，「じっと見る」参加を続け，指導者や友だちが時機を見計らって誘いかけることができるような場を，空間と活動内容の両面から検討し保障する工夫が必要とされる。

　二つめに，家や学校で経験したことを学童クラブでもやってみる，以前に取り組んだことを今度は異なる立場でやってみるというように，場を変えて繰り返し，やり方の自由度を高める指導がなされたことである。継続的な異年齢の集団であればこそ，立場を替えて繰り返し再挑戦してみることが可能となる。

　学童期なかばへの飛躍をなしとげていく時期には，年下の人に「教える」ことによって「育つ」という社会教育の場が，「自己および他者の評価において多価的かつ発達的な評価」ができていくうえでも学校教育と並び不可欠である（田中，1987）。Aくんは2年後半から3年前半（第Ⅳ期）にはじめて下級生のモデルとなって「教える」経験をした。そのことが他者の心や自己の多面的理解につながり，友だち関係において新たな局面（第Ⅴ期）を迎えたとも考えられる。

　ある特定の人との関係やある一つの経験をきっかけに子どもは大きく変化しうる。「適応すること」を目標にするのではなく，子どもの人格発達を促す「つながりの世界」（湯浅，2008）をつくり出す実践が，学校教育と並び多くの学童クラブでも可能となっていくよう，職員の配置・勤務条件が改善され，地域とも連携して拡がりのある遊び空間が保障されていくことが求められる。

〈文　献〉

American Psychiatric Association　2013　*Desk reference to the diagnostic criteria from DSM-5*.（高橋三郎・大野裕（監訳）　2014　DSM-5　精神疾患の分類と診断の手引　医学書院）

別府哲　2010　学級集団での育ちと自尊心，小学校低・中学年での支援の実際　別府哲・小島道生（編）「自尊心」を大切にした高機能自閉症の理解と支援　有斐閣　pp. 132-167.

エリクソン，E. H.　此木啓吾（訳編）　1973　自我同一性　誠信書房

第3章　自閉スペクトラム症児の困難事例の理解と支援②

浜谷直人　2009　困難をかかえた子どもが保育へ参加する　浜谷直人（編著）
　　発達障害児・気になる子の巡回相談　ミネルヴァ書房　pp. 15-54.

Harter, S.　1983　Developmental perspectives on the self system.　In E. M.
　　Hetherington（Ed.）, *Handbook of child psychology: Socialization personali-*
　　ty and social development（Vol. 4）.　Wiley.　pp. 275-385.

長谷川光子・服部敬子　2016　学童クラブにおける高機能広汎性発達障害児の
　　自己肯定感と集団づくりに関する研究——学校で緘黙反応を示した男児の
　　３年間の実践記録にもとづいて　京都府立大学福祉社会研究会　福祉社会
　　研究，**16**，141-152.

服部敬子　2000　成長の実感・成長への期待　高木和子（編著）　小学二年生の
　　心理　大日本図書　pp. 72-104.

服部敬子　2011　「指導が難しい」子どもとともにある集団づくり　全国保育問
　　題研究協議会（編）　困難をかかえる子どもに寄り添い共に育ち合う保育
　　新読書社　pp. 76-86.

林優子　2008　学童期の高機能広汎性発達障害児の学校適応とリハビリテーシ
　　ョンからの支援の検討　脳と発達，**40**，295-300.

久田信行・藤田継道・高木潤野・奥田健次・角田圭子　2014　Selective mutism
　　の訳語は「選択性緘黙」か「場面緘黙」か？　不安症研究，**6**（1），4-6.

久田信行・金原洋治・梶正義・角田圭子・青木路人　2016　場面緘黙（選択性
　　緘黙）の多様性——その臨床と教育　不安症研究，**8**（1），31-45.

梶正義・藤田継道　2015　場面緘黙の出現率に関する基本調査（1）小学生を対
　　象として　日本特殊教育学会第53回大会発表論文集

角田圭子　2011　場面緘黙研究の概観——近年の概念と成因論　心理臨床学研
　　究，**28**(6)，811-821.

金原洋治　2009　選択性緘黙例の検討——発症要因と併存障害を中心に　日本
　　小児科医会会報，**38**，169-171.

河崎道夫　2010　遊びを豊かに——学童保育における遊びの理論と実践　田丸
　　敏高・河崎道夫・浜谷直人（編）　子どもの発達と学童保育——子ども理
　　解・遊び・気になる子　福村出版　pp. 64-114.

菊池哲平　2010　発達の経過　別府哲・小島道生（編）「自尊心」を大切にし
　　た高機能自閉症の理解と支援　有斐閣　pp. 26-51.

厚生労働省　2016　平成28年放課後児童健全育成事業（放課後児童クラブ）の
　　実施状況　プレスリリース　http://www.mhlw.go.jp/file/04-Houdouhappy
　　ou-11906000-Koyoukintoujidoukateikyoku-Ikuseikankyouka/0000107411_1.

pdf（2017年7月20日閲覧）

楠凡之　2005　気になる子どもをどう理解するか⑤　日本の学童ほいく，8月号，全国学童保育連絡協議会，55-58.

丸山啓史　2013　学童保育における障害児の受け入れの実態——大阪府および京都府の市町村対象調査から　SNEジャーナル，**19**(1)，93-101.

三山岳　2009　生活の中から子どもの関心を見出して仲間との関係につないだ学童保育　浜谷直人（編著）　発達障害児・気になる子の巡回相談　ミネルヴァ書房　pp. 159-169.

茂木俊彦　2010　発達障害児を深く理解するために　茂木俊彦（編）　入門ガイド　発達障害児と学童保育　大月書店　pp. 12-27.

文部科学省　2012　通常の学級に在籍する発達障害の可能性のある特別な教育的支援を必要とする児童生徒に関する調査結果について　http://www.mext.go.jp/a_menu/shotou/tokubetu/material/__icsFiles/afieldfile/2012/12/10/1328729_01.pdf（2017年8月10日閲覧）

西田清　2000　自立をめざす自閉性障害児者のライフサイクルと教育　西田清・高橋宏・別府哲・藤本文朗（編）　父母と教師が語る　自閉性障害児者の発達と教育　クリエイツかもがわ　pp. 10-56.

西本絹子　2008　学級と学童保育で行う特別支援教育——発達障害をもつ小学生を支援する　金子書房　pp. 157-166.

奥住秀之　2010　発達障害とその特徴　茂木俊彦（編）　入門ガイド　発達障害児と学童保育　大月書店　pp. 28-52.

品川文雄　2002　障害児とともに育つ　日本の学童ほいく，3月号，26-29.

白石正久　2006　子どもの自己受容感と集団の発達　日本の学童ほいく，12月号，54-57.

白石正久　2007　障害児が育つ放課後——学童保育は発達保障と和みの場所　かもがわ出版

住野好久　2005　学童保育における「集団づくり」の実践　学童保育研究，**6**，22-29.

高垣忠一郎　2004　生きることと自己肯定感　新日本出版社

高橋順治　2010　場面緘黙状態でASDが疑われる子どもへの支援の事例　自閉症スペクトラム研究，**8**，別冊実践報告集第1集，39-44.

田中昌人　1987　人間発達の理論　青木書店

田中昌人・田中杉恵（著）・有田知行（写真）　1988　子どもの発達と診断5　幼児期Ⅲ　大月書店

田中良三　2005　障害児の理解と配慮　日本の学童ほいく，1月号，24-29.

ワロン，H.　浜田寿美男（訳編）　1983　身体・自我・社会　ミネルヴァ書房

渡部泰弘・榊田理恵　2009　自閉症スペクトラムの観点から検討した選択性緘黙の4例　児童成年精神医学とその近接領域，**50**(5)，291-503.

World Health Organization　1992　ICD-10: The ICD-10 Classification of Mental and Behavioural Disorders: Clinical Descriptions and Diagnostic Guidelines（WHO）.

吉田たまほ・小枝達也　2010　場面緘黙の背景となる要因の検討　地域学論集：鳥取大学地域学部紀要，**7**(1)，67-77.

湯浅恭正　2008　特別支援教育と発達障害　湯浅恭正（編）　困っている子と集団づくり　発達障害と特別支援教育　かもがわ出版　pp. 11-28.

第4章 自閉スペクトラム症児・者の 困難事例の理解と支援
──発達のアンバランスに注目して

別府 　哲

1 自閉スペクトラム症（ASD）の問題行動と機能連関

（1）問題行動そのものの軽減・消失

　自閉スペクトラム症（ASD）の問題行動の激しさと対応の困難さは，しばしば指摘されてきた。そのため，問題行動そのものの軽減や消失をターゲットとした理解と支援が，様々に提案・実践されてきている。

　たとえば，応用行動分析（Applied Behavior Analysis）では，先行事象（Antecedent）―行動（Behavior）―後続事象（Consequence）の枠組みで問題行動を理解するやり方がある。触覚過敏の強い ASD 児が，他児に何度もさわられとても不快な状態にあるとき（先行事象），自分の頭を激しく叩く自傷行為をした（行動）ところ，それに驚いて自分をさわっていた他児が離れていった（後続事象）とする。この場合，自傷行為という問題行動は，さわられる不快な場面（先行事象）によって引き起こされ，その問題行動をすることでその不快な場面が回避される結果（後続事象）を引き起こしている。そのようにとらえれば，自傷行為を軽減ないし消失するためには先行事象を生じさせないこと，あるいは自傷行為をしなくても同様の不快な状況を回避できる（後続事象と同様の機能をもつ）やり方を学習させる（大人にサインを出せばすぐ大人が来て，他児を自分から離してくれる）ことが意味をもつ（平澤, 2010)。

TEACCH プログラムでは，ASD 児・者の問題行動が，今・何を・どこまでやればいいかわからない不安から生じている点を重視する。そのため，今・何を・どこまでやるかを明示するための構造化が，問題行動の軽減に資するとされる（佐々木，2008）。

問題行動はそれを起こす当事者のみならず，周囲の人にも大きな影響を与える。学校の授業や仕事がスムーズにすすまない，破壊行動で物が壊れる，他傷行為で傷を負うという物理的・身体的な影響がある。加えて，人とかかわる仕事は感情労働といわれる（戸田ほか，2011）。その意味で，周囲の支援者が，繰り返される問題行動に苦痛や恐怖，怒りを感じたり，それに対応できない自らの無力を学習させられ学習性無力感（learned helplessness）を感じるといった，心理的な影響も大きい。問題行動の軽減は，物理的・身体的はもとより，心理的にもかかわる人の負担を大きく減らす。その意味で，問題行動そのものにターゲットを絞った理解と支援は有効であるし，必要性も存在する。

（2）問題行動は発達要求のあらわれ

一方これは，問題行動を，先行事象と後続事象のつながりや何を・どこまでやるかの見通しの有無という，その場面や文脈に限定して（閉じた形で）とらえる見方である。それに対し，問題行動が，諸機能の総体としての人格と発達においてどのような意味をもつかを探る視点がある。これは，「問題行動は発達要求のあらわれ」として理解が深められてきた。問題行動を示す当事者は，潜在的にではあるがよりよい自分になろうとする発達要求をもっており，それが問題行動となってあらわれていると考えるのである。

定型発達でいえば，2～3歳の第一反抗期はその一例である。この時期子どもが「○○チャンガ！」「ジブンデ！」というプライドをもって主体として振る舞いたい要求を潜在的に持ちはじめたのに，大人はそれまでの小さい子に対する接し方のままであったりする。反抗はそれに対する子どもの側からの異議申立と考えるのである。こういった理解は，潜在的な発達要求を周囲が理解し汲み取り，それを実現する方向での支援を導く。たとえば，「ジブンデ！」と

いう主体として振る舞いたい要求が背景にあるとすれば,「ちゃんとやりなさい」と叱るのでなく,選択する場を与え自分で決めることができるようにさせる。あるいは大人は子どもが困ったときに助ける二番手となり,つねに子どもが一番手として振る舞う機会を与える。たとえば,ボタンがうまくはめられない子であっても,最初にボタンをはめる一番手の役割は子どもに与える。そして全部ははめられず,困ったという視線を子どもが送ってきたら,そこで二番手として大人が登場し手助けする。これは最初のボタンをはめるのが「ジブンデ!」であるだけでなく,助けてほしいという要求も「ジブンデ!」出せたことが,子どもの発達要求を満足させ,その結果,子ども自身に大人の支援や指示を受け入れる余裕を作りだす。それが次第に,反抗を必要としない発達の姿を作りあげるのである(田中・田中,1984)。

　ASD の場合,以下で述べるように,障害による発達の機能連関の特異性を持つことがある。そしてこの機能連関の特異性が激しい問題行動を引き起こす場合がある(別府,2016b)が,そこにも潜在的な発達要求が存在する。そこでは機能連関の特異性を変えることで,発達要求が問題行動に結び付くのでなく,それそのものの実現がはかれるような支援が導き出されることになる。

(3) 発達の機能連関の特異性

　ASD については,以前から,発達のアンバランスに注目が集まってきた。たとえば,WISC-Ⅲ などの知能検査を行うと,ASD 児・者は他の障害と異なり,言語性知能(Verbal Intelligence Quotient)が動作性知能(Performance Intelligence Quotient)より有意に高い(あるいはその逆)など,機能間のアンバランスさを示しやすいことは繰り返し指摘されてきた(たとえば,Happé, 1994)。こういった機能間のずれが,発達段階(developmental stage)をまたいで生じる現象は,発達の層化現象(長島,1985;田中,1978)と呼ばれ,様々に検討されてきた。

　発達の各機能は,定型発達であれば同じ時期に連関して形成されると想定されるものがある。たとえば,1歳半くらいになると子どもの多くは,言語能力

として2，3語の発語がみられ，砂を直接さわるのでなくスコップですくうなどの道具の使用を示すようになる。あわせて，9か月から1歳半の間に，自分が見つけたもの（たとえば犬）を他者に指さしたり（pointing），自分が食べて空になったお茶碗を「全部食べたよ」とでもいうかのように直接見せたり（showing）といった，自分と相手の間で同じ対象に注意を向ける共同注意（joint attention）が形成される。この共同注意は，自分と相手との間で対象を介したやりとりがなされるという意味で，三項関係（triad relation）（やまだ，1987）の一つでもある。実際，発語，道具の使用，共同注意や三項関係は，日本で行われている1歳半健診で多く取り上げられているチェック項目である。こういった能力は，この発達時期（1歳半）において連関して形成されていると考えることができる。

　それに対し，たとえばASD児の中に，共同注意や三項関係は成立していないのに，発語や，エコラリア（echolalia）ではあるが文を話すこと，あるいは通常であれば4，5歳以後に形成される文字の読み書きも可能である人が存在する（たとえば，若林，1983）。発語にみられる言語形成は，定型発達であれば，共同注意や三項関係の成立を前提に形成される（たとえば，ホブソン，2000；やまだ，1987）。ここでいう発語は可能であるが共同注意や三項関係は成立していないことは，その意味でもきわめてユニークな特異性をもった連関といえる。

　ここでは，階層―段階理論（田中，1987）を参考に，1歳半の節におけるASDの発達の層化現象を検討し，それが問題行動の理解と支援に果たす意味を明らかにする。なお本章では，定型発達において1歳半ころにみられる新しい質をもった発達段階のことを，1歳半の節と呼ぶこととする。

2　定型発達における1歳半の節と機能連関

（1）「○○デハナイ□□ダ」

　1歳半の節において，階層―段階理論（田中，1987）では，「○○デハナイ□□ダ」という操作様式を獲得するといわれる。

第4章　自閉スペクトラム症児・者の困難事例の理解と支援

例として，新版K式発達検査の「ハメ板」課題の反応を取り上げて説明する。円，四角，三角の孔のあいた緑の板と，その円孔にちょうど入る円盤を子どもの前に提示する（図4-1）。そして「これ（円盤を指す）をここ（緑の板）におかたづけ（ないしは，ナイナイ）して」と教示する。そうすると，1歳半の節の前（1歳前半）でも，目の前にある円孔に円盤をはめることは可能である。しかし続けて，ハメ板を目の前で180度回転させ再度円盤を入れるようにいうと（図4-2），1歳前半の子どもは，目の前にある四角孔に円盤を押し付けるだけで終わってしまう。

図4-1　ハメ板課題（その1）

図4-2　ハメ板課題（その2）（180度回転後）

一方，1歳半の節を過ぎると，四角孔に押し付けた後，「ここ（四角孔）デハナイ，ここ（三角孔）ダ」，続けて三角孔にも入らないと「ここ（三角孔）デハナイ，ここ（円孔）ダ」とし，最後に円孔にはめることができるようになる。

1歳前半が一つの世界（たとえば図4-2においての四角孔）に定位する活動（目標を定めて行う行動）に終始するのに対し，1歳半の節を超えると，最初の一つの世界でうまくいかなかった際に，もう一つの世界にも注意を向けることが可能になるのである。一つの世界ともう一つの世界の間で揺れ動き葛藤し，そのうえで一つの世界を選択することができるようになるといえる（白石，2009）。それが，さきほどふれた「○○デハナイ□□ダ」という行動様式の意味である。この，一つの世界ともう一つの世界に注意を向ける力が，多様な二つの世界のつながりを形成しはじめる。

（2）時間・空間のつながり・調整

　その一つは，時間・空間のつながりである。たとえば毎日，保育所で「先生がリュックを背負って玄関に立つ」と次は「散歩」という経験を積むと，次第にその時間的つながりが理解できる。その結果，先生が午後に「リュックを背負って玄関に立つ」だけで，「お散歩だよ」と声かけをしなくても，子どもたちが自分の靴を履いて散歩に出かけようとするようになる。

　知的障害のある青年は，ある時期から夕食時に，「お父さんの茶碗」が置かれると，その横に毎晩お父さんが嬉しそうに飲む「ビール」を冷蔵庫から出してきて置くようになった。毎晩のお父さんの晩酌を見て，「お父さんの茶碗」の横には「ビール」があるという，空間的つながりができたからと考えられた。

　これはいずれも，目の前に無いものを頭の中で思い浮かべる，表象（representation）の形成に依拠したものといえる。時間的つながりも空間的つながりも，毎日何度も経験してきたある状況（たとえば，先生がリュックを背負って入り口に立つ）や対象（お父さんの茶碗）を見たときに，目の前にはないが，時間的に次に起こる状況（お散歩）や，その横にいつもなら存在する対象（ビール）を頭の中で思い浮かべることができるということである。ピアジェ（Piaget, J.）はこの年齢以後を前操作期（preoperational period）とし，それ以前の感覚―運動期（sensory-motor period）との違いとして，表象の形成を挙げた。これが，時間・空間のつながりの理解を可能にするのである。

　一方，障害の無い定型発達（typical development）児の場合，二つの世界の時空間的つながりは，パターン化された把捉にはとどまらない。「先生がリュックを背負う」と次は「散歩」のはずだが，実際には急に雨が降り中止になることもある。そういった際，子どもは中止を認めず散歩に行こうと怒るかもしれない。しかしただ怒りでパニックになって終わるのではないだろう。そこで先生が「ごめんね，今日お散歩行けなくて嫌だったね」と子どものつらさに共感した上で「明日また行こうか」と励ましたりする。子どもはそれにより怒りを少しずつおさめ，散歩ではなくお部屋で遊ぶことを認め受け入れることも可

能になっていく（白石，2009）。アタッチメント（attachment）対象である他者によって，怒りや悲しさといった情動を外発的調整（extrinsic regulation）（別府，2016a）してもらうのである。子どもは大人の支えのもと，「今日は散歩デハナイお部屋ダ」と切り替えたともいえる。このように「○○デハナイ□□ダ」は二つの世界のつながりだけでなく，二つの世界の切り替えや調整を含みこんだものとなっていくのである。

（3）自己と他者の意図のつながり・調整

　二つ目は，自己と他者の意図のつながり，調整である。ハメ板をはめることができた際に，定型発達児はそれを要求した他者に視線を向け，「デキタデショ」というかのような表情をすることが多い。他者の行動だけでなく，その背景にある意図の存在に気づきそれを受け止められるからこそ，その他者に誉めてほしい要求が生まれる。一方で，からかい（teasing）のように，他者の意図にあえてそむき，それを遊んでくれることを楽しむ行動をとることも可能になる（レディ，2015）。あわせてこれは，相手の意図に反してでも「○○チャンガ！」と自分の意図を押し通す自我の誕生にもつながる。このように，他者と自己の意図に気づき，それに合わせたりそむいたり，主張したりといった，調整を行いはじめるのである。

　他者の意図の気づきについては，共同注意や三項関係の成立と関連した主張がいくつもみられる。そもそも共同注意自身が，他者の注意という心を共有する行動である。加えて，三項関係を ASD との関係で論じたホブソン（Hobson, P. R.）（2000）も，他者の注意だけでなく意図を理解する能力がこの時期に出現することを論じている。トレヴァーセン（Trevarthen, C.）ら（2005）は，これを第二次間主観性（intersubjectivity）と呼んだ。自己の意図については，やまだ（1987）の論考が参考になる。そこでは，お菓子をほしいと要求した1歳前半の子どもが，最初親に拒否されたが，あまりに要求が激しいので仕方なくお菓子を渡されたのに，そのお菓子を捨てて怒った例が挙げられている。ここで子どもは自分の要求（お菓子がほしい）が通ったにもかかわらず，それをあえ

図4-3 定型発達児・者とASD児・者の1歳半の節における機能連関
(出所) 別府 (2016b)

て捨ててまで，最初に自分の意図を受けいれられなかったことを怒った。このようなプライドをもった意図が，自我の誕生といわれるものと考えられる。

　定型発達児は，時間・空間のつながり・調整と，自己と他者の意図のつながり・調整を，1歳半の節という同じ時期に獲得する。すなわち，両者が機能連関して1歳半の節を形作ると考えられる。

3　自閉スペクトラム症 (ASD) における1歳半の節と問題行動

(1) 自閉スペクトラム症 (ASD) と1歳半の節

　一方ASDにおいては，この両者にずれが生じやすい。それは時間・空間のつながりは形成しやすいのに対し，自己と他者の意図のつながり・調整には困難を示すというずれである（別府，2012；白石，2009）。ここでは，1歳半の節における機能連関の特異性をもったASD児で，思春期を境に激しい問題行動を頻発させた事例（別府・別府，2014）を取り上げ，この問題を検討する。

(2) こだわりと破壊行動を頻発した成人のASD者[1]

Bさん（男性）の問題行動——先走り行動

　ここで取り上げるのは，入所施設にいるASDの24歳Bさん（男性）である。Bさんは幼児期からこだわりがとても激しかった。中学部へ入るころには芳香剤へのこだわりが強まり，店で決まった銘柄を決まった色の順番に勝手に並び

---

(1) この部分は，別府・別府 (2014) で紹介した実践について，資料を補足したうえで，再度まとめなおしたものである。

替えることでトラブルが頻発していた。24歳時点では，施設職員から先走り行動と命名される問題行動が激しいことを特徴としていた。具体的には，晩御飯の際，味噌汁をご飯にかけ飲みこむように早く食べる。加えて，他の利用者が早く食べないといらいらし，勝手にその人のご飯を残飯入れに捨てて食事を強制的に終わらせる。入浴の際も順番に並んで服を脱いで入るのだが，前の人がさっと服を脱がないと怒りだし勝手に脱がせる。それで相手の利用者がパニックになる。仕事や生活の能力は十分にあり，一人でなんでもできると思われていたＢさんだが，次へ，次へ，と先走って行動すること，すなわち先走り行動が多く，それが周囲の人と頻繁にトラブルを引き起こすこととなっていた。

くわえて，先走り行動を職員が注意すると，Ｂさん自身がパニックになり自分の服を破ったり食器を投げて割ることを繰り返した。Ｂさんはこういった破壊行動の頻発もあって処遇困難事例とされていた。そのため，施設職員と外部の専門家としての筆者らが，Ｂさんの理解と支援について定期的に話し合い，理解と支援の方向を探っていった実践である（別府・別府，2014）。

先走り行動の発達的意味──機能連関の特異性

施設では当初，次のどんな行動をいつから行うかがわからない，状況の見通しが不確定であることが，先走り行動の背景にあると想定した。そのため，作業では箱の中のものが無くなったらおしまいになるという終わりの明確化や，時計の絵を描いて「〇時になったら入浴」という見通しを与えるようにした。しかしこの支援はあまり効果をもたず，先走り行動と破壊行動に変化はみられなかった。

そこで，24歳時点で新版Ｋ式発達検査を施行し，発達の状況を確認することとした。Ｂさんは，積木でモデルと同じ形を作る「家の模倣」（定型発達では２歳台で通過）は可能であり，描画でも図版を見て「十」の形を描く「十字模写」（定型発達では２歳台で通過）はできていた。しかし「家の模倣」は，作った直後にそれを自分で壊してしまい，できたものを相手に見せたり（showing），笑顔で相手の意図を確認することは無かった。６個の絵を描いたものを見せ「ワンワン（犬）どれ？」と尋ねそれに指さしで応える「絵指示」（定型発達で

は1歳後半の課題）では，自分で勝手に絵を次々指さし名前を言うことはできるが，こちらの問いかけに指さしなどで応答することはみられなかった。このように，課題そのものはできるものでも，相手とやりとりしながら実施したりそのできたことを相手と笑顔で共有することは無く，共同注意や三項関係の弱さがうかがえた。Bさんは「○○ボールペン（商品名），ブラック」など単語の羅列での発語はあり，パターン化してはいたが小学部時代から書字も可能であった。発語という1歳半の節の力だけでなく，書字という定型発達でいえば4〜5歳ころに可能になる力も示しつつ，1歳半の節までに形成される三項関係がみられにくいという特異な機能連関が推察された。

そこで筆者らは，先走り行動を1歳半の節における機能連関の特異性の中でとらえることを試みた。そうすると，先走り行動は次の活動が見通せない不安というより，次の活動が見通せるからこそ早く次の活動へ移ろうとする強迫的行動と考えられた。Bさんの中に「食事の次は入浴」という見通し，すなわち時間的つながりは成立している。しかしそれが強固なパターンになってしまい，「食事の次は入浴」にならないこともあるという葛藤経験を経た調整はできない。だからこそ，食事になった瞬間に早く次の入浴に移らなければならないと強迫的にとらえてしまう。そして早く次の入浴に移るために，他の利用者の食事を終わらせる必要があったのではないか，というものであった。

別の顔を見つける

上記の理解は外部の専門家である筆者らにはあったが，その提案は施設職員には腑に落ちなかったと考えられる。それは数か月後の話し合いの時点でも支援の中心が，状況の見通しを明確にするという従来と同じものであったことにあらわれていた。それは，上記の理解がどういった具体的支援を必要とするかまで提示できなかった，筆者らの問題でもあった。

「問題行動は発達要求のあらわれ」とするとらえ方は，人間をまるごととらえることを含意している。これは，問題行動のみでその人をとらえないことでもある。「（その人の）こだわりに（かかわる大人が）こだわってしまう」ことで，その人のこだわりをさらに強めてしまうことは少なくない。

第4章　自閉スペクトラム症児・者の困難事例の理解と支援

　トイレに閉じこもるこだわりが強いASD青年のことを検討するため，ある成人施設におじゃましたことがある。毎日朝の会の途中でトイレに閉じこもる彼が，その日は調子がよかったのかそれをせず，作業にも参加した。筆者はこういうときもあるんだと思ったが，筆者に相談した指導員はいらいらしたそうである。「なぜ今日に限ってトイレに行かないんだ…」。指導員が青年を何度もきつい目で見たことでそのイライラが伝染したのか，しばらくすると青年はトイレに入りいつも通りカギを閉めた。一生懸命こだわりをどうにか

図4-4　Bさんの支援前の書字
(出所)　別府・別府 (2014)

しようと頑張ることが，職員自身を「こだわりにこだわる」姿勢にさせ，それが結果としてASD青年のこだわりのきっかけを作ってしまったように感じられた。

　こういった経験から筆者は，問題行動の激しい場合ほど，問題行動とは別の顔を見つけることを重視してきた。その中でもとくに，その人の楽しい顔，つまり何をどのように楽しめるのかを見つけることを大切にするのである。

Bさんの好きな書字の意味

　それを職員に伺うと，小さいときから書字が好きで今でも一人になるとそれをしているということであった。それで，今書いている書字作品と，その様子を報告してもらった。

　すると図4-4のようなものを1枚1，2分程度というものすごいスピードで書き続けること，1枚書いたらすぐ別の紙に…と何枚も書き続け，最後は書いていたボールペンを投げて踏みつけて折ってしまうとのことであった。筆者には，書いたものは字ではあるが，全体として模様のような印象を受けた。加えて職員からはBさんの「楽しいこと」と紹介された書字ではあるが，筆者にはそうは感じられなかった。

73

本来，言語は話し言葉でも書き言葉でも，その大切な一つの機能はコミュニケーションにある。文字を書いて本人が相手に何かを伝えることもあれば，文字を書いている姿を見て，周りの人が喜んだりほめてくれることもある。職員の話によれば，最初Bさんが書字をしたころは母親がすごく喜び，周りに「B，すごいでしょ」と言っていたとのことであった。

　しかしここでのBさんの書字は一人で書いていて，誰かに伝えたいという思いは伝わってこない。逆に紙とペンを見ると書かざるを得ない状況に追い込まれ，周りと無関係にすごいスピードで紙を字で埋める（書くというより埋めるという印象）。そして次の紙を見つけると，また書かざるを得ない。その繰り返しがイライラを昂じさせているように思えたのである。そうするといつまでたっても書字を終わることができない。そのため，最後はボールペンを折ることで強制的に終わりを作らざるを得なくなっているととらえた。

　1歳半の節の機能連関でいえば，Bさんは，紙があればペンもその横にあるという空間的つながり，紙とペンがあれば字を書くという時間的つながりのパターン的な理解は可能である。しかしその書字を見て他者がどう思うかその意図を感じたり，あるいは書字を他者に見てほしいという自己の意図を表出するなど，自己と他者の意図のつながり・調整の力はみられない。この機能間のずれが，紙を見ると書かざるを得ない強迫的行動になってしまっていると考えられた。

　職員の間には，書字はBさんが自分からやろうとする課題であり，好きな活動であるという暗黙の了解があった。そのためか，こういった筆者の解釈はショッキングでもあり，だからこそBさんをとらえ直す一つの契機となったようであった。あわせて，この把捉は，書字がBさんとのコミュニケーションの手段になり一緒に楽しめるようになったら，何かが変わるかもしれないという支援の見通しを作り出すこととなった。その日の話し合いでは，職員の側から，Bさんが居室で書字をしている時間（9時半・11時半・16時）に職員が居室へ行き，一方的であってもBさんの書字を職員自身が読んで話しかけてみますという提案が出されたのである。

第 4 章　自閉スペクトラム症児・者の困難事例の理解と支援

書字を一緒に楽しむ――他者の意図の発見

　職員の記録からは，この取り組みによって数週間でＢさんの変化があらわれ
たことが読み取れた。2 週間後（Ｘ年 8 月 6 日）には，職員が部屋へ行くと，
「11日お願いします。ママ，○○（ママの実名）」(11日がお母さんとの面会日)
と書かれた紙をＢさんが職員に見せることがあった。さらに 1 か月後には，書
字を読む前に職員が「何を書いたの？」と声掛けをするだけで，嬉しそうに書
いた紙をもって走って見せに来る行動がみられた（Ｘ年 9 月19日）。これは読ん
でほしいという要求でもあるが，嬉しそうな姿からは，やったことを見てほし
い showing 行動とも考えられた。書字を読んでもらえることがＢさんにとっ
ての楽しいコミュニケーションになったのである。

　このころ，職員の側にも変化があった。それまではＢさんの書字をただ読む
だけだったのが，Ｂさんの気持ちを共感的に代弁する語り掛けが増えていった
のである。たとえば「面会　23日」という書字に対しそれをただ読むのでなく，
「23日は面会日で，お母さんが来るね。個別懇談しますよ。お母さんが来るの
が楽しみだねえ」と語り掛ける。下線部分は書字には無いが，Ｂさんが思って
いるであろうことを職員が推し量ったが故の言葉になっている。職員自身が，
Ｂさんの意図を推測しやすくなったこと，そして職員もＢさんとのコミュニ
ケーションそのものが楽しくなったため，自然とこういった変化が生まれたと
考えられる。

　書字そのものではなく，その背景にあるであろう自分の思いを共感的に代弁
してくれる働きかけは，他者の思い（意図）をＢさんが推し量る力を生み出す
ことにつながっていった。Ｂさんはそれまでにも夜中に布団を破り，中の綿を
出してしまうこともあった。職員はそのたびに，破れた布団を前に置いてＢさ
んに「布団，やぶりません」と何度も教えた。そういった後には，書字に「ふ
とん　やぶらない」と書くことがあったそうである。ところがこの時期にも布
団を破ったのでいつも通り「布団，やぶりません」と教えたことがあった。そ
の数日後Ｂさんが「やぶらない」といつもの書字をした続きで，「ふとん　ご
めんさい（「ごめんなさい」の意）」と書いたものを，四つ折りにして職員に渡

75

図4-5　布団を破った後, Bさんが書いた書字
(出所)　別府・別府 (2014)

したことがあった。

職員は,「これ(「ごめんさい」),私たちが言った言葉ではないので,何か私たちに謝ってくれてるのかな,って感じたんですけど…」と遠慮がちに語られた。これはこの間の互いの変化を踏まえれば,職員が言われる通り,Bさんが職員の意図を理解したからこそ謝ろうとした表現と考えられたのである。

自分の意図を出す力——自己と他者の意図のつながり・調整

職員と書字を介したコミュニケーションを楽しめるようになり,他者の意図に気づく力が増大する中で,自分の意図に気づいて相手に自分の意図を出す力もその半年後にはみられるようになった。Bさんにとってパズルは好きな活動で,皆が集まるスペースにいるときにパズルを出せばほぼ確実にやっていた。ところがあるとき,パズルを職員が出すと,手でバツのポーズをとり,やらないという意図を示す姿がみられた (X + 1 年 1 月12日)。

こういった経過の中で先走り行動は減り,書字でもボールペンを使い切ってから職員に返し新しいボールペンをもらうようになるなど,破壊行動はほとんどみられなくなっていった。

(3) 機能連関の特異性と問題行動——自他の意図のつながり・調整の弱さ
Bさんのケースから考える

Bさんの先走り行動,破壊行動は,次のような発達から生じていると考えられた。それは,定型発達児であれば同時期に形成される自己と他者の意図のつながりが形成されないまま,時間・空間のつながりのみが獲得されるという,機能連関の特異性を基盤にもったものである (図4-3)。この時間・空間のつながりは,自己と他者の意図のつながりが形成されないところでは,パターン化

第4章　自閉スペクトラム症児・者の困難事例の理解と支援

したものとならざるを得ない。それが，次の活動へ移らなければならない強迫的行動（先走り行動）を生み出すこととなった。また，素材（紙，ペン）と活動（書字）のパターン的つながりは，紙とペンを見ると字を書かざるを得ない強迫的行動となった。これは紙とペンがある限り描き続けなければいけないため，終わることができない苦しさも引き起こした。それが破壊行動の一つの誘因となったと考えられたのである。

　そしてＢさんの問題行動は，Ｂさんが職員の意図に気づきそれに応答する力，そして自分の意図を他者に出す力，すなわち自己と他者の意図のつながり・調整が形成されることと相俟って，軽減・消失していった。これは，本来Ｂさんが好きな活動であった書字を対象にし，職員の側がＢさんと楽しめるコミュニケーションを行おうとしたことによって可能になった。Ｂさんが自己と他者の意図のつながり・調整が可能になると，時空間的つながりもパターン化された強迫的なものではなく，調整を含みこんだものに変容していった。それは，食事の次は入浴であることがわかっていても，周りの職員とコミュニケーションを楽しむことですぐ入浴に移れなくても大丈夫であったり，あるいは今日は入浴したくないという自分の意図を出すことも可能にしたと思われる。

　Ｂさん自身がそうできることは，職員からしても，Ｂさんの行動を調整するタイミングや間をはかったり手掛かりを出すことを容易にする。この相互の好循環が問題行動を消失させたと考えられる。

特異な機能連関と発達要求

　以上のことは書字に関していえば，Ｂさんの中に「終わりたいのに終われない」苦しさがあったことを示していた。そうであればＢさんが，書字をボールペンを折ることで強制的に終わらせるのでなく，「自分の意図で・自分で決めて終われるようになりたい」という潜在的な発達要求をもっていたと考えることも，あながち間違いではないと思われる。先走り行動も，次の活動へ移ることへの強迫的行動だとすれば，本来は「次の活動ばかり気になるのでなく，もっと今やっている活動を充実させ楽しみたい」だろうし，「次へ移るかどうかも，自分で決めたい」という願いをもつことも当然であろう。自分の意図で，

自分で決めることは，自分の意図を相手に出す自我の力であり，1歳半の節に
おける自己と他者の意図のつながり・調整でもある。自己と他者の意図のつな
がり・調整の力を育む支援は，潜在的な発達要求を実現する支援でもあったの
である。

　問題行動を，それが生起する場面においてのみで理解するのでなく，その人
の人格と発達との関係の中で理解することは，このように潜在的な発達要求を
実現する支援を可能にする。そしてこれは，問題行動を必要としない発達をそ
の人の内面に作り出すことを目指すものでもある。問題行動は，それを直接の
ターゲットとして軽減・消失させる方向だけでなく，それを必要としない発達
の力を育むことで結果としてそれを軽減・消失させる支援が存在するのである。

（4）自閉スペクトラム症（ASD）児・者の発達要求を実現するための
　　理解と支援

　本章では1歳半の節における機能連関の特異性から問題行動を理解し，その
発達要求を実現する支援のあり方を論じた。今回は問題行動として先走り行動
や破壊行動を取り上げたが，破壊行動は他の事例でも同様の理解と支援が有効
であったことが示されている（別府，2012；新見，2010）。また1歳半の節だけ
でなく，4～5歳ころの発達における機能連関の特異性と問題行動の関連につ
いても事例を通した検討がなされており（別府，2012），他の発達段階における
機能連関の特異性と問題行動の関連は，今後の重要な検討課題である。

　またBさんの事例では，Bさんの潜在的な発達要求をかかわる人がどうとら
えるかが，大きな転換点であった。当初，筆者らが発達検査の結果から解釈し
た先走り行動の理解は職員に受け入れられなかった。一方，書字の解釈につい
て職員が納得して理解することが，職員自ら主体的に支援を提案する姿につな
がり，それがBさんの変化をもたらすこととなった。

　しかし発達要求をとらえ実現するためには，こういった他者との関係性の問
題だけでなく，それを実現させる生活・活動の質も検討する必要がある。たと
えばBさんでいえば，職員が彼の居室に出向いて書いたものを読む取り組みは

９時半，13時，15時半の３回行われていた。これはどの時間帯でも重要ではある。一方，朝一番の９時半に行う支援は特別な意味をもっていたとも考えられる。職員が部屋へ来てコミュニケーションをとってくれることが楽しみであっても，たとえば午前はそれと無関係な作業を延々とやり午後にのみそれがあるのか，あるいは朝一番にそれがあってから午前の作業に入るのか，は本人にとって大きな違いをもたらしたと思われる。後者の場合，寝る前から朝が楽しみになるかもしれないし，それがあることで次の作業にもスムーズに入ることができ，その結果作業で職員に誉められる可能性が高まるかもしれない。しかし前者の場合，朝に楽しみがないことで気持ちが盛り上がらず，作業もだらだらして叱られれば，その後のコミュニケーションの楽しさは減じてしまうだろう。同じ書字を読む活動も，生活のどの時間帯に組みこむかによって，本人にとっての意味は大きく変わるのである。同様に，たとえば絵を描くという同じ活動でも，普通に机の上で描くのか，体育館一面に敷き詰めた大きな紙の上で全身を使って描くのかでは，当事者にとっての意味はまったく異なってくる。活動や仕事の種類，場所，広さ（総じてダイナミックさ），場面の切り替えの持ち方なども同じである。発達要求を実現するためには，関係論だけでなく，こういった活動論的な検討が今後必要となるだろう。

　近年日本でも，当事者自身が自分を研究する当事者研究（たとえば，熊谷，2017）が広がりをみせつつある。これは問題行動についても，当事者の立場にたった意味のとらえ直しを求める流れに連動する。その意味をさぐる一つの視点が，ここで述べてきた機能連関の特異性にあると考えるのである。とくに，言語的に自分を理解し振り返ることが困難な，１歳半の節のある機能（自己と他者の意図のつながり・調整）に弱さをもつ ASD 児・者の場合，この視点は一層重要となる。障害者権利条約にみられる世界的な動きを実質化するためにも，ASD 児・者の問題行動を彼・彼女らの人格と発達において理解し支援する方向性が，さらに求められるところである。

〈文　献〉

別府哲　2012　自閉症児者の「問題行動」と内面理解　奥住秀之・白石正久（編著）　自閉症の理解と発達保障　全国障害者問題研究会出版部　pp. 70-94.

別府哲　2016a　自閉症児と情動——情動調整の障害と発達　子安増生（編著）「心の理論」から学ぶ発達の基礎——教育・保育・自閉症理解への道　ミネルヴァ書房　pp. 199-208.

別府哲　2016b　自閉スペクトラム症と一歳半の節　障害者問題研究，**44**，98-105.

別府悦子・別府哲　2014　重度知的障害のある自閉症者の行動障害に対する発達臨床コンサルテーションの効果——入所施設職員へのコミュニケーション支援を中心に　臨床発達心理実践研究，**9**，113-119.

Happé, F. P. E.　1994　Wechsler IQ profile and theory of mind in autism: A research note. *Journal of Child Psychology and Psychiatry,* **35**, 1461-1471.

平澤紀子　2010　応用行動分析学から学ぶ子ども観察力＆支援力養成ガイド　学研プラス

ホブソン，P. R.　木下孝司（監訳）　2000　自閉症と心の発達　学苑社

熊谷晋一郎（編）　2017　みんなの当事者研究　臨床心理学増刊第9号　金剛出版

長島瑞穂　1985　障害と発達の相互関連　心理科学研究会（編）　児童心理学試論　三和書房　pp. 287-301.

新見俊昌　2010　変わりゆく力を見つめて　新見俊昌・藤本文朗・別府哲（編著）　青年・成人期自閉症の発達保障　クリエイツかもがわ　pp. 8-44.

レディ，V.　佐伯胖（訳）　2015　驚くべき乳幼児の心の世界　ミネルヴァ書房

佐々木正美　2008　自閉症児のための TEACCH ハンドブック　学研

白石正久　2009　発達障害と発達診断　白石正久・白石恵理子（編）　教育と保育のための発達診断　全国障害者問題研究会出版部　pp. 242-268.

田中昌人　1987　人間発達の理論　青木書店

田中昌人・田中杉恵（著）　有田知行（写真）　1984　子どもの発達と診断3　幼児期Ⅰ　大月書店

田中杉恵　1978　発達における階層間の移行の診断についての覚えがき　障害者問題研究，**14**，3-12.

戸田有一・高橋真由美・上月智晴・中坪史典　2011　保育における感情労働——保育者の専門性を考える視点として　北大路書房

トレヴァーセン，C.，エイケン，K.，パプーディ，D.，＆ロバーツ，J.　中野茂・
　　伊藤良子・近藤清美（監訳）　2005　自閉症の子どもたち——間主観性の発
　　達心理学からのアプローチ　ミネルヴァ書房
やまだようこ　1987　ことばのまえのことば　新曜社
若林慎一郎　1983　自閉症児の発達　岩崎学術出版社

第5章 ろう学校の重複障害学級での
困難事例の理解と支援
──「天敵」がかけがえのない友になるとき

竹沢　清

1 ぶつかりあう俊作と昇太

（1）額を打ちつける・モノを投げる

「困難な子」というとき，私は，俊作（聴覚障害・自閉スペクトラム症（ASD），小3）を真っ先に思い起こす。

当時私は，ろう学校の重複障害学級の担任だった。俊作は鬼ごっこで，鬼にタッチされると，とたんに，体育館の床に額をガンガンと打ちつける。血がにじむほどに。ハンカチ落としで捕まると，鼻をひっかいて，わざと血を出す。「算数ちがっている」と言われるだけで，教室を飛び出し，中庭を突っ切り，塀を乗り越え，近くの千種公園まで行ってしまう。「耳切るぞ」と言いつつ（身振り），実際に耳を切って，隣の東市民病院で縫ってもらう。「水銀電池飲むぞ」と言って，補聴器から豆電池をはずし，実際に飲んでしまい，病院に1日入院する──。

思うに任せないとき，彼は決まってパニックを起こしていた。

また彼は，トイレに入り浸りだった。トイレにいて，ときどき教室に来るというのが実態だった。水洗トイレの水が，渦を巻いて流れ込んでいくさまを，取りつかれたように覗き込んでいた。

俊作の思うに任せない最大のものは，人間関係。中でも，昇太との関係は激

しいものだった。

　本来，重複障害学級は３人（俊作，香織，陽一。小３）であった。だが，校内
事情で昇太（小２）を含めて４人で出発した。昇太の課題は落ち着きがないこ
と。ふっと思いつくと，とたんに教室を飛び出していく。母親は「２年前は10
分も座っていなかった」と言う。

　昇太はほとんど「自然児」と言っていいほど，思いのままにふるまう。俊作
が絵本を見ている。そこを通りかかった昇太が，まったく気まぐれに，さっと
絵本を取り上げる。そのとたん，俊作が額ガンガン…，あるいは近くの黒板拭
きを投げて，ガラスを割る…。

　４月，「繊細なガラスの少年」俊作と「自然児」昇太のぶつかりで，クラス
は騒然たるありさまだった。のちに俊作の母親が言う。「学校に連れてきても，
このまま連れて帰ろうか，と何べん思ったかしれない。俊作と昇太のかかわり
は，地雷に触れるようだった」。現に俊作は，衝突を避けて，いつも，天井近
くに横たわっている鉄骨の上に「止まり木」のようにして座り，「避難」して
いた。

（２）実践の基本的な構え

問題行動に目を奪われない

　問題行動一色の子はいない。にもかかわらず，つい私たちは，気になる行動
に目を奪われがちだ。

　体育館での鬼ごっこのとき，逃げる俊作が香織とぶつかって二人とも倒れた。
そこに鬼が追いかけてきてタッチ——。（ああ，額ガンガンだ），私は身構える。
だが，打ちつけない。好きな香織を（だいじょうぶか）とのぞき込んでいるの
だった。俊作は他者に気持ちが向かうとき，パニックを起こさない，私はそう
確信した。

「感覚の世界」から「人と交わる世界」へ

　俊作は，「運動会で音楽がかかったとたんに，グランドに額を打ちつけてい
た」。「水があれば飛んでいく」——音，水となれば，これは彼が「感覚の世

第5章　ろう学校の重複障害学級での困難事例の理解と支援

界」に生きているということだ。だが，たとえ，それが気になる行動であろう
と，そこから力づくで引き離そうとは思わなかった。

　むしろ，「感覚の世界」をたっぷりと味わわせ，そこから「卒業するように
して」，人と交わる世界に導き入れようと思った。

（3）具体的な働きかけ

見る力を活かす

　重複障害学級全員（10人くらい）が毎朝体育館に集まって，運動あそびをす
る。1人ずつ前に出ての挨拶から始まる。だが俊作は，例によって体育館の隅
っこのブランコ（上から垂れたロープを縛ったもの）に乗っていて来ようとしな
い。私はひと声かけて，そのままにしておく。ここでは活動の流れをつくるこ
とが先決だ。1人2人と挨拶をさせ，3人目は香織だ。香織が済んだら，俊作
を呼びに行ってもらう。1人目や2人目では，まだ流れが見えていない。だが
10人目では，じれてしまう。だから4人目，しかも好きな香織が呼びに来てく
れると，俊作はやってくる。

　キックベースボールのときも，例によって，ブランコのところにいて，やっ
て来ない。だが，私は呼び寄せて座らせはしない。他の子のようすをしばらく
見せ，本人の中に見通しを持たせる。そして，本人の打順になったときだけ呼
び寄せる。当初，蹴ったらすぐに元のブランコに戻っていった。そのうち，1
塁まで行ってブランコに。そして，しまいには，2塁，3塁と回り，ホームに
戻ってきて，ブランコに走っていくようになった。

　なお，ここで「見る力を活かす」と言っているのは，俊作が「視覚優位」と
いう特性を持っているから，カードなどを示すと言うのではない。俊作の中に，
見ることを通して，「目当て・納得」を生み出すことに重点を置くこと――私
の言葉で言えば「視覚優位ではなく納得優位」を指している。

級友の力を借りる

　俊作はなぜ香織が好きなのか，はじめ，わからなかった。

　だがあるとき，わかった。算数の時間，「答えちがうよ」と言っただけで教

85

室を飛び出していった。そして中庭で金づちで石を割っている。私が呼びに行っても来ないため，香織に呼んできてと頼んだ。

二人はなかなか帰ってこない。見ると香織が俊作の横に座って，「あの石割ったら，この石割ったら」と指図をしている。（えーっ，ミイラ取りがミイラか）と思って「香織ー」と呼ぶと，香織はハッとした顔で「俊作ー」と呼ぶ。すると，彼が香織の2，3メートル後からついてくる。

そうか，二人は「世界を共にした」。だから香織の呼びかけに応えたのだ。もし香織が行ってすぐに「来い」と引っ張ったら「いやや」と膠着状態になっていただろう。

集団と文化の入り口でつまずく

私の対応は，わがままを許しているかのように見えるかもしれない。しかしASD を踏まえた対応のつもりであった。私はよく「子どもは集団と文化に出会って発達する」と言ってきた。だが俊作は，集団と文化の入り口で抵抗感を持ち，つまずく。となれば，そのハードルをいかに低くして越えやすくするか，それが指導だと思ってきた。

先のキックベースボールで言えば，待つことが苦手な ASD 児である彼に事前に細かなことを求めると，本番に至る前にトラブルが生じ，結果として参加しないで済んでしまう。もっとも味わってほしい場面は，「ボールを蹴って飛ばす心地よさ」。それを本人の中に蓄積してほしい。だからあえて待たせない。

変化のきざしは日常生活に

俊作の変化のきざしは，日常生活の中に現れてきた。

ある日，足洗い場で子どもたちが集まっていた。そのとき，私の後ろを誰かが駆け抜けて行った。俊作だ。見ると，チョウチョを追いかけている。あの，無機質な水に取りつかれていた俊作が，水に目もくれず，生き物であるチョウチョを追いかけている。

また，体育が終わったときのこと。着替えたはずの，白い半ズボンがない。探しまわったあげく，もしかしてと思って，彼のズボンの中をのぞく。なんと，白いズボンの上に，ズボンをはいていた。「白ズボンを脱いだら，普通のズボ

ンをはく」という「ねばならない」の世界に縛られているはずの彼が，勘違い
をしたのだ。勘ちがいは，選択肢が多様になった証であった。

最大の貢献者・昇太

俊作の世界が広がってきた。その最大の貢献者は昇太であった。俊作は昇太
との激しいぶつかりによって，閉じられていた世界が揺さぶられ，新しい世界
へと導かれていった。

当初，俊作にとって昇太は，周りへの配慮もなく激しくぶつかってくる，
「うとましい」存在であったにちがいない。だが，昇太にしても，俊作は理解
しがたい存在であったにちがいない。昇太はこれまでと同じように，気分のま
まにふるまった。たとえば，ほしいと思って絵本を取り上げる。だが，そのと
たんに，補聴器が投げられ，ガラスが割れる…。他の子であればなんでもなか
ったことが，俊作に出会ったとたん，事件になる。だが，この爆発は，昇太に
とって，またとない発達の機会となっていった。ぶつかりを通して，彼は否応
なく他者の思いを，自分の中に取り込まざるを得なくなったからだ。

昇太がブランコしている俊作を呼びに行く。これまでは，走っていって，力
づくで引きずり下ろしていた。とたんに，俊作が床に額をガンガン打ちつける
というありさまだった。だが今日はちがう。

昇太が近くまで走って行って，2，3メートル前で立ち止まり，ひと声オー
と声をかける。俊作が降り向く。それを見はからって，昇太がオイデ，オイデ
をする。俊作はやってくる。

昇太の変化に応じて，俊作も変わりはじめる。めんどうと思った昇太も，い
ったんかかわってみると，活発なだけに，けっこうおもしろい。

鬼ごっこで，昇太は捕まりそうになると，その場でクルクルと回転をする。
回っているときはセーフだ，と勝手なルールを持ち出す。またその場でパタッ
と四つんばいになる。これもセーフだという。こうしたルールをみんなの遊び
の中に取り入れてみると，けっこうおもしろい。二人は組み合い，じゃれあっ
て遊ぶようになった。そのようすを見て，俊作の母親が言う。「二人は，『地
雷』から『トムとジェリー』に変わった」と。トムとジェリーは，お互いに，

いるとわずらわしいが，いないと寂しい。お互いがかけがえのない存在になってきた。まさに育ちの弁証法と言っていい。

（4）昇太の発達が絵の変化にあらわれる

昇太は落ち着きがなかった。だが私には，もっと気になることがあった。彼の絵の中に人間が出てこないのだ。オバケ，戦車ばかり描く（図5-1）。母親は「好きなんです」と言う。私はそうとらえなかった。彼の中に「人間・他者が存在しない」ことこそ最大の課題だと思ったのだ。

図5-1　オバケ・戦車

図5-2　はじめての人間の絵

「落ち着き」「人間の絵」この二つの課題に対して私がとった手は，鬼ごっこ——あまりにも唐突かもしれない。

私はこう考えた。①落ち着きは座らせることで身につくのではない。動くこともできるし，座ることもできる。今は選んで座っている。それを落ち着くというのではないか。②鬼ごっこは人間関係そのものの遊び，他者とのかかわりの中で人を意識する。こうした活動から，人間の絵が登場するのではないか，と。

はじめての人間の絵

昇太の絵の変化は，彼の発達を示すものだった。

昇太が人間を描いたのは突然だった。給食を食べるのが遅い彼に，私は脅しをかける。「食べないと，

第5章　ろう学校の重複障害学級での困難事例の理解と支援

図5-3　海に行った

小さくなっていくぞ。マメみたいになったら足でつぶして，ふーっと吹くぞ」。黒板にその絵を描いてみせる。すると昇太が，ムッとして前に出てきて，黒板に描いた絵がこの絵だ（図5-2）。

　四角は私の足，踏みつぶされてたまるか，との彼の心意気がへの字の口の形になっている。彼が生まれてはじめて描いた人間の絵だ。

　そして9月，夏休みに家族で海に行ったときの絵。ボリュームのある指まで描いた。そして胸まである水着を着ているのは母親だ（図5-3）。

　だが，ふだんの絵はあいかわらず，戦車，オバケであった。あたかも描くべき中身がないと，それで穴埋めをしているかのようだった。

自分の力でアリを描く

　校内の写生会が近くの公園であった。彼はずっと絵が描けなかった。「さっき遊んだシーソーは？」などと誘いかけても，ウンと言わない。画用紙を前にして長く悩んでいた。自然児が悩むのは珍しかった。たしかに，どこを切り取ってもいい写生会は，彼にとってむずかしいにちがいない。（もうここまでか）と私が思った，そのときだった。昇太は，はたと手を打ち，指文字で「アリ」とあらわした。後は一気呵成だった。だが勢い余って黒丸四つも描いた。そして，これで終わりか，と思ったら，クレパスを黄土色にかえ，横にアリの巣を描き出した。タマゴ，赤ちゃんアリ，羽のあるアリ，と次々に描き加えていく。そして最後に，頭，胴体，手がバラバラになった虫を描く。エサだという（図5-4）。

　昇太は，これまで好きな虫の絵さえも自分で描けず，介護員さんの手を持っ

89

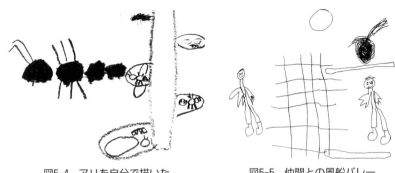

図5-4　アリを自分で描いた　　　　図5-5　仲間との風船バレー

て「描いて，描いて」とせがんでいた。その彼が，今「自分の描きたいものを自分の手で描いている」。発達とは自由を獲得するもの——。

　考えてみれば，彼は描く技術は持っていた。戦車にしても細かく描いている。だが何を描くべきか，描く方向が定まらなかったのだ。

　生活を意識しはじめた彼が，仲間と遊ぶ絵を描いたのはこの後すぐだった（図5-5）。

（5）ハトを手乗りにした俊作——手ごたえのある存在ハト

　俊作の発達はハトにかかわってあらわれてきた。俊作がハトにかかわりだしたのは，4年生の3学期以降だった。そのいきさつはこうだ。

　俊作は中庭の小鳥小屋によく入っていた。それは水遊びの場でもあった。中にカメの池があり，ホースでそこに水を満たす。あるいはコンクリートの上に落ちたエサを水で流す。俊作は毎日水を流していた。その水は地表を伝い，外の側溝にまで流れて行っていた。校舎のハトが降りて，そこでエサをついばんでいた。だが水ひとすじの俊作は，金網の外など目に映っていなかった。

　そのうち，俊作は外のハトに気づき，小屋を出て，直接エサをやるようになった。彼が，物置のエサを取りに行くと，ハトが列をなしてついてくるようになった。あたかも「ハメルンの笛吹き」のネズミのようだった。

　そして，エサをあげたあと，俊作が手を広げると，ハトがヒョイと乗るよう

90

にもなった。俊作は家に帰るとき，ハトに挨拶をしていく。「あ・り・が・と」。私が横合いから「竹沢先生には？」と言うと「ない！」と言って帰っていく。

俊作はハトと心を通わせている。人間は，どのような反応を起こすか不確かな存在。一方，水は頼りない。だが，その中間にあって，ハトはエサをあげれば，まちがいなく反応を起こす手ごたえのある存在だった。

俊作が中庭でエサをやっている。すでに，2時間目がはじまる9時50分はすぎ，10時になっている。私が，身振りで言う。「俊作，1 （10時5分）になったら教室だよ」。だが，首を横に振って3本指を出す。（3，うーん15分か，まっいいか）と苦笑つつ，了解する。15分，彼はやってきた。

（すごい！）5分なら，私に言われてやってきたことだ。だが，15分であれば，自分で切り替えてやってきたことになる。わずか10分の違い。だが，その間に彼は，折り合いをつけてやってきたのだった。

（6）かけがえのない存在

俊作は6年生になった。

運動会

俊作は小1のとき，音楽がかかるたびにグランドに額を打ちつけていた。血がにじむほどに。母親が（いっそ，運動会が中止になるといい）と思うほどであった。その彼が，小6の今，運動会の最終種目，赤白リレーで，通常学級も含めた白組のアンカーとして，走ろうとしていた。

私は最悪の事態を懸念して，身を固くしていた。今は1点差で白が勝っている。だが，得点2点のリレーで負け，総合でひっくり返される——。それに俊作は耐え切れるだろうか。

よーいドン，1年2年…5年と，白組は2，3メートルのリードで，俊作にバトンタッチした。（ああ，ぬかされる。）何しろ赤のアンカーは，通常学級の幸夫，児童会長をつとめるほどの子だ。だが俊作は，練習で見せたこともない勢いで，懸命に逃げる。ASD の彼が，2度3度と後ろを振り向き，他者を意識しながら走る。会場が歓声に包まれる。俊作がゴールに飛び込む。「勝っ

た！」。私は彼の頭を抱きかかえた。小1の彼を知る誰が，今日の姿を予想し得ただろうか（これは白組の勝利などではない。教育の勝利だ）。

2日後，母親から感想が届いた。

「感激と感動をたっぷりと味わわせてもらった，最高の1日でした」

卒業式

俊作は6年生。昇太は5年生。二人に別れがやってきた。

卒業式が終わった後，帰り道のようすを昇太の母親がこう書いてくれた。

「帰り道，5，6分ぐらいの間，うちの車の後ろを，俊作君ちの車がついていたんです。その間，ずーっと昇太は車の後ろで，手を振ったり，身振りで話しかけたりしていました。途中で，俊作君の車が曲がって行ってしまっても，しばらく，ボーッと，見ていました。その後，半べそをかきそうな顔で座り直し，それでもグッとがまんをしていました。自分の中で納得させているようでした。

俊作君と，かけがえのない関係になれたんだなぁとうれしく思いました。昇太には，本気で，本当の意味での友だちはずーっとできないんじゃないかと思っていました。時間はかかったけれど，友だちになれて，自分以外の人間を知ることができた，本当に大切な出会いだったんだな，と思います」

——どの子も変わる，人は人との出会いによって人間になっていく。

発達し続ける俊作

俊作は，高等部卒業後，普通の企業に勤めた。陶器の会社 TOTO。私は，思わず，「あの，トイレにめんどうみてもらっていた俊作が，今は，トイレのめんどうをみているのか」と叫んでしまった。

2011年，母親から年賀状が届いた。

「俊作の1か月の給料で，最新のパソコンを買ってもらいました。自慢の孝行息子です」。俊作が小1のとき，昼寝をしている彼の足元で，母親はいつも泣いていた。（大きくなったら，どうなるんだろう）と。その俊作を，「自慢の孝行息子」と言っている。

2018年の年賀状。「俊作は27歳になりました。今，1人で，日帰りの東京バス旅行を楽しんでいます」。

第5章　ろう学校の重複障害学級での困難事例の理解と支援

——（ああ，今，そこまでになっているのか）。「困難な子」俊作との出会い
は，私に，人間の発達の無限の可能性を確信させてくれる出会いでもあった。

2　実践で大事にしたいこと

（1）子ども理解が実践の根幹
問題行動を発達要求ととらえる

　私たちと子どもたちの出会いは，ときに，問題行動との出会い。問題行動一
色の子はいない。にもかかわらず，つい大人の私たちがこだわってしまう。

　問題行動の中に「屈折した形での」その子のねがいを汲みとることを，私た
ちは「問題行動を発達要求ととらえる」と言ってきた。

　問題行動の中に，キラッと光る一瞬を見つけたとき，（どんな時間に，どん
な集団のとき，どんな働きかけのときなど）を問い続ける。そこで見えてきた
事実と，これまでの事実を結びつける。事実と事実がつながったとき，真実が
見えてくる。

　多動の茂はいつもシャツを噛んでいた。袖口，胸元。母親は「新しいシャツ
も3日でメッシュのシャツになる」と言っていた。

　だが遠足でバスに乗っているときは噛まない。外の景色に見とれているから
だ。となれば，いかにシャツを噛まないようにするか，に気持ちを傾けるので
はなく，外に気持ちが向いて行くような活動を組織することだ。

わが身に引き寄せて「問題行動」をみる

　問題行動に出会うときの私の歯止めは二つ。

　①価値判断はさておき，なぜか，を問い続ける

　いいか悪いかは，ひとまずは横に置いて，なぜと問う。だが，すぐにはわか
らないことのほうが多い。今はわからなくても，（この子のことをわかりたい）
と思い続けること，それが私たち大人の愛，と言ってもいいだろうか。

　②（私にもそんな思いはなかったか），わが身にひきつけてみる

　中3のとし子（聴覚・知的障害）は，みんなが教室に入っていても，なかな

93

か入って来ない。（みんなはもう座っているのに…）と思いがちだ。そうではない。ワンテンポ遅れる彼女は，みんなが座っているからこそ，周りに圧倒され，いっそうたじろいで入れないのだ。

　（そういえば私も，会議に遅れたときは入りにくかった。）自分のマイナスの体験に引き寄せて見るとき，もっと子どもは見えてくる。

　彼女の行動を「モタモタしている」ととらえるか，「たじろいでいる」ととらえるかによって，後の働きかけは決定的にちがってくる。モタモタは外から見た見方，たじろぐはその子の内面に即したとらえ方。その子の内面が見えるとき私たちは待つことができる。基本は共感的理解である。

　念のために言えば，問題行動の他にいいところがある，ととらえるのではない。問題行動そのものの中に，その子の「屈折した形でのねがいがある」ととらえる。俊作は，他者に働きかけたいと願いつつも，ASD という障害があるがゆえに，ときに自傷行為を起こし，ときにモノを投げていた。だが，人とかかわる力がついてきたとき，自傷行為も，モノ投げも影をひそめていった。

（2）「中心的な課題」に，手厚く働きかける

「個別の指導計画」は人格を育てない

　できないことがあると，その一つひとつをできさせようとするのが一般的。今日，障害児教育の世界では，「個別の指導計画」にもとづく教育がしきりと言われる。だが私は「個別の指導計画的な発想」に，根本的な疑念を抱く。

　①本来，実践とは

　もともと実践とは，働きかけを通して子どもをとらえ，何度もとらえ直しつつ進められる営みのはず。ときには，後悔の念にかられ，働きかけを根底から変える。「はじめにプランありき」「課題をこなす」営みは，実践とは言えない。

　②「できること」が目標化すると，人格形成が抜け落ちる

　「できること」に目が奪われると，「人格の形成」がおろそかになる。

　思い起こすのは聴覚障害で ASD の青年。彼は，作業所で，思い通りにいかないと，前を通る車に石を投げるなどの不適応行動を起こしていた。

94

聞けば，彼は小学部（重複障害学級）のころ，「算数ができる，できる」と「連立方程式」まで教えられていた，と言う。当時，たとえ，「できた」としても連立方程式を教えるのではなく，「人と交わる力」・「折り合う力」をこそ育てるべきだった。数の世界にのめり込んでいくことで，彼の固着性を強めてしまったのではないか。能力の発達と人格形成を統一的に求めるのが，私たちの仕事だ。

③実践の主体者が育たない

愛知県のある地域の学校では「〇〇スタンダード」の名のもと，「語先後礼」なる言葉が用いられている。挨拶をするとき，言葉を先に言い，後で礼をするやり方のことだ。言葉と挨拶動作を同時にすると，言葉がくぐもるからとのこと。だが，考えてみてほしい。挨拶とは，その人との関係によって異なってくる。親しい人に久しぶりに会ったときは，ハグだっていいだろうし，ときには目礼もありうる。それを一律に決めて，行き届かせる，それを指導と称すれば，教師が自分の頭で考えなくなる。この子にふさわしい課題は何か，どう働きかけるかなど，試行錯誤・吟味することで，教師の実践的な力量が高まる。教師は，実践の主体者になろうとすることで，教師になっていく。

「中心的な課題」に手厚く

「個別の指導計画的な発想」の対極にあるのは「中心的な課題に手厚く働きかけること」である。

里美（小4，聴覚障害・知的障害）は，「1＋2の答え，ちがっているよ」と言われるだけで，涙ぐむ子だった。「絵は描かない」「声は出さない」「給食は遅い」。その一つひとつに働きかけていくことが普通かもしれない。だが，彼女の行動に共通しているのは，意欲の乏しさだ。思いがあふれれば絵も描くだろう。人に働きかけようとすれば，声も出すだろう，その気になれば，給食も早くなる。となれば，彼女の「中心的な課題」は意欲。意欲は共感的な人間関係の中で培われる。私と里美が，ボールの蹴り合いをする。私が蹴りそこねて，横にボールがそれる。そのとき私は，すかさず，「しまった，残念，待っとれよ」，と言いつつ，頭をたたき，腕まくりをし，シコまで踏んでみせる。それ

を見て里美は，ニコッと笑って，「ヤッター」という表情を示す。意欲が乏しいからこそ，シコまで踏んでみせたのだった。里美は，「元気印」と言われて卒業していった。

親の思いを深く受けとめる

この「中心的な課題に手厚く」という発想が，「親との共同」でも生きてくる。

親の要望に直接的に応えるのではなく，深く受けとめる発想と言ってもいい。担任した4月早々，昇太の母親が，「先生，宿題は？」と尋ねてきた。（2年前，10分も座っていなかった昇太に…）と一瞬思った。いや，ちがうのだ。宿題でも出してもらえたら，落ち着くのではないか，と思ったにちがいない。

小2になっても落ち着きがないとしたら，そう思うのが親心。だから私は，宿題こそ出さなかったものの，鬼ごっこなどを通して体をコントロールする力を育て，結果として，落ち着きを育てていったのだ。

「親との共同」のためには，「変化の兆し」をつくり出し，その事実を共有することだ。親の言葉に「直接的に反応する」のではなく，その言葉にどんな願いが「託されている」のかに思いをはせると言ってみたい。

「多動」の正男の母親が，「あした，正男を休ませてもいい？」と尋ねてきた。父親の仕事が休みで，遊びに連れて行きたいらしい。父親は，かつて，正男が「向かいの家の洗濯機のスイッチを入れてきた」と言われていたころは，ほとんどかかわらなかった。いやかかわれなかった。それが，正男が目的的な行動がとれるようになってきた現在，連れて行きたくなったのだろう。私は喜んで送り出した。子どもが変われば親が変わる。親が変われば，もっと子どもは変わる。

（3）文化と集団に出会わせる

文化と出会わせる

教科教育の基本は，「教える―覚える」ではない。その子が内面から求めている文化と出会わせることだ。

聴覚障害・ASDの雄二（小2）は，言葉も数もほとんどわからなかった。

第5章　ろう学校の重複障害学級での困難事例の理解と支援

彼はスーパーに行くと，いつも，かごに，兄ちゃんのお菓子一袋，自分のお菓子一袋を入れていた。だが，数がわかるようになったとき，兄ちゃん一袋，自分二袋入れるようになった，という。思わず（でかした！）と思った。彼にとって数がわかることは，たんなる数字の操作ではなく，腹の足しになることでもあった。また，これまで兄ちゃんの「テレビのチャンネルを変えろ」という命令に，顔色を見ながらオドオドと従っていた。それがイヤイヤという身振りを覚えたら，拒否するようになった。学ぶとは生きる意欲を強めることでもある。

集団と出会わせる

　集団というと，飛び出す子を，どう中に入れるかをイメージしがち。そうではなく，それぞれの弱さを出し合いながら，お互いに高まっていくことだ。

　発達障害の陽子（小1）は，通常の学童保育では手に負えないと言われて障害児の放課後デイサービスにやってきた。話は巧みだが，思い通りにならないと，手が出る。欲しいものがあると勝手に家に持って帰る——。だが半年たった最近，落ち着いてきたという。その理由はこうだ。

　6年の佳代は知的な遅れがあり，言葉も不十分。おいしいという表現をほっぺたに手を当てて示すような子だった。この佳代に対して，陽子はこれまで通り，一方的に話しかけていた。だが通じない。そのうち陽子が「佳代さんは○○みたい」と推測するようになってきたという。

　言葉巧みな陽子は，ときには大人に暴言を吐き，叱られることもあった。ところが，この佳代には言葉が通じない。言葉が通じないからこそ，一方的に話すのではなく，気持ちを推し量るようになってきたという。子ども同士のかかわりはなんと微妙——そう思わずにおれない。能力の発達は個別の指導でも可能。だが，人格は，集団をくぐりぬけてはじめて形成されていく。

3　実践の主体者になるために

（1）教職員集団の専門性を

　私たちは，さかんに，「専門性を身につけろ」と言われる。たしかに，ろう

学校での人工内耳，肢体不自由校での訓練法など，知っているに越したことはない。だが私たちの専門性の根幹は，「子ども理解」であり，私たちの仕事は，「コミュニケーション労働」。さらにつけ加えるならば，専門性とは「教職員集団の専門性」でもある。

　キレる直行（小5）は家庭的に恵まれていなかった。だから，私たちは，「学校で受けとめよう」と話し合った。若い松山先生（男性）は"手荒に"，直行を逆さにし，足首を持って，マットに頭をガンガン打ちつける。（いいのか）との心配をよそに，直行は「もっとやって」とせがむ。この手荒さが心地いいのだ。若い家田先生を，私は姉ちゃん先生と呼んでいた。姉ちゃん先生は，姉ちゃんらしく，直行に容赦はしない。「ちゃんとやりなさい」。直行は「はい！」と言うことを聞く。（だが，竹沢の言うことは，聞かない。あのじいちゃんは許してくれる，と思っているのだろう。）姉ちゃん先生は厳しい，だが，パソコンが上手。「ムシキング出して」と言えば，その絵を出してくれる。だから姉ちゃん先生が大好きなのだ。中堅の山野先生（男性）はおっとりしていて，ときには周りの教職員がイラ立つこともある。だが直行は大好き。ハンカチ落としで山野先生に落としても，激しくは追いかけてこない。この距離感が好き──。

　同じ「受けとめる」といっても，対応はそれぞれの先生で異なる。一人ひとりであれば「弱点」，教職員集団であれば，「持ち味・個性」となって輝く。

（2）変化が見えるとき希望を持てる

　私たちは小さくとも変化が見えるとき，希望を持ち続けることができる。

　多動の茂（小4）は，以前，ボーリング場で直接ピンを倒そうとしてレーンの上を走っていった。その茂の母親が，連絡帳に書いてくれた。「おやつのとき，ビスケットに動物が描いてあって，茂はゾウさん，お母さんはウサギだねと言いながら食べました。こんなにゆっくり食べられるなんて，本当に夢のようでした」。

　思いつくと，パッと飛び出し，食べ物をガツガツと食べる。その茂が，話を

しながら食べた。それを夢のようだったというのだ。社会的に見れば何ということのない話。だが，彼の歩みに照らしたとき，輝くような出来事。「事実は小さいけれど，人間的な価値は大きい」と言ってみたい。

（3）子どもの事実に励まされて，私たちは教師になっていく

　隼人が小４の３月20日。定年をむかえる私の，現役生活最後の日だった。終業式が始まる前，隼人が職員室にやって来た。突然，彼が身振りで私に尋ねる。「竹沢は，中学へ行くのか」。一瞬，何のことか，と思う。だが，すぐにこう判断した。隼人は家で，お母さんから，「４月になったら，竹沢先生はいなくなるよ」と聞かされているにちがいない。そして，同じクラスの直行（小６）が，３月15日の卒業式以来，中学に行くといって学校に来ていない。となれば，竹沢もまた，中学に行くのかもしれない…。

　私はすかさず，「うん，そうだ。中学に行く」と答えた。

　私は，新年度４月からの隼人のことが，ずっと気がかりであった。その彼が，今そう納得することで，スムーズに切り替えることができるなら，それが私の最後の仕事——。だから迷わずに，「そうだ」と言い切ったのだった。

　するとそれを聞いた隼人が，何も言わずに，私の机の上に並んでいた本を，近くの空のダンボール箱に詰め始めた。無言で詰めている姿を見ながら，私は，彼が，（先生，わかった。もう行っていいよ）と言っているように思えた。

　隼人は小１のとき，思い通りにいかないとき，廊下にひっくり返っていた。私は，彼を追いかけて，足が腱鞘炎にもなった。その彼が，今，こんなかたちで私を送り出してくれている。38年の教員生活最後の日もまた，子どもに励まされているのだった。私たちは子どもに励まされて，親になったり，教師になったりしていく。

　　付記
　　本章で紹介した実践の全体は，『子どもが見えてくる実践の記録』（竹沢清，
　　2005年，全国障害者問題研究会出版部）に収録されている。

第 6 章 医療的ケアを必要とする重症心身障害児の困難事例の理解と支援
——肢体不自由特別支援学校での実践

別 府 悦 子 ・ 近 藤 博 仁

1 医療的ケアの必要な重症心身障害者の支援の困難

（1）困難の中で発達する子ども

　近年医療技術が進んできたことにより，重い運動障害と知的障害をもち，濃密な医療的なケアの必要な重症心身障害児（以下，重症児と記す）が以前よりも長期にわたり，生命を維持することが可能になった。そして，医療的ケアの実施を教師や介護職員などが携わることができるように通知された（2004年16文科初第43号「盲・聾・養護学校におけるたんの吸引等の取扱いについて」初等中等教育局長通知）。これによって，今まで訪問教育や病院内での指導が中心であった重症児に対しての実践を，教師や保育者が学校や保育所等で医療と連携しながら進めていく機会が増えている。このように命の最前線にいる子どもたちに教育や保育の機会が拡充している意義は大きい。しかし，その一方で保育や教育に携わる専門職にはいくつかの困難を抱えることがある。

　その一つは，介助や支援に医療技術などの高い専門性が求められるとともに，命の最前線にいる子どもたちへの支援への戸惑いがあるということである。この子どもたちは，ベッドに寝ていても苦しそうな呼吸をし，身体を硬直させたり，激しくそり返ったり，時には顔をゆがめるようにすることもある。事故がなく安全に対応するための技術がまず求められるのである。

そして，二つには，子どもたちは，生きていることに苦痛を伴う姿を見せることもある。教師は，命を守るたたかいを子どもとともに行うこともときに必要になる。目の前の子どもの苦痛に満ちた表情や苦しそうな姿を目にしたとき，熱心な保育者や教師であればあるほど，自分の痛みや苦しみのように感じ，何とかそれをとりのぞいてあげたいと願う。中には，子どもがたたかい続けて命を失ってしまう場面に遭遇することもある。こうした命の最前線での緊張場面に遭遇することが，実践の困難を生むこともあるのではないだろうか。

　さらに，子どもたちは，言葉などで表現できないことも多いために，目の前の子どもが何に苦しんでいるか，どうしてほしいのかが実践者にとってはわかりにくいことが困難につながることもある。

　医療的ケアの必要な重症児の実践において，目の前の子どもに対しての思いが強いほど，こうした実践の困難を抱えることも多いと思われる。しかし，どんなに障害が重くとも，子どもたちは発達するという事実が実践の中で示されてきた。保育所や学校に通えるようになり，教師や保育者，周囲の子どもたちとのかかわりの中で変化を遂げていく姿が記録として今まで多く残されてきた。この子たちも生きたい，生き抜きたいと思っていることもその中で示されており，その願いに応えて実践者はひたむきで献身的な実践を行ってきた。

（2）重症児教育にかんする研究

　このような重症児教育の実践に対し，研究面ではたとえば「生理心理学アプローチ」の研究が積み重ねられてきた。一見反応のない重症児にも様々な反応がみられ，心拍反応を指標としその反応を取り出すというものである。たとえば何か音がしたり，見つけたときにその刺激の方を見る，という反応やそのときの心拍反応などの生理的指標を取り出すことで，外の世界の知覚の力を把握する。それによって「定位反応」や「期待反応」，および自発的活動といった反応や活動の生起を位置づけていくことができ，そこから重症児教育の意味を考えていくことができるという重要性をもっていた（北島，2005など）。

　また，こうした反応を読み取りにくい重症児にとっても，子どもにとっての

キーパーソン（重要な他者（Significant Other）など）およびそれを取り巻く教師や保育者集団が，その意味を感じとりながら実践し，そしてその内容が客観的な記録的価値をもっているとされた実践研究も行われてきた（細渕，2012；湯浅，2001など）。その中では，たとえば快・不快の感情を受け止める教師や保育者との交流を通じて，子どもの共感・共有体験が重視され，それが子どもに笑顔や「楽しい」「うれしい」といった情動表出として蓄積されていくことが，やがて人やものに向かう力にもなるなど，発達的プロセスを通して子どもの発達的な力や実践を評価するというものである。

　このような研究や実践の成果にもとづきながら，ここでは，一人の教師がキーパーソンになった重症心身障害児の教育実践を紹介することで，医療的ケアの必要な重症児の実践の困難さと，実践を通して重要であったと思われる事項について述べていく。

2 重症児Ａさんの支援について

　この事例でとりあげるＡさんは，男性である。満期産，吸引分娩で出生した。定頸7か月，伝い歩きも遅く，家族は発達の遅れが気になり，地域の療育機関に通う。CT検査などの諸検査を行うが異常がなかった。機能訓練を行ったところ頸椎の異常が発見され，その後機能低下し，人工呼吸器を装着することになった。2歳半より国立病院に母子入院をした。小学校1年生の夏に家族が退院しての在宅生活を希望し，中学校3年生までＡさんは知的障害特別支援学校の訪問教育を受けた。肢体不自由特別支援学校の高等部より母子同伴で通学した。なお人工呼吸器を装着しての通学はこの県でははじめてであり，経験と実践力のある近藤（本章の第二筆者）が担当することになった。

　この支援では，教師による授業や給食介助などが中心であった。主に教師近藤とＡさんとの一対一のかかわりで進行するが，教師は個別的な対応を行いつつ，Ａさんは高等部重複学級における仲間と一緒に過ごす授業に参加してきた。それは，曜日によって時間割が設定され，「つどい」，音楽活動を中心とした

「うた・リズム」，マッサージやリハビリテーション，健康診断などの「けんこう」，造形活動などの「ふれる・えがく」の授業であった。その他に遠足や運動会，水治訓練，校内散策などの授業が行われた。

3　支援の経過

　以下96回にわたる授業や給食における教師の介助，教授行動とＡさんの反応の記録を分析した論文（別府・近藤・野村，2016）をもとに支援の経過をたどった。そして，おおまかに時期を区分して，支援の中でのＡさんの姿や時期ごとの特徴を述べた。

（1）身体に働きかけることによる快の状態と教師との信頼関係づくり
身体への働きかけと試行錯誤

　高等部に入学し，Ａさんは今まで受けていた家庭での訪問教育でなくはじめて学校という場所で，母親以外の他者である教師と一日時間をともにした。

　教師は，入学式早々母親から背中に手を入れることによって，緊張を和らげる方法を教えられ，それをもとに介助を行った。それは，背中に手を入れてゆっくりと呼吸にあわせて揉むような動きを行うものであった。すると，すやすやと眠りに入るなど，こうした教師の姿勢介助にＡさんがリラックスした状態を見せることもあった。しかし，緊張が入りっぱなしのときもあり，緊張しては眠り，起きてまた緊張し，激しい突っ張りを繰り返したため，授業が中断したり，教師とのかかわりが成り立たないことも多かった。少しずつ姿勢を変えたりして，何とか楽になるように試みるがうまくいかない日々が続き，教師はどのようにかかわるとＡさんが楽になるか悩み，試行錯誤を繰り返した。

　しかし，いろいろ試した中で，車椅子の一部を外し，それを下に降ろして介助したところ，Ａさんが楽そうな表情を見せることに気づいた。そして，笑顔を見せたり，給食の時間まで1時間ぐらい教師が抱きかかえたままでも緊張しないことも見られるようになった。こうした試行錯誤の中で，少しでも楽そう

な表情を見せたとき，教師は「感激した」と記録に記している。抱きかかえの姿勢を工夫すると，Ａさんが落ち着くことができることも増えた。

　ただ，緊張がほぐれてはまた突っ張り，突っ張ってはほぐれる，ということが連続し，ときにＡさんがかなり苦しい表情をすることもあり，教師には見ていてもつらい時期が続いた。バギーでの姿勢そのものが刺激となって緊張していたり，揺れや外気温など，変化を受け止めるのがやっとという状態で，気持ちを外に向けることができないことに，つらさを感じていた。

身体の緊張の意味

　ところが，あるとき，Ａさんのこの緊張や突っ張りが教師に対する「振り向いてほしい」という気持ちと関係があることに気づいた。たとえば，教師が他の子どもにかかわると，Ａさんが突っ張ったからである。また，Ａさんの背中に手を入れていたときに，手を抜いたとたん，すぐにまた突っ張ることもあった。授業の進行役を教師が担当し，Ａさんとかかわりが持てなくなるや否や，Ａさんは身体を突っ張り，まるでマッサージを要求するような視線を教師に送ってくることもあった。このとき，慌てて進行役を交替して教師がＡさんにマッサージを始めると，突っ張りが収まった。かかわってほしくて緊張の姿勢をとることもあるのではないか，と思えるようになった。

信頼関係ができはじめる

　入学当初からＡさんは教師に笑顔を見せ，教師は「自分が拒否されていない」ことを感じていた。「お母さんと違う人が僕を抱っこしようとしている。大丈夫かな」とでも言っているような視線を送り，目と目が合うこともあったからである。こうした抱きかかえながら行う会話は目と目が合って自然な雰囲気でできたようにも思え，信頼関係ができはじめていたことを感じていた。

　あるとき絵本を３度読み，ときどき教師が確かめるようにＡさんの方を見ると，うすく目を開けながら本を見て，「じろじろ見るなよ」と言わんばかりに目を閉じる様子があった。別の絵本も読み，「どっちの本がいい」と教師が尋ねたら，一方の本の方を開いたときに２度ほど瞼を閉じた反応があった。また，「うた・リズム」の時間に抱っこされながら，シンセサイザーからタンタタン

というリズム音が聞こえてくると，満面の笑顔でこたえ，「ようやく始まるか。待っていた」と言っているような表情を見せた。「これから朝の会を始めます」という言葉や歌をよく知っていて笑い，「これで朝の会を終わります」という言葉にもニコッとした。このように，授業の中での応答に教師は手ごたえを感じはじめた。

（2）給食を教師の介助で食べられた
母親以外の信頼関係をつくること

　Aさんは，今まで母親の手からしか食事を食べていなかった。ところが通学によって母親以外の教師から給食を食べることが必要になり，はじめて教師が給食介助を行った。介助を母親と交替したところ，笑ったのでこれは大丈夫と思い，給食介助をすることになった。Aさんは教師の介助で不安そうな顔でまず一口食べた。その後，口をつむって「ウン」と力を入れ，食べてくれなかった。教師は食べてくれるまで粘ったが，結局一口食べただけであった。母親に交替したところ，すぐに口をあけてムシャムシャと食べ始めのである。「明日は（自分から）食べてもらうぞ」と教師は思った。

　そして数日後，給食を3分の2ほど教師から食べることができ，「前進，前進」，「想像通りになって感激だ」との思いを教師は綴っている。その後，1時間かけて給食を教師と全量食べることができるようになった。しかし，口の動きは母親と食べるときはスムーズであるのに，教師のやり方では未熟だと思っているのか，食事の途中で目の動きが止まり，無表情になる。Aさんを見ていて，教師は「付き合ってくれてありがとう」と言いたい気持ちであったとしている。

　給食は教師とAさんとの二人だけの時間であり，教師はこの時間の共有を重要だと思っていた。次のようなエピソードがある。Aさんが舌を「ベーッ」と出していたが，教師がそれをまねして見せると，また食べ始め，Aさんがその後笑うなど面白い反応を見せたのである。「ベーッ」をしながら「これAくんの顔やぞ」と言うと，「そんな顔していない」と言うかのようにさっさと食べ始め，「変な顔，面白い」と言うかのように笑ったりするような，やりとりを

第6章　医療的ケアを必要とする重症心身障害児の困難事例の理解と支援

楽しむＡさんの姿があった。

　しかし，このようにいろいろな形のコミュニケーションができるといいと思いながらも食事介助に長くかかるとお互いに疲れてしまうことがあり，「本当にまだまだである」と記している。「Ａくん大丈夫だよ，先生がいるから」と言えるような存在に自分がもっとなっていれば，そこを拠点にして安心して食べてくれていたかもしれない，と教師は思っていた。

身体への働きかけと給食介助

　Ａさんの体調は一進一退の状態も見られ，「食事が進まない」，「どう対応すればいいか」と教師が焦る日もあった。朝から緊張の強い日もあり，給食に1時間10分かかることもあった。そのとき，抱きかかえているＡさんの背中に手を回し，歌のリズムに合わせてマッサージをしたりし，緊張をとった。抱くことも少し慣れたので，姿勢を少しずつ修正することを試みたりもした。体の左側からそっと背中に手を当てるだけでフッと体がゆるんでいくのがわかり，このように快の状態を保つ身体への働きかけと姿勢つくりを試みながら，教師はかかわりを行っていった。

（3）日課の流れを理解し，授業に参加できた

笑顔が見られるようになる

　だんだんと日課の流れがわかり，学校でもあまり眠らなくなるなど，学校生活を過ごす上での生理的基盤がだんだん整ってきた。また，一日の流れの中で理解できることが多くなり，次に何が始まるのか，見通しが出てきたようであった。たとえば朝の会では「さあ，やるよ」と教師が言うときにはもう笑顔が出るようになり，教師が「おはよう」と挨拶するのに対して確かめるようにじっと見て，しばらくしてから笑った。その間「誰だ，ここはどこだ」と考えているかのように，Ａさんは，じっと教師たちを見つめていた。また，教師が前に立っただけで笑顔を見せ，これから始まることを期待しているようであった。

　パソコンを使って絵本を見る授業のとき，教師と絵本を一緒に見たら，じっと画面を見て，その絵本の展開に合わせて微かであるが，笑顔が見られるよう

107

になった。また，教師とＡさんが同じパソコンの画面を見ているとき，画面に映し出される絵，またはそこから出てくる声に対して，一緒に見ている教師に対しても「面白かったよ」とか「これ少しわかってきたよ」と，まるでコミュニケーションを自らとってくれているような笑顔が見られた。

Ａさんの笑顔や視線がもつ意味

　Ａさんの笑顔や視線がどういう意味をもつのかについて，教師は探っている。以前から友だちの様子を目で追って見ていることもあった。Ａさんは教師を目で追って確認した後，「これから朝の会を始めます」に笑顔で応えていた。何かが始まるぞ，ということを期待したり，自分の名前を呼ばれたことをわかっているような視線であった。教師に背中をマッサージされながらも，「誰だろう」と他の生徒の様子を見つめたり，他の教師がそばに来てギターの伴奏をしたとき，「なんだ，いい音がするぞ」と言わんばかりに強い視線を向けた。明らかに興味をもった視線を教師は感じた。ただ，その興味をもったことを教師の方へ向けて訴えてくれるような視線は，まだみられなかった。

　その後，集まりの場である「つどい」の時間に，その視線にＡさんの意思を感じるような手ごたえを教師はもった。たとえば次のようなエピソードである。それまでは，教師の「始めます」の言葉にＡさんは笑顔で応え，次の歌にも笑顔や「うーん」という発声で反応をしていた。ところがこの時期，何曲か歌が続き，手遊びや友だちとのかかわり遊びの歌になってくると，だんだんと目を閉じて，まわりの情報をシャットアウトしたのである。一方で，好きな曲にはよく笑った。つまり，Ａさんは漠然と喜ぶわけでなく，好きな曲や好きな雰囲気のときに喜ぶのだ。朝の挨拶，出席調べのときには「知ってる」「知ってる」と伝えるかのように笑顔で応えることもあった。歌い始めにも，「知ってる」と笑顔を向ける姿を見せた。教師が着ぐるみをつけて相手をすると，「なんだ？」と探るように注視をする姿もあった。

　Ａさんの前で歌を歌いながら相手をしてくれる教師の顔をじっと見る。「ぼくのことをじっと見て，歌ってくれているこの人は誰だろう」と思える見つめ方であった。また，ある絵本に「これ，これ，僕の好きな本だよ」と訴えるか

108

第6章　医療的ケアを必要とする重症心身障害児の困難事例の理解と支援

のように視線を向けた。そして，ページをめくるごとに，視線はそちらに張り付いた。教師は「わずかだが，心地よいときであった」と手ごたえを感じた。

活動に参加するための試行錯誤

　「うんどう・ゲーム」の時間での散策活動の取り組みとして宝物探しを行った。教師は，大好きな母親の写真ならＡさんが注視するのではと思った。その場にいない母親の写真に注目するということは，コミュニケーションの能力の基礎に必要な表象能力を使わなければできない，と教師は思ったからである。写真を覆っている紙をひもでひっぱって破って注視する，という作業も入れた。これは自分の行為が嬉しい結果をもたらせた，という因果関係の認識をいだかせたかったからである。教師の手助けで紙を破り母親の写真（宝物）が現れると，それを注視した。紙を自分で引っ張ることはできなかったが，見えないものも予想してそちらの方を見るという，予期的追視が見られた。何か働きかければ結果が生まれるという実感をもつ授業の仕掛けを作っていくことが大切なのでは，と教師は思った。

　しかし，この時期も体調は安定せず，緊張が強く何度も何度も姿勢を直すことの繰り返しであった。また，朝食が食べられず学校で寝て過ごすこともあった。姿勢も安定しづらく，腰のところを押さえて左に身体が折れ曲がるのを止めながらＡさんの緊張を緩めるようにした。車椅子に乗ったまま，抱っこしているときと同じように首の下に腕を入れて首を固定して食べさせてみるなど工夫をするとよくなった。このように，教師は試行錯誤を繰り返しながら体調の維持と姿勢の安定をめざしていった。この中で，Ａさんはブランコにアンビューバック（他動的に換気を行うための医療器具）で呼吸しながら乗ることができることもあった。

（4）教師の理解の深まり

　このような授業への参加が増えるにつれ，教師はＡさんの気持ちの動きが把握できるようになってきた。たとえば，Ａさんは，名前呼びの歌のときに目を閉じないで待つことができるようになった。朝の会の司会をしていた教師に目

を向け，じっと見て，そばにいた教師が微笑むとＡさんは微笑みを返した。知っている曲を聞いたり，知っている人が挨拶したときに笑顔にもなった。まわりで楽しく会話しているときに同調して笑うこともあった。擬音とか口調が面白いときにも笑顔になるなど，Ａさんの笑顔の意味が確かになってきた。徐々に周りの人を理解していくようであった。

　給食のときに，Ａさんに泣かれてしまった，というエピソードも紹介されている。怒っていたことが明らかにわかったのである。それは，食後のお茶の後，歯磨きに入るが，お茶をちゃんと飲んでしまったのを確認しないで教師が歯ブラシを口の中に入れてしまったので，「エッ，このお茶いつ飲めばいいの」「お茶飲むの苦手なの知らないの？」と言わんばかりに泣いてしまったのだという。Ａさんにしてみれば非常に不安だったのであろう。あわてて口の中にティッシュを入れてお茶を吸いとったが，Ａさんの怒りはおさまらなかった。そうして車椅子に乗ってからもＡさんはにらんでいた。このように，快や緊張の状態だけでなく，「怒り」の情動が見られるようにもなった。教師は，安心できる人，場所，時間（授業），そんなＡさんの座を増やしていきながら，外への志向性をめざしたいと思った。

（5）重要な他者を支えにした活動世界の広がりと体調の不安定さ

　そして，徐々に他の教師の介助を受け入れ，また活動世界の広がりも見られるようになった。朝の会から抱っこしている教師にも正面で応対している他の教師にも笑顔や追視で応え，呼名の返事のときに「うんと言って」と繰り返していたら，3度目くらいのとき，「うん」ということもあった。担当以外の教師たちに声をかけられると笑顔で対応することも増えた。自分のお尻が痛くなったら，姿勢を変えるために少しずつ動くことができるようにもなった。Ａさんが呼吸しやすいように圧力をかけて介助する方法もしばらくすると安定するようになってきた。他の教師が食事介助をしてもいいように，Ａさん自ら姿勢を安定させる姿も見せている。給食を他の教師ともとれるようになり，他のクラスと一緒に行動する授業にも参加するなど活動も広がりを見せている。

遠足では，教師がＡさんを抱いて，遊園地のメリーゴーランドに乗ることができた。母親がアンビューバックでＡさんが呼吸をするのを助けながらのことである。初めからＡさんに乗り物は無理だろうと思っていたが，「教師の方がいろんな経験をさせてもらっている」と教師は感動を綴っている。そして新しいものに挑戦していき，水治訓練（アンビューバックでの呼吸で母親の手を借りての入浴），学校のプールに入ること，運動会関係の授業などを体験した。また，校内を１周散歩する，校外学習で温泉に出かけるなど，Ａさんの体験世界が広がっていった。学校に慣れ，教師も対応に慣れ，だんだんＡさんの行動範囲が広がっていったのである。

しかし体調の不安定さはこの時期も続いた。教師が抱っこをしている状態で母親が吸引をする状況にもなった。筋緊張は強く，頭を支えている教師の左手がギューッと引っ張られていってしまった。身体がまっすぐになっていないと食べにくいということなので，右足でＡさんの左足をブロックして身体が曲がらないようにした。筋緊張はやはり強く，吸引しながらの給食介助を教師は行った。活動が始まるとみるからにつらそうな表情になっていく日々も続き，体調の不安定さに向き合い闘っているＡさんの姿があった。ある日，校外学習の帰りがけに教師と二人だけでエレベーターに乗ったが，エレベーターが降下し始めるといきなり苦しそうな表情をした。呼吸器を見ても外れていない。慌てた教師が外に出て背中のマッサージをしたら表情が緩み，「お母さんがいなかったから怖かったの？」と聞くと大きな声で「うーん」と言った。体調が不安定ながらもこのような応答活動をするＡさんの姿に，教師はＡさんの生きたいというひたむきさと，わかってほしい，という願いのあることを実感した。

4 重症児へのかかわりの困難とそれに向かう支援

以上は，96回のＡさんと教師とのやりとりの経過であった。そこでは，まず苦しそうにしたり，緊張状態にあった身体の状態を快に保つために，どのような身体や姿勢への働きかけを行えばよいかが考えられた。その上で，Ａさんの

視線や笑顔の意味を教師は読み取っていった。支援について，以下まとめる。

（1）快の状態と身体への働きかけ

　教師は，母親から教えてもらった，背中に手を入れる方法でＡさんの身体の緊張をとっていた。こうしてＡさんがリラックスでき，姿勢が楽になったことを示す笑顔を教師に見せるようになる。その後，抱きかかえた姿勢をとりながらの授業ができるようになった。しかし，その後も緊張が激しいときもあり，教師はＡさんが落ち着くポジションを探り，快適な姿勢をとるように努めていることがわかる。試行錯誤は続いているが，教師はＡさんが心地よい楽な姿勢や快適な状態で学校生活を過ごせることを第一義に置いている。そして，Ａさんにとって楽な姿勢がとれたころ，給食を教師の手から食べることが可能になった。当初は教師が介助すると一口だけしか食べなかったが，母親に替わった途端スムーズに食べることができた。しかし，次の日には３分の２，その次の日は１時間かけて，教師単独で全量を食べさせることができるようになった。この間，必ずしも楽に食べてくれたわけでなく，教師はマッサージをしながら緊張をとり，姿勢を変えてみるなど，試行錯誤をしながらの取り組みであった。

　そのうち，首の下に腕を入れて首を固定して食べさせると口の動きが良くなるというコツを教師はつかんだ。それ以降，緊張をとりながら車椅子での給食介助ができ，半年後，他の教師が抱きかかえて給食介助することもできるようになった。またＡさん自らが姿勢を変えて動くことができるようにもなった。

　細渕（2012）は，苦しさからの解放としての気持ちよさを子どもが感じているとき，その気持ちを丁寧に拾い上げて共有・共感関係に持ち込むのが教師の役割であるとし，湯浅（2001）も，「生理的に快の状態を創り出す」姿勢づくりなどの教育的人間関係を結ぶ視点を，授業の指導技術・分析のカテゴリーとして具体化することが重要だという。この実践で教師は，Ａさんがはじめて経験する学校生活において，心地よい姿勢でいる場面を作ることをまず基本に考え，それをもとに授業の中で教師の働きかけを受け止めて，能動的に人やものにかかわっていくことを目標にした。Ａさんは緊張が強く，呼吸障害を抱えて

おり，その苦しさゆえに，ときに必ずしも教師の働きかけを受け止められない状態にもあった。訪問教育の経験しかなかったＡさんにとって，入学して新しく教師とふれあうことそのものが不安な経験であり，安心してかかわることができる人間関係づくりが求められていた。しかし，こうした快の状態を生み出す身体への働きかけや姿勢づくりを継続的に，粘り強く行う試みによって，Ａさんが「この人なら安心できる」という思いをもつことになり，食べ物や様々な働きかけを教師から受け入れてもよいという安心感をもつことになったのではないか。身体の不自由さから自由になったときともいえる。

　このように，Ａさんの身体への働きかけや姿勢づくりを大切にし，楽に過ごせることと人への安心感をもつこととをともに重視したことが，重症児の困難に向かう支援として，意味があったといえる。

（2）安心できる関係のもとでの共有・共感関係と自我形成

　教師は，Ａさんの辛さを理解し，寄り添うようにＡさんのより楽な姿勢を考えてきた。しかし，教師は当初から，Ａさんが身体を突っ張ることは，教師への意思表示とも関係しているのではないかと考えていた。たとえば，教師が他児にかかわると身体を突っ張ることが見られたからである。これは，Ａさんが「見て，見て」，「僕にかまって」と意思表示をしていることだと教師は感じた。また，マッサージをしてほしいと要求するような視線も感じ，かかわりを求めているようでもあった。いわゆる焼きもちやだだこねをする幼児期前半の対人行動とも考えられ，身体を使って表現しているとも考えられた。

　当初は，「この人でも大丈夫か」と不安そうに見える表情も見られたが，徐々に教師と視線が合い，視線で確かめている様子がうかがえた。この人なら大丈夫，と思い，教師も「自分は拒否されていない」という手ごたえを感じるようになった。基本的安心感や居場所を意図的に作り出し，そしてＡさんがこれに応えてくれたという確信が困難実践を支えている。

　そして，徐々に教師の挨拶や出席調べの流れを「知ってる，知ってる」と伝えてくれるかのように，Ａさんは笑顔で応答するようになった。このころより

教師にもＡさんの意思が如実に理解できるようになったようである。この時期に教師との間で象徴的な出来事があった。給食時に介助の方法に不都合があり，Ａさんの「怒り」を買うような場面である。このような情動の表出の意味がわかるような共有・共感関係が教師との間で成立してきたのである。言葉でのコミュニケーションが成立しなくても，情動を身体や笑顔，顔の表情で表出し，自我の表現として読み解き，それをもとに互いの関係をより深めていったことが実践を支える上で重要だったと思われる。

　三木（2012）は，重症児教育にとって，「生徒の気持ちがなかなか読み取れない」のでなく，「生徒が感じるように自分も感じてみる」とまずは共感にコミュニケーションの基本を置くことが重要だとする。この実践では，まずＡさんにとって安心できる関係を築いた上で，Ａさんがどのように感じているかを考えながら共有・共感関係を深め，それが自我形成につながったのである。

（3）支援の中でのＡさんの内面理解

Ａさんの発達の力を確かめながら支援する

　三木（2012）は，教師による重症児の内面理解が真実に接近しうる条件の一つに，対象児の発達の力との関係を検討することが必要だとしている。この実践でも教師はＡさんの発達の力を確かめながら支援を行っていった。

　その一つが，絵本を提示したときの反応であった。視線の動きを辿りながらＡさんが好きなものを選び取る姿を見ようとした。受動的なコミュニケーションでなく，能動的な意志表示を見出すためであった。Ａさんが表現する手立ては視線と笑顔，ときに発声である。とくに視線の動きがかなり大きな表現手段であり，「僕は今これを見ているよ」，「先生，これを見てよ」と訴えているような視線を教師に向けている場面，これを，Ａさんの発達の力を見定める根拠にした。ある絵本への凝視が明らかで，「これ，これ，僕の好きな本だよ」と訴えているかのような視線に教師は注目した。そして，ページをめくるごとに，視線はそちらに張り付いていたことで，教師はＡさんの反応が読み取れたことへの手ごたえを感じた。

114

第6章　医療的ケアを必要とする重症心身障害児の困難事例の理解と支援

　また，音楽の授業で，好きな歌とそうでない歌との区別がかなりあるようだというエピソードから，Aさんは，漠然と喜ぶわけでなく，好きな曲や雰囲気があるのだとした。さらに，宝物探しの授業を行ったとき，母親の写真に注目し，写真を覆っている紙を介助するとひもでひっぱって破って見つめたところから，Aさんは，目の前にないものを表象することができ，それをもとに，「知っている―知らない」，「好き―嫌い」の二つの世界が分化する乳児期後半から幼児期への移行の力が備わっていると思われた。

　こうした発達の力を知っていくためには，客観的な評価方法である発達検査を用いることも多くある。しかし，体調や緊張を安定して維持することが難しい児の場合，非日常的な場面で，一定に決められた教示に従って検査に取り組める状態を保つことが困難である場合も多い。そのため教師はこのように行動記録を蓄積し分析していくことによってAさんの内面の理解を図った。

　働きかけてもコミュニケーションをとりにくい状況にある子どもたちの場合，やりとりの中で気持ちが通じ合えたという実感がもてないままに過ごすこともあり，これが実践の困難性を生むことにもなる。自分から人を求めて笑顔や目線を向けてくる能動的なコミュニケーションを育てるためには，子どもにとって心地良いこと（楽しいこと，おもしろいこと）と大人の存在とが結びつくという経験をたくさん積む必要があることを三木（2012）は指摘する。自分から気持ちを伝えていくことが弱い子どもたちに対して，「気持ちが通いあっている」というリアリティを支援の中でつくっていく意味があると言えよう。

コミュニケーションを生み出すもの

　重症児の場合，不快感や緊張，発作などによるつらさも含めてともに付き合いながら，その子が感じるように感じ，見ているように見てみること，子ども自身の言葉を代弁するかのように言葉をかけること，このような一体化したコミュニケーションを図ることの重要性を述べた。三木ほか（1997）が指摘するように身体の不自由さや不快感に支配されまわりの世界に心を開けないでいる状態から，「気持ちいいなあ」という感覚に導かれてまわりの世界や人に少しずつ心を開いていき，その導く人に教師や保育者が位置づく。

115

この支援では，教師がＡさんのわずかな変化や表情，声も見逃さない観察眼とＡさんの発信するサインを理解する発達観をもっていたことが重要であった。快・不快の感情は，それを受け止める教師との交流を通じ，楽しい，うれしいといった情動体験として蓄積されていき，やがて人やものに向かう力や要求，期待の基盤をなすものである。今回の支援では，教師がＡさんと，身体への働きかけや給食介助，そして授業の中で，同じ物を見つめる，確認することを通じ共有・共感関係が成立したように思われた。このように，重症児教育には教師が重要な他者になり，児童生徒が感じたように感じてみること（共感）や活動の共有が重要であり，それをもとに授業の中での発達の力を保障していく取り組みを考えていくことが重要であろう。

　重症児との初期コミュニケーションを成立させ，それを円滑に展開していくには，大人（教師）が子どもの示す対象に向かう漠然とした能動性を，意味あるものとして意味づけていくこと（記号化）ができる必要がある。この実践の教師は，自らの教育観のベースとして母親と子どもとの言語体系にどう入り込むことができるかを探ることを重視してきた。意味づけた行動を読み解く教師の「感受性」（細渕，2012）をより高めていくことにより，困難事例への支援への確信をもつことが可能になるであろう。

　ワロン（Wallon, H.）は，子どもの発達の原点を，人と人との関係性における身体リズムの同期や情動の伝染や姿勢の相互調整といった身体を介する他者との深い結びつきの中に見ようとした。Ａさんの快の状態を生み出す身体への働きかけや姿勢への取り組みは，情動を通した対人的交流の基盤となっている。また，ワロン研究者の加藤（2014）の解説によれば，ワロンは，姿勢の緊張状態を「対峙の感覚」とし，他者に対して自ら距離をとる反応モードが生まれる中で自我という領域をつくり，それが世界と空間的に距離をとり時間的に隙間をつくっていくことが，記号（意味するもの，意味されるもの）の理解へとつながっていくという。この実践では，姿勢機能を基盤に教師との共有・共感関係が成立し，こうした関係理解や自我の形成および記号の理解につなげていく過程が芽生えていたと考えられた。

（4）極微の変化と生きることへの問い

　びわこ学園などの重症心身障害児療育の中で発達研究を行ってきた田中（1974）は，重症児との初期的コミュニケーションの様相をもとに，「極微の変化」をとらえることが重要であるとしたが，今回，教師がＡさんとの共有・共感関係のもと，笑顔や視線や対人反応を読み解く作業が内面の理解を可能にしていき，支援の向上へとつなげていくことができた。こうした極微の変化の実感によって，困難な実践の中でも，教師近藤の言葉をかりれば，「心地よい時間であった」と実践者が手ごたえを感じることになるのである。

　重症児はひとりの人間として生き，生きることに懸命である。そのことへの共感を通して，私たちも生かされている存在であると気づかされることも多く，こうした医療的ケアの必要な実践から学ぶことは大きい。

　付記

　Ａさんは，絶え間なく続く闘病生活の後，2012年に逝去された。今回，近藤博仁との授業の中でのやりとりの記録を公表してもいいとご家族が了解してくださった。ここに慎んで27年間のＡさんの人生と，それに伴走されたご家族に敬意と感謝の意を表したい。

〈文　献〉

別府悦子・近藤博仁・野村香代　2016　肢体不自由特別支援学校における医療的ケアを必要とする重症心身障害の実践検討　教育実践研究（中部学院大学・中部学院大学短期大学部），**1**，1-11.

細渕富夫　2012　重症心身障害児における姿勢・運動の諸問題　障害者問題研究，**40**(1)，18-25.

加藤義信　2014　子どもの発達理解のための理論　別府悦子・喜多一憲（編著）発達支援と相談援助──子ども虐待・発達障害・ひきこもり　三学出版　pp. 21-31.

北島善夫　2005　生理心理学的指標を用いた重症心身障害研究の動向と課題　特殊教育学研究，**43**(3)，225-231.

三木裕和　2012　障害児教育における教育目標，教育評価についての検討 (2)　重症心身障害児の授業づくり　地域学論集（鳥取大学地域学部紀要），

9 (2), 65-75.

三木裕和・白石正久・原田文孝・河南勝　1997　重症児の心に迫る授業づくり
　　──生活の主体者として育てる（21障害児教育実践シリーズ）　かもがわ出
　　版
田中昌人　1974　講座　発達保障への道②夜明け前の子どもたちとともに　全
　　国障害者問題研究会出版部
湯浅恭正　2001　重症心身障害児の教育実践と授業分析　香川大学教育実践総
　　合研究，**3**，125-134.

第 7 章　学童期における困難事例の理解と支援
——ソーシャルワークの観点から

鈴 木 庸 裕

1　ソーシャルワークのある社会

（1）学校におけるソーシャルワークへの関心

　学童期とは，その後の人生に備えて多様な知識や運動の経験を蓄え，周囲の大人や仲間との相互関係の中で自己の役割や連帯感といった社会性を獲得する発達段階である。さらにこの時期は，保育所や幼稚園から小学校（初等部）への入学やその後の中学校（中学部）への進学という「つなぎ」の時空間を包摂する時期である。子どもにとっても家族にとってもこうした移行期は大きな節目であり，願いや不安，苦悩が付随する。いま，この不安や苦悩をできるだけ解決あるいは軽減し，切れ目のない成長や発達を支援する営みが大切になっている。その際，支援の困難さの所在が，支援を受ける当事者自身の特性や経験にあるのか，支援する立場にある者の力量にあるのか，それとも社会的なサービスの不備にあるのか。こうした3者が交錯し，子ども当事者の声を中心とするがゆえに，支援者にはこうした事柄を公平・公正に見る立場性が求められる。

　発達臨床における，支援困難事例には，心身の障害や器質的なハンディをもつ子どもとその家族への支援や，登校しぶりやひきこもり，非行問題への当事者支援，児童虐待や養育に困難をもつ家庭への支援が必要とされ，一つの専門職だけでは対応が難しいことが多い。多様な医療的・福祉的・心理的サービス

と学校や家庭との橋渡しをする役割への関心が高まっている（鈴木，2017）。

　本章で取り上げるソーシャルワークとは，人々が生活上の問題を解決あるいは軽減したり，困難な状況に対処する能力を高める営みである。人々がみずからの課題解決にあたり必要な資源を所有すること，人々の権利が社会や組織の中で擁護されること，そして個人と他者や環境との交互作用を促し，その環境そのものに影響を与えるものである。ソーシャルワークはそのための社会的技術であるとともに，個の尊厳や自己決定，秘密保持，受容的関係，ニーズの充足を図り，社会改革と社会正義という普遍的な価値を追求するプロセスであり，対人援助専門職の基本的理念でもある。

　近年，とくに学校におけるソーシャルワークがこうした視点を基礎とし，子どもの教育機会の保障と学校・家庭・地域（関係機関）をつなぐ役割を担う専門領域として期待されている。スクールソーシャルワーカーと呼ばれるこの専門職は，欧米では古くからの職種であるが，日本では2008年の文部科学省「スクールソーシャルワーカー活用事業」を一つのエポックとして，全国的に公教育制度の中に置かれた。2017年4月には，スクールカウンセラーとともに職務として学校教育法施行規則に位置づけられるまでに至っている。

（2）スクールソーシャルワーカーの職務内容

　スクールソーシャルワーカーの職務を明示化したものに「児童生徒の教育相談の充実について（報告）」（文部科学省，2017）がある。

　　スクールソーシャルワーカーは，児童生徒の最善の利益を保障するため，ソーシャルワークの価値・知識・技術を基盤とする福祉の専門性を有する者として，学校等においてソーシャルワークを行う専門職である。スクールソーシャルワークとは，不登校，いじめや暴力行為等問題行動，子供の貧困，児童虐待等の課題を抱える児童生徒の修学支援，健全育成，自己実現を図るため，ソーシャルワーク理論に基づき，児童生徒のニーズを把握し，支援を展開すると共に，保護者への支援，学校への働き掛け及び自治

> 体の体制整備への働き掛けを行うことをいう。そのため，スクールソーシャルワーカーの活動は，児童生徒という個人だけでなく，児童生徒の置かれた環境にも働き掛け児童生徒一人一人の QOL（生活の質）の向上とそれを可能とする学校・地域をつくるという特徴がある。

　職務内容としては，不登校やいじめなどの未然防止や早期発見，支援・対応をめぐり，地域（自治体）へのマクロレベルのアセスメントや教育委員会への働きかけ（自治体の特徴やニーズの把握，自治体への助言），学校へのメゾレベルのアセスメントと学校への働きかけ（学校におけるチーム支援の体制づくりやアセスメント）などがある。

　不登校やいじめ，問題行動などの事案が発生した場合は，ミクロレベルでの子どもやその保護者への対応や面談とアセスメント（子どもや保護者などとの面談や家庭訪問，関係機関からの聴き取りや情報収集とアセスメントおよび支援計画の立案）や学校内での連携や支援チーム体制づくり（子どもの最善の利益のための教職員とのチーム体制の構築，福祉的な観点からの支援策の立案）に従事する。

（3）「学校の福祉的機能」とソーシャルワーク

　学校や教育機関において，スクールソーシャルワーカーが教育システムの中で職務（業務）をもち，学校と福祉行政機関や社会福祉施設，医療機関とを橋渡しするという，学校（教育）を職域とするソーシャルワーカーへの認知や承認ははじまったばかりである。

　「問題解決役」として導入され学校や教師のニーズによって活用されるものであれば，教育職の専門性への「侵襲」や問題に対する「浄化作用（悪しきものを取り除く）」の励行となり教育現場での実践に混乱を引き起こしかねない。したがって，日本の教育システムの中で，ソーシャルワークの目的や方法技術，価値が，戦後教育実践における学校の福祉的機能（鈴木, 2015）と連続するものとして発展していく必要がある。そのためには，子どもの権利擁護や代弁，個と環境との関係調整，社会資源の開発を特徴とするソーシャルワークが，こ

れまでの教育実践上で用いられていた，他分野の問題解決や援助の技術として理解され，学校教育の外縁におかれるものであってはならない。つまり，ソーシャルワークが，従来の教育技術の中で未発であったもの，あるいは眠り込まされていたものを呼び覚ますものであると考えたい。この眠り込むという部分に支援困難が存在するのではないだろうか。

　日本の学校教育の歴史において，学校の福祉的機能とは，義務教育が子どもの保護（児童福祉）を肩代わりしてきた部分があることと，子どもを福祉の対象としてとらえるのではなく福祉の主体として育ててきたことをさす。今日に至るまで，行政縦割りや法制度により子どもの支援をめぐる体制が分断され，学校と家庭をつなぐ福祉や保護，養護をめぐる専門的な援助技術の体系化やその実践に誰が責任を負うのかということが曖昧になってきた。さらに，社会福祉の立場からは，教育の効率性や権威性，画一性，「選別」機能への根深い批判がある。他方，教育現場からは，福祉の申告主義が貧困や保護，支給，救済をもって個々人や家族にスティグマ（偏見）を生みだすことや，診断や調査，認定，許可といった措置や処遇という手続き的で操作的なものへの敬遠があった。

　いま，学校にソーシャルワークが位置づくことは，「学校」を地域と家庭をつなぐ中間的な支援の時空間として見直し，学校教育へ積極的に社会福祉の視点やサービスを位置づけ直す契機になる。まだ学校教育との連携が希薄な医療や保健等の機関にとっても，福祉領域を媒介にすることで学校の福祉的機能を高める可能性がある。

　以下，支援困難ケースとしてソーシャルワークの観点から述べる。なおケースは，筆者による架空の事例である。

第 7 章　学童期における困難事例の理解と支援

2　自閉スペクトラム症（ASD）の疑いがある
小学生Aくん（男児）への支援
──個別的対応事例をもとに

（1）Aくんの家族環境

　発達に特性があり，ASD の疑いがあるAくん。彼は小学校4年生の3学期に他の地区から転校してきた。年度途中であったのは，家族が公営住宅に転居できるようになったことが理由であった。両親と叔母，中学生の兄の5人家族であった。近くに父方の祖母が住んでいた。

　転校当初，Aくんの様子は，こだわりが強く同世代の子どもとのかかわりが苦手であった。それを裏付けるものとして「集団が怖い」といった言葉を話したという記述が前籍校からの申し送り書類から読み取れた。5年生になって登校渋りがはじまり，欠席や早退も増えた。登校する日は叔母に連れられ，保健室などで過ごしていた。そこではスクールカウンセラーが対応し，午前中に早退することの繰り返しだった。両親の来校はほとんどなく，叔母がその代わりをしていた。転校当初から母親と担任との意見があわず，十分な意見交換もできずにいた。これは発達特性に関する話題を担任が出したことへの強い拒否反応であった。担任やスクールカウンセラーはAくんに ASD 傾向があるという見立てをして，教室でみんなと過ごすことが苦手なAくんは保健室や図書室といった「別室」で過ごすことが多かった。

　5年生の2学期になり，学校は，保護者の理解（障害受容）を得たいということで，スクールソーシャルワーカーの派遣を教育委員会に要請した。その依頼内容に，「Aくんの集団不適応」への対応も含まれていた。ケース会議の実施自体がはじめてであったが，9月初旬に，スクールソーシャルワーカーの提案により，担任，養護教諭や教頭，特別支援教育コーディネーター，スクールカウンセラーらで構成する会議が行われ，同時にスクールソーシャルワーカーによる家庭訪問がはじまった。Aくんに寄り添い，どのようなことで困ってい

123

るのか，訴えに耳を傾けると，Aくんの主訴は「学校に行きたくない。母がご飯をつくってくれない。おばちゃんがつくってくれる。電気・ガスが止められることがある。家の中にゴミが多くて困っている。たまには一日三食，食べたい」であった。

　スクールソーシャルワーカーは，Aくんの様子について，「どうしたら改善するのか」ではなく，「何がAくんをそうさせているのか」という背景について着目しましょうと会議の中で呼びかけた。この会議に参加した教職員の合意を得て，Aくんの登校時や教室での学習や生活，友人関係の状況とともに家族に関する情報の収集や整理を進めると，家庭の経済的困窮と発達特性との関係が見えてきた。次回のケース会議の準備として，これまで伝聞であった事柄をあらためて事実にもとづく情報収集に転じた。担任からは「欠食が多く，食事は父親や兄と三人で準備する」「通学用のワイシャツや靴の傷みや汚れが目立つ」という報告があり，養護教諭からは「ガス代金を気にして風呂にあまり入れず，不潔感が出ている」，「洗髪や散髪の回数が少ない」という本人の声が確認された。

　スクールソーシャルワーカーは，幾度かの家庭訪問やAくんの登校時に面談をする中で，「うちは異常なんだ，イライラが充満していて喧嘩がたえない」，「もう駄目，気力を無くして欠席した」という本人の気持ちを共有することができた。教室や校内での状況からだけでは見えない部分が可視化されるようになった。

（2）スクールソーシャルワーカーによる見立てと役割分担

　9月後半のケース会議で，スクールソーシャルワーカーは以下のような見立てをもとに話し合いの観点を提示した。
- 本人がもつ発達特性に影響を与えているものがあるのではないか。
- 母親自身が抱えている困りごとがあるのではないか。
- 家族間に複雑な関係性があるのではないか。
- 経済的なことに加え，保護者の養育態度や能力への支援の必要性があるので

第7章　学童期における困難事例の理解と支援

はないか。

こうした関係性や養育環境において，否定的な側面だけではなく，ストレングスに着目して聴き取った情報を以下のように整理した。

• Aくんは素直さ真面目さがあり，家族を思いやる関係であること。

• 叔母の存在を心のよりどころにしていること。

• 集金状況は，遅れはあっても滞納がないこと。

• 両親が働いていること。

ストレングスとは「強さ」である。たとえば，借金をしているという情報はマイナスの要因と見られがちであるが，困ったら人にお金を借りることができる力，またお金を借りることができる人間関係があることをポジティブにとらえることをさす。

その後幾度かのケース会議を重ねながら，学校管理職の助言のもと，担任とスクールソーシャルワーカーが一緒に家庭訪問し，本人や家庭への理解を深め給食の時間に合わせた登校支援を行うことにした。また，養護教諭による体調管理，担任や学年教師による個別指導（学習の補習），そして管理職は保護者対応と，最悪のことを考えて児童相談所への通告や福祉課の保健師や家庭児童相談員との連携を行った。スクールソーシャルワーカーは，病気の祖母への支援として地域包括支援センター(1)や社会福祉協議会とのつながりをつくること（連携の調整やその準備）を分担した。Aくんに関する定期的なケース会議では，放課後の学習の場（居場所）などにも話題が拡がった。

こまめなケース会議や地区の福祉課の保健師や社会福祉士を巻き込んだケース会議を重ねながら，誰が何をするのかという明確な役割分担にもとづく組織的な支援計画を行った。

（3）教職員と地域の多職種との協働

担任はAくんとの関係性をめぐり中心的役割を担い，スクールソーシャル

─────────────

（1）　保健師・社会福祉士・介護専門員などで構成され，地域の高齢者の生活支援にあたり，近年では家族構成員全体への支援として子どもへのケアも業務とする。

ワーカーとともに保護者との連絡や家庭訪問をしながら，Ａくんにできること
を見つけては伸ばす指導を担当した。同じ学年の同僚教師は本人への共通理解
と見守りと温かな声かけを行い，学年主任は担任の取り組みについてできるだ
け客観的に助言し，管理職とのパイプ役となり，他の学年への共通理解を図っ
た。養護教諭は健康・衛生面の観察と声かけ，体重計測や健康観察の記録づく
りなどを行い担任の業務を支えた。特別支援教育コーディネーターは，保護者
とのかかわり方を検討したり，特別支援教育の支援員と登校時の「居場所」確
保と安全確認の調整にあたった。学校の管理職は，全体の掌握や判断・決定，
福祉事務所や児童相談所との連絡・通告などに責任をもった。そこに，自治体
の福祉課もかかわり，Ａくんと家族との仲介・代弁・調整にあたり，家庭のみ
ならず教師へのエンパワメントにも気を配った。とくに，保健師から保護者に
対し，支援を受けることが生活自立の第一歩であることが伝えられ，Ａくんの
養育への福祉的視点についてのわかりやすい説明が促された。母親への働きか
けは，将来に向けての意欲がもてるようになることへの促しである。

　こうした働きかけを通じて，周囲との関係性を築くことや家事をとても不得
手としていた母親への支援を明確にしたことから，母親がきょうだいのために
味噌汁をつくったり，家族で家事を分担することで，そうじも行われるように
なった。また，風呂に以前よりは入れるようになった。きょうだいで簡単な食
事がつくれるときに，母親が食材を準備するようになった。父母が，学校の授
業参観や三者相談に出席するようになった。祖母の退院に合わせて地域包括支
援センターが清掃などの支援計画を立て，叔母については，社会福祉協議会が
就労支援の相談を受けはじめた。これらは，学校の教職員がチームで動くこと
により，そのことが人々のつながりのモデルとなり，対象とする家族や地域の
中にチームをつくるという取り組みであった。

（4）困難ケースをめぐる課題をいかに乗り越えたか

　このケースは，「Ａくんの自閉的な傾向からの集団不適応問題への相談」か
らはじまった。支援の困難さは，「何事もすべて学級担任が対応する」という

第7章　学童期における困難事例の理解と支援

職場の雰囲気や集団生活になじめないのは子どもの特性であり，保護者の責任によって医療機関を受診要請するという，いわば組織的な取り組みに至りにくいという現実と重なることがある。当初，Ａくんやその家族の客観的な情報や適切な教師たちの気づきはあったものの，学校から家庭の様子にあまり立ち入らないというスタンスがあった。そのため母親との関係が築きにくかったことが困難たらしめる背景となっていた。

　しかし，Ａくんやその家族の生活現実が学校関係者全員で共有されみんなで見届けようとする姿勢が，「給食を別室で食べに来ないか」という声かけとなり，給食の後に教師がＡくんと面談をする時間を取り，空腹を満たした後には，いろいろと本音が出てくるようになった。

　外部機関との関係づくりはなかなか学校では不慣れな領域である。けっして危機感を煽るものではないが，緊急性や福祉的支援の必要性を教師たちが実感することは大切であり，管理職が関係機関や外部人材を活用する積極的な理解や姿勢が大切である。

　「家にも学校にも居場所がない」と語ったＡくんは，家庭的にはまだ困難はあっても，学校で安心して笑顔で過ごせるようになった。学校にヘルプが出せる力の習得につながり，身の回りのことをやりはじめようとする力を育てていったことに大きな意味がある。そして，職員室の空気にも柔らかさが感じられるようになった。Ａくんの家庭状況は小さな改善は見られるものの，ネグレクト傾向もあって母親の機嫌による不安定さがある。

　ただ，この事例については課題もある。それはケース会議に，母親（両親）が参加できていない点である。そもそも，Ａくんのための会議であり，学校も保護者も対等な関係で会議に臨むという点で，スクールソーシャルワーカーや管理職の対応にはさらなる積極性が求められる。

3 個々の多様性と家族を丸ごととらえる支援と学校づくりを通じて

（1）発達特性のある子どもをもつ家庭と貧困

　次のいくつかのケースは，一つの学校における困難ケースを個々に対応するのではなく，地域的組織をつくって学校として取り組んだある学区での例である。

　学校事務職によると，この学区には準要保護家庭が多く，何らかの社会福祉的サービスとかかわる家庭が4割近くある。家庭環境に何らかの問題や不安があるケースが多く，そこには発達障害の疑いがあると言われる子どもたちも多い。ひとり親家庭は，DVによる離婚や未婚での出産，死別などその原因は様々だが，母親がパート勤務であったり，養育費をもらっていない場合も多く，児童扶養手当や就学援助（給食費，学費などの支給）を受けても，やりくりが厳しく，貯蓄まで回らない。両親ともに家を出ていってしまい，祖父母が面倒をみるケースもあった。

　また，数人の母親が外国にルーツをもっていた。東南アジアから結婚仲介業者の紹介で20歳年上男性と結婚し，こうした人たちを雇用する会社で働き，稼いだお金を母国の家族に仕送りする母親もいた。父親の就労も収入が不安定だが，困窮状態であっても世帯所得自体は一定程度あるため，生活保護には該当しない。生活の苦しさから母親が実家（母国）に帰ってしまい，そのまま帰宅しないケースもあった。

　なにか困難があったとき，母親が日本語に慣れていないため子ども自身が大人どうしの会話の「通訳替わり」をするという切なさや厳しさもあった。ステップファミリーとなり，新しい父親との関係が難しくなったケースもあった。

　両親ともに知的に低かったりうつ状態であったり，保護者自身が精神疾患などにより就労が難しかったり安定しないケースや，金銭管理能力に欠け各種手当てによる収入をパチンコや外食，ゲーム，レジャーなどに使ってしまい，子

第7章　学童期における困難事例の理解と支援

どもの学費や生活費が後回しになるケースもあった。

（2）事　例

事例①祖父母に養育される中2のBくん（男児）

　校区の中でも中心市街地から遠く離れ、トイレは屋外のくみ取り式で、風呂は薪で、水道は地下水で、家には多いときで10匹の猫がおり、家の中は砂だらけ。座布団は猫の尿でしめっており、万年床で、床も抜けそう。父親は母親へのDVで離婚し家を出て母親も離婚後に家出し、数年間行方不明になっていた。祖母が子どもたちを養育し、子どもたちは自力では学校へ行けないため、祖母が車で送迎していた。祖母は子ども手当と同居している曾祖母の年金に依存する傾向があった。Bくんは、小6のとき、身体が臭いといじめに遭い、以降現在まで不登校であった。曾祖母が寝たきりのようだという情報が入り、地域包括支援センターの職員と教師が家庭訪問したところ、床に寝たきりで、認知症の曾祖母をBくんが介護し、朝夕の食事介助やおむつ交換をするときもあった。祖母は朝から晩までアルバイトに出ており、家事や妹たちの面倒までBくんが担っているという、ヤングケアラーのケースであった。

　あるとき、曾祖母が脱水症状で救急搬送され入院することになったが、お金がないためすぐに在宅になった。入院費や介護サービス費をようやく福祉制度の利用で捻出できた。

　じつはこの家庭に、Bくんが中学校に上がってしばらくして、母親が1歳の子どもを連れ、突然帰宅した。Bくんの登校に協力し、数回登校につながったが、母親が仕事をはじめると、シフトの関係で帰宅時間がまちまちとなった。

　Bくんは、家族の願いもあり高校進学を希望しているが、自己肯定感が低く、将来への目標や希望が薄く、コミュニケーション能力で苦労するとともに学習面は小6から中1までまったくできていなかった。私立高校に行くお金はないため、公立の定時制高校を希望しているが学業成績面で厳しさがあった。

　学校としては、担任が週1回、部活終了後に家庭訪問をし、スクールソーシャルワーカーが日頃連携している高齢者介護や福祉、医療のスタッフからの連

絡も耳にしていた。やや負担にはなるが，担任とスクールソーシャルワーカーらは家庭訪問の際に勉強を教える機会をもった。

事例②特別支援学級に通う小6のCさん（女児）

　学校への届け出は母子家庭だが，継父と同居しているCさんのケースである。家賃は月数千円の古い小さな賃貸住宅に住んでいた。家庭訪問をすると，自宅は二間で，居間と兄を含めた家族4人が一緒に寝るには狭い寝間だけであった。居間にはこたつとテレビやパソコンがあり，荷物の山で子どもの学習スペースはなかった。

　継父は自営業（工場）で，年の離れた兄と母親も手伝っており，Cさんは下校後，その工場へ帰り，そこで夕食を食べソファで仮眠し，夜中に母親と帰宅するという毎日であった。食事は帰宅途中で購入するコンビニの弁当やカップラーメンであった。担任はことあるたびにCさんの不衛生や学習・生活環境の改善を母親へ伝えてきたが，その場しのぎの返事ですまされいっこうに変化には及ばなかった。

　このCさんは小学校の特別支援学級（知的）に在籍していたが，一つの心配事があった。Cさんと養護教諭との会話から継父による性的な虐待が疑われた。地区の要保護児童対策地域協議会（自治体ごとに法定設置され，児童相談所と連携する児童虐待や要支援児童をもつ家庭への支援組織。以下要対協と略す）による実務者レベルの会議に挙がったこともあった。児童虐待が疑われる場合，ときに家族との関係に配慮（遠慮）して学校から関係機関に通告することをためらうことがある。

　性的被害は表面化しにくく，子どもの心の傷について，だれもが心配するものである。この事例でも，長い間，継父と向き合う準備が進まなかった。親にとって，学校は児童相談所などに比べ，来談の際，敷居の低い場合がある。このケースでも，学校での管理職やスクールソーシャルワーカーによる父親を交えた面談や，福祉課の働きかけもあり，児童福祉施設への入所予定になった。

事例③精神的な疾患のある両親をもつ小5のDくん（男児）

　Dくんの両親は二人ともうつ症状の診断があり，父親は社会福祉協議会の就

130

労支援プログラムを受けているものの，なかなか復職できないでいた。母親は，父親の日常生活を心配し，育児を理由にパートを辞め，家で小物づくりの内職をしていた。体調のいいときは地域のボランティアやPTAの役員の仕事に積極的に参加するバイタリティも見られた。一方，夫婦でポケモンGOには出かけるなどしていた。中学生の兄は発達障害のため，特別児童扶養手当を受給していた。後先を考えない買い物が多いという近隣の声も学校には届いていた。

　Dくんは，アトピーの持病があり，両手，両足のひび割れ，ただれ，出血がひどく，歩行時，足をつけると痛いため足を引きずることがあり，周囲の子どもからからかわれることも幾度かあった。皮膚科受診や服薬等の話をしても，なかなか受診につながらず，学校で毎日，足のシャワー浴や保湿剤塗布を担任と養護教諭で行っていた。Dくんもよく頭痛や腹痛を訴えることがあった。

　こうした困難な家庭状況に教師たちの関心が集まる中，Dくんが衝動的な行為により骨折したことをきっかけに，福祉課が動き，子どもの療育と環境改善のため，ヘルパーの利用が開始された。しかし，母親は子どもの身のまわりのことや家事をヘルパーに任せきりにするようになった。そこで，校長，担任，養護教諭，ヘルパー事業所職員，スクールソーシャルワーカーによるケース会議が行われ，この母親が参加できる会議にするため，ワーカーが会議の進め方のプラン（進行のシナリオ）をつくり，当日も司会を務めた。

　母親が精神面で限界の状態であること，子どもの養育に自信がないこと，Dくんの皮膚状態が悪化しているが，母親は対応できないことがわかった。自治体の要対協によるケース会議を実施し，きょうだいの養育環境について話し合いが行われた。貧困，養育能力のない保護者という環境が，子どもたちの健康被害につながったケースである。

（3）地域全体を通したソーシャルワークの取り組み

　これらの三つのケースは，ある地区の小学校と中学校にまたがる事例である。この地域では，数年をかけスクールソーシャルワーカーが提案して，地区の複数の幼稚園，保育所，認定こども園，小中学校の教職員と地区の児童福祉や障

害者福祉，健康保健の部局・組織が連携する「子ども支援会議」がつくられていた。ユニークな形であるがこの会議は，地区の学校を会場にして開催され，教師が地域の多くの多様な専門職と顔見知りになれる機会がつくられていた。

　最近では，この会議の出席者が子どもや保護者とも直接かかわり，相互に信頼関係をつくる機会もできはじめた。会議のメンバーである地域の主任児童委員が定期的な家庭訪問を行ったり，母親たちとのお茶会，そしてフードバンクを活用して困窮家庭に物資を届ける取り組みもあった。以下は，この地域での社会資源を使った活動の一例である。

　第一に，毎週1回の学習会である。それまで中学校3年生の不登校生徒が数名いたことから，その子どもたちの高校受験を考える地域住民による居場所づくりが行われた。教室で授業を受けていないため，自力での学習が難しく，高校への進学希望はあるものの，勉強が思うようにできない。「どうせ自分なんてだめ」と諦めていた。「学校へ行っていないのに塾なんて」という保護者や，貧困家庭で「塾に行きたくてもお金がない」と泣きながら話す子や，「誰かに勉強を教えてほしいけど，お金がなくて」と話す保護者に対し，学習支援（無料塾）を社会福祉協議会ボランティアセンターのスタッフがはじめた。近隣の大学の学生さん二人が学習支援に来てくれることになり，場所を増やし，地区の公民館を借りれば駅からも近いため送迎もいらないということで，教育委員会社会教育課の協力を得られた。

　当初，校長に相談したところ，「一部の子どもだけという訳には」と難色を示していたが，サポートティーチャー事業を活用して動き，先生役の大学生への交通費や時給が出せるようになった。学校には行けず，登校できても安心して勉強ができなかった子どもが，学習会で問題が解けるようになり，自信がついて登校が増えた子もいる。小学校や中学校でも，日々学年主任や担任が業務や部活が終わってから勉強を教えに出向いたり話をしたり，校長や教頭，教育長までもが勉強や遊びに携わり，学ぶことを諦めていた子どもたちが，学習への意欲を高める場になっていった。「わかるようになる，できるようになる」「勉強が楽しい」というのは学童期の成長発達の一つの原点であることを実感

第7章　学童期における困難事例の理解と支援

し，ある中学校では高校に全員合格し卒業式にも全員出席してくれたというエピソードも生まれた。また，この場所で小中学校の教職員がよく出会うことになり，それぞれの子どもの話題が出て，とくに進学時の引き継ぎにとって非常に有益な場となった。そしてその後も持続する体制ができあがっていった。

　第二に，子ども食堂の開催である。自宅できちんとした食事ができない子，おにぎりやカップラーメン，コンビニの食事が当たり前になっている子や夕飯を食べられない子が少なくないことから，地域の民生委員さんたちのグループから子ども食堂づくりの提案があった。民生委員やPTA会長，社会福祉協議会，教育委員会とがかかわる形で，実施に向け，話し合いがもたれ，場所は公民館の調理室を利用し，料理教室という形で，子どもたちと一緒に料理し，食育や自立という目的も兼ねることができるようになった。先にはじまった子どもの学習支援の取り組みとつながり，周囲の理解により，この子ども食堂もスムースに進展した。

（4）子どもの貧困対策に何が必要か

　貧困を抱えている子どもの把握から支援につなぐ際，教師が丁寧に熱心にかかわったとしても，学校がもつ情報だけでは問題の解決や軽減に結びつくのは難しいことがある。家庭の経済的なことに関して踏み込めず，限界を感じている教職員も多い。

　しかし，こうした家庭の状況について，「配慮しつつも遠慮はしない」ことが教師にとって大切である。適切な情報をもとに家庭との関係性を築くこと。知り得た情報の扱い方を熟知し，学校外の専門職の協力を得ること。これらは大切な教育技術や知識である。対応できないという思いが，ものの見えなさにつながることがある。正解がないものや正解がいくつもある授業にやりにくさを感じる心持ちに似ているかもしれない。そこから脱する必要がある。

　貧困対策にかかわる諸法規・法令が目白押しであるが，子どもの学習支援には，訪問型家庭教育支援の事業の活用もある。地方公共団体が地域の人材（教師OBや民生委員，児童委員など）でチームを組み，困り感のある家庭に対し，

133

「地域の子どもは地域が育てる」という視点に立った訪問型学習支援サービスである。子ども食堂や地域での学習支援が貧困家庭の子どもが貧困のスパイラルから脱出する最大の方法であるという考え方もあるが，中学卒業や高校中退などにより，支援の手がそこで切れてしまう。本来，こうした継続支援のあり方が社会的な課題であるが，冒頭でも述べたように，学童期は入学や卒業・進学という人生のつなぎ目にある。子どもについての情報の引き継ぎや切れ目のない支援は，予防や早期発見の大きな着眼点となる。

4 多様性の尊重をめざして

　本章では，ソーシャルワークの援助技術や支援の方法をもとに困難事例への実践を述べてきた。子どもの多様性を「長所」ととらえ，「排除」ではなく「包摂」「理解」する社会や教育現場が求められる。支援困難の要因が，子どもに起因するのか，保護者に起因するのか，学校・教室の環境に起因するのか。今日，こうした起因対象を個別に探るのではなく，多様な視点や立場性から包括的にとらえていく，そういったチーム（組織）が重要になる。

　その際，一つの契機を与えてくれる考え方にソーシャルワークがある。これは社会福祉領域の専門職だけの相談援助技法ではなく，支援困難を切り開くために誰もが共有すべき視点や価値，援助技術として理解すべきであろう。

> 「ソーシャルワークは，社会変革と社会開発，社会的結束，および人々のエンパワメントと解放を促進する，実践に基づいた専門職であり学問である。社会正義，人権，集団的責任，および多様性尊重の諸原理は，ソーシャルワークの中核をなす。ソーシャルワークの理論，社会科学，人文学，および地域・民族固有の知を基盤として，ソーシャルワークは，生活課題に取り組みウェルビーイングを高めるよう，人々やさまざまな構造に働きかける」（日本社会福祉士会，2014）。

「社会正義，人権，集団的責任，および多様性尊重の諸原理」の中で，「多様

第7章　学童期における困難事例の理解と支援

性尊重」については，不平等・差別・搾取・抑圧といった構造的な障壁に取り
組む上で，構造的な原因を探求する意識を養うことや持続的で行動的な戦略を
立てること，そして人々のエンパワメントと解放をめざすことが述べられてい
る。社会的に不利な立場にある人々と連帯しつつ，貧困を軽減し，脆弱で抑圧
された人々を社会的に包摂していくことを促進しようとするものである。

　一方で，「多様性尊重」は，状況によっては，人々が対立し，競合する価値
観となることもある。発達段階や成長発達にあった教育，保護，安全性といっ
た文化も，その名において，他者を侵害したりあるいは侵害されたりして，
人々を分断することもある。

　ソーシャルワークは，複数の学問分野をまたぎ，その境界を越えていくもの
であり，広範な科学的諸理論および研究を利用する。ここでは，「科学」を
「知」というそのもっとも基本的な意味で理解したい。ソーシャルワークの原
則は，人間の内在的価値と尊厳の尊重，危害を加えないこと，多様性の尊重，
人権と社会正義の支持である。

　困難事例をとらえる際，子どもたちのニーズ（ありのままの姿）から支援や
援助の営みがはじまっているのか，それとも大人や専門職の視点や方法からは
じまっているのか。両者のズレが困難を生み出しているのかもしれない。上記
のソーシャルワークの原則は，社会福祉の専門職のみならず，多様な専門職に
おいても大切な視点であると言える。

〈文　献〉

文部科学省　2017　児童生徒の教育相談の充実について（報告）　http://www.
　　mext.go.jp/component/b_menu/shingi/toushin/__icsFiles/afieldfile/2017/
　　07/27/1381051_2.pdf（2018年8月5日閲覧）

日本社会福祉士会　2014　ソーシャルワークのグローバル定義　日本社会福祉
　　士会ニュース，**171**，2．

鈴木庸裕　2015　スクールソーシャルワーカーの学校理解　ミネルヴァ書房　p.
　　13．

鈴木庸裕　2017　学校福祉のデザイン　かもがわ出版

第8章 思春期・青年期における困難事例の理解と支援
——生活指導と集団づくり

湯浅恭正

1 「支援困難な子ども」の理解

(1) 困難さの中にいる子ども

　教育実践や臨床の場面において支援しても展望を見出すことができない困難なケースは多様である。たとえば不登校の子どもに万事にわたって手立てを尽くしても登校に至らないケースは少なくない。まさに支援困難な対象である。他方で完全に不登校というのではなく，いくらか改善の兆しが見える場合もある。しかし，すぐに不登校状態に戻るのを見て，やはり支援困難な子どもだと理解される。不登校の子どもの中には感覚が極度に過敏で登校が困難になったアスペルガー障害の子どもも含まれている（高橋・高橋，2008）。それでも，いくら障害に起因するとはいえ，多くの子どもたちは「普通」に学校の環境に適応できているのになぜ登校できないのかと，やはり支援が困難な子どもとみなされる。

　本書が課題にしている「支援困難」なケースには少しでも肯定的な兆しのある不登校の子どもなどは入らないのかもしれない。しかし，肯定的な側面が見える子どもでも，当事者にとっては困難さを幾重にも抱えているのではないか。2007年の特別支援教育制度の開始から10年が経つが，私たち教師は「困った子は困っている子なのだ」を合い言葉のようにして実践を積み重ねてきた。その

言葉に学べば，「支援困難な子は，困難さの中にいる子」である。

（2）困難さの中に普遍的な課題を発見する

　どのように支援の手を尽くしても発達の可能性と支援の方向が見出せないと思われた障害の重い子どもに対して，その子の，そして世の中のあり方を導く「光」を発見しようとしたわが国の発達保障論が示唆するように（田村・玉村・中村，2017），「困難さの中にいる子」の発達の可能性を発見する側のあり方が問われている。そして，その「光」はすべての子どもたちの支援の方向を導くことにつながっている。わが国の特別支援教育は，世界の特別なニーズ教育の動向とは違って，いわゆる障害に特化した教育制度である。そこには障害児の指導の原則を普遍的な課題としてではなく，特殊なものとして理解しようとする姿勢が見える。そのような中，本書がテーマにしている支援困難な子の中に，どう普遍的な課題を発見するかが大切である。

　『ゆきづまる中学校実践をきりひらく』は，支援困難な中学生に取り組んだ記録だが，その支援にはどの子にも共通するポイントがあるというスタンスで論じられている（中村ほか，2005）。この記録の中には，幼いときに父親がいなくなり，精神的に不安定な母との生活が影響し，小学校では激しく逸脱行動を示し，給食台に乗って騒いでいた友だちに腹が立ち，股間にかみつき出血させる騒動を引き起こした経歴を持つ中学生が登場する。この中学生に対して学級づくりや文化祭の行事，そして授業指導を通して学校生活への参加を模索する期間が続く。担当した教師はこの取り組みを振り返りつつ，最後に，こうした生徒のみならず学校には「精神的には限りなく不参加に近い生徒が後に続いていた。…（中略）…この生徒を特別として切り捨てた時，この生徒の後ろにつながっている生徒の苦悩は無視されるに違いない」と指摘している（中村ほか，2005, p.172）。

　支援困難な子どもを見捨てないという姿勢を大切にするのは，困難さの中には今日の教育に必要な普遍的な課題があることを確かめようとするからだ。以下では，思春期・青年期に焦点を当てて，生活指導の原則を踏まえながら支援

困難への取り組みのあり方を考える。もちろん思春期・青年期の全ての事例に言及することはできない。主に中学生に取り組んだ事例,「ひきこもり」と呼ばれる青年の事例や,障害のある青年の学びの場の事例を中心に取り上げる。そしてこうした事例の底流にある保護者支援の在り方についても触れていく。

2 生活指導の視点から思春期・青年期をとらえる

（1）生活の在り方を問い直す

　一般に,思春期・青年期において,発達の基盤に困難さを抱える子どもたち,たとえば自閉スペクトラム症（ASD）の子どもは,その生活の歴史（生活史）から二次的障害が顕在化すると言われてきた。特別支援教育の制度が開始された当時の記録でも,発達障害への誤解や不適切な対応が原因でひきこもりや逸脱行動などがひき起こされていくこと,またこうした状態に対して家族では支えきれず,しかし相談したくてもできない状況にあることが報告されている（京都ひきこもりと不登校の家族会ノンラベル,2006）。

　こうした状況から10年以上が過ぎる。発達障害等への理解は進み,多様な支援方法の開発によって困難さが克服されるケースは少なくない。だからこそ,本書が課題とする子どもたちに対しては,「支援できない特別な存在」として理解する傾向がますます強くなっているのではないか。支援の展望が見えないこうした子どもたちを「支援できない,手のかかる存在」として排除する考え方が続いているのだ。

　本章はとくに生活指導の視点から検討を進めるが,生活指導とは,人々の生活を統制するのではなく,暮らしている人々の生活の質が人々を導いていくという意味である。子どもたちを支援困難な状況にまで排除してきた生活,障害児の保護者が相談したくても相談できない制度の整わない生活,また制度はあっても相談に踏み出そうとする力を出せない（パワーレス）生活,こうした生活が幾重にも困難さを増幅させている。

　今求められているのは,こうした生活の在り方をともどもに問い直すことで

ある。インクルーシブ教育の時代にあって，思春期から青年期にかけての教育の重要な課題は，発達の基盤に重い課題を持つ子どもたちに対して「寛容さ」で接する生活を社会につくることである。この生活は，暮らす子どもたちにはもちろん，支援に取り組む教師等にも必要だ。

（2）本当の「寛容さ」とは

　ただこの「寛容さ」には留意しなくてはならないことがある。「支援困難な事例」に登場してくる子どもに対して「寛容を」といっても，井上（2017）が指摘するように，それは「諸集団がそれぞれの自閉的独断と内部抑圧とを相互承認して共存する『棲み分け』」という問題を孕んでいることである。困難な課題を持つ子どもについて，不寛容ではなく寛容の態度で接する際に，そこには「ある程度支援すれば克服できる支援困難さ」と，本書が課題とする「先の見えない支援困難さ」を「棲み分ける」という発想に陥りがちになることをつねに念頭に置かなければならない。子どもたちの中に前者の困難さには寛容の度合いが高く，後者には寛容するにしてもその度合いは低いか（場合によっては不寛容）という「棲み分け・分離」が生まれるからである。それは子どもたちだけでなく支援する教師の側にも生まれる「子どもを分離してとらえる意識」ではなかろうか。

　もちろん井上は「寛容」について，他方では「異質な他者との接遇による自己変容・自己豊穣化をめざす精神の開放性」という肯定的な側面を持ち，この開放性には「いやだけど我慢して許す寛容」（トレランス）を越えた論理が流れていると指摘する。少年期を越えて思春期・青年期の段階でこそ，こうした「異質な存在」との出会いを契機にして自己をつくり変えることに挑戦する子どもを育てたい。しかし，今日の子どもたちは，こうして異質と思える困難な子どもとの交流を自己の自立のバネにする過程を保障されているのだろうか。

　一般に青年期にさしかかる時期から青年期にかけては，〇自分自身で行動する傾向が強まる—反抗と自己主張の世界，〇内面の葛藤に悩む—自己理解への悩み，〇人生の意味や社会の在り方を追求する—生き方を問う，〇自分の容姿

への意識の高まり，〇自分を深く見つめることが特徴として示され，こうした
課題を引き受け，乗り越えていくことで自立し，発達すると考えられてきた
（大久保，1985。なお，この視点は，大久保が佐山・寺内（1981）に示唆を得て述
べたものである）。この発達の課題は，困難状況にある子どもたちのみならず，
思春期・青年期の子どもたち誰でもが向き合わなくてはならない。それだけに，
とくに支援困難な他者を受け入れて，「寛容さ」を発揮し，自己の変容を見据
えつつともに暮らす社会をつくる力をどう育てるかに注目したい。

　このように支援困難な子どもとともにつくる生活の在り方を問い直し，そこ
に自己形成という思春期・青年期の重要な発達課題をともどもに発見するとい
う考え方が不可欠であり，本章が生活指導の視点からの検討を試みようとする
のはそのためである。生活指導は，「専門家が人々の生活に参加する」ことを
実践の課題にしてきた。そうだとすれば，支援困難な存在だと思われてきた子
どもの生活に専門家である教師が参加することを困難にしている今日の学校教
育のあり方が問われている。

3 支援困難な中学生の自立への取り組み

（1）支援困難な状況に「風穴」をあける生活指導

　ここでは幼児期・小学校時代ともに不登校で，家はゴミ屋敷，うつ病の母親
の代わりに家事をこなしている中学生の支援に取り組んだ教師の事例を取り上
げる（兼田，2017）。この教師は「最も集団から離れているこの生徒にみんなで
呼びかけることが，一人ひとりの自立を促す」という考え方で取り組みを進め
る。家庭訪問を通して学級の様子を伝えつつ，登校できなくても学級の仲間か
ら孤立しないように，仲間からの呼びかけが必要と考えたこの教師は，「ク
レープの会」（この生徒とつながりのある生徒で下校時に家庭科室でクレープづく
りを楽しむ会）といった自主的でつながりのある集団活動を媒介にして排除の
ない生活をつくり出していく。この生徒はクレープの会の集団を居場所にし，
またフリースクールを選択してそこを学校とは違う「もう一つの居場所」にし

ていく。

　前述の事例の生徒は登校してはいないものの，自立の芽を育てているので「支援困難な子」の枠外なのかもしれない。しかし，自主的活動の一つであるカレーづくりに参加するのを拒否し，トリマーになる夢を持っているのでその体験教室に誘うがそれにも参加できない。そこでも教師が励まし，また仲間が信頼していることを伝えていく丁寧な支援を通してその生徒はしだいに自主的活動に参加していくようになる。だが，思春期に突入したその生徒は周囲のまなざしを極度に意識して集団を拒否する。それでも教師は放課後の取り組みとして「アイスクリームづくりの会」など小集団での活動を展開し，そこを居場所にしたこの生徒はしだいに放課後の学習会にも参加するようになる。こうした小集団の中でもケンカなどのトラブルが続く。しかし，そこでこの生徒は本気でぶつかる相手を発見していく。こうした多様な自主的な活動は生育史の中でネグレクト等の虐待により基本的信頼感が欠如している仲間との交わりの場でもあった。中学生最後の学活の時間では居場所集団を形成した仲間が交流して，思いの丈を語っていく。

　このように思春期・青年期の自立の過程で見せる「行きつつ戻りつつ」の揺れの繰り返しをどう教師が理解し，また自立のための集団を形成していくのか，その見通しを立てて支援する，そこに生活指導の役割がある。今日の中学校の現実からすれば，不登校の生徒の生活に参加し，放課後の自主的活動やフリースクールなどの集団をつくる指導はそう容易ではない。この事例は教師とその生徒，そしてその生徒とともに居場所を紡いだ仲間と活動の物語だが，それはこうした生活をみつめる他の生徒たちや学校の教師たちとの関係が成立し，発展していく中で展開したはずだ。

　スタンダード化した目標を掲げて，標準的な生き方を求める学校的な価値に支配された今の中学校の生活は，この事例のように，揺れつつ自立の世界を模索する生徒に対応することはできない。それだけに，ますます支援困難な生徒をつくり出している今日の指導の在り方を問い直すことが必要だと考える。支援困難な事例への対応，それは一人の教師の力量ではなく，この事例が提起し

第8章　思春期・青年期における困難事例の理解と支援

たように学校の在り方を相対化する学校づくりの取り組みが基盤になっていることを見逃してはならない。

　こうした学校づくりは，八方塞がりで見通しを拓けない状況に「風穴」をあける取り組みである。幼時期に親からの虐待を受けたために環境に適応できない子どもが小学校入学後に通常の学級に通うことができず，特別支援学級に居場所を探す事例（湯浅・越野・大阪教育文化センター，2011）がある。しかし，そこも居場所とはならず今度は保健室に居場所を求めていくようになる。こうして居場所が見つかるにつれて学級からはますます遠ざかる。学校全体からすれば，そして通常学級の教師からすれば，その子は通常の学級に適応できない支援困難な子だ。この事例では，特別支援学級の教師・養護教諭，そして通常学級の担任がチームを組んで「多様な居場所」を承認しながらその子の自立に向かう過程をつくり出していった。

　この事例で打開できない状況に風穴を開ける契機になったのは，信頼できる他者として特別支援学級や保健室の教師が，そしてしだいに通常学級の教師がその子の前に登場したからであり，教師たちが共感的他者になりうる過程をつくり出していったことにある。支援困難と思われた状況を切り開いて「風穴」をあける教師たちの共同が実践の基盤になっている。

　中学生で入学後に教室から出てトイレに閉じこもるといった不適応行動を示す事例（別府，2013）では，養護教諭が声をかけて保健室に行くようになる。そこでも特別に許しはしたが，教室にいくことを指導する教師と支援する教師（養護教諭）との関係が問われていた。その後共通理解のもとに本格的に保健室登校が始まったと指摘されている。ここでも養護教諭が学校・学級での関係を維持する「架け橋」になったとされる。指導困難な生徒をめぐる共同の関係をつくる生活指導と，それをリードして架け橋となる役割，そして「あたりまえ」の学級・学校を相対化する共同の場づくりの意義が示唆される。

（2）親とのパイプをつくる基盤としての信頼

　今日の中学校において，本章が課題とする生徒への指導は，学校の中だけで

対応するのでは十分ではない。生活指導の視野から取り組まれた教師の実践には、家族関係を含めて支援困難な状況を生みだしている構造に注目し、そこから展望を開こうとする姿勢が通底している。そして、教師自身の教職体験から何を実践の指針にするかをつねに問い返す姿勢が展望を開く鍵になっている。そこで思春期・青年期において学校・学級の中で指導困難な事例に対応するための工夫というよりも、指導困難をとらえる実践の枠組み・背景に注目した事例を取り上げていく。

まず1節（2）に登場した「ゆきづまる中学生」に取り組んだ事例（中村ほか、2005）を考える。対象の生徒は、教頭に殴りかかる、家から金銭を持ちだすなどの問題行動を繰り返すが、教師はそれらの事実の裏にあるものを分析し、その抑圧の要因として親の生活を指摘し、親との共闘なしに展望を開くことはできないという考えに至る。

事例では農家の小屋に侵入して野菜即売用の釣銭を窃盗する事件をめぐって、親との話し合いが紹介されている。その生徒の実父ではなく義父が親として登場し、教師は「実父の暴力に苦しんできた子だから暴力では反省はできない」と義父に伝える。そしてまた次の事件が起こるが「事件の詳細を正直に言えない」でいるその生徒の気持ちを親に伝えつつ、他方では生徒自身が正直に言える行動に出ることを信頼して待つ。その結果として正直に言えるまでになり、そのことを義父も認めていくようになる。

ここには親との共闘をつくる基盤として子どもを信頼する姿勢を親に伝え、そのことにまた親も応えるという相互信頼の成立がある。事件をめぐっての謝罪等は当然だが、たんに謝る行為ですませるのではなく、事実に向き合う子どもを見守り、信頼しようとする親をまた教師が信頼していく関係づくりがポイントになっている。

（3）「排除する」のか「ともに生活する」のか

この生徒の問題行動はその後も続いていく。職員室に入りこんでレターケースの中のものをなくす、車のプレートを折り曲げるといった行動だ。これらの

第8章　思春期・青年期における困難事例の理解と支援

事件をめぐって親との話し合いが進む。父親は家を出て近くに引っ越ししよう
とするが，子どもは連れて行かないで施設に入れるという考えを示す。教師は
再考して結論を出してほしいと述べるが，母親からは施設に入れることは変わ
らないとの見解が示される。その後教師は，両親との懇談の場で「中学校卒業
まではこの中学校で」との考えを提起し，生徒には「クラスのみんなとルール
を決めて，決めたルールを守れ，守れなかったら謝れ，それをしながら少しず
つみんなと一緒に頑張って行け，そのためにもみんなに今の状況をわかっても
らい協力してもらえ」と話す。その後に家族からの連絡で父親から「自分が結
論を出した，よろしく頼む」との言葉が語られていく。

　この事例では繰り返し迷惑な行動を続ける支援困難な状況に対して，学校か
ら排除しようとする立場になりがちな親に対して，排除ではなく，ともどもに
生活すること，そのため見通し（ルールの決定や守ることなど）とそれを私的な
ことではなく学級の公的な課題として取り上げていこうとする指針が示されて
いる。問題行動が続くこと，それを支援困難な状況だと考えるのではなく，困
難さは続きつつもそれを一人個人の課題ではなく公的な課題として見つめよう
とするからだ。親との共闘の課題をめぐって，子どもを支配するのではなく，
「子どもは子どもたちの中で成長する」という中学生の自立に必要なポイント
を親自身も学んでいくことを大切にする。そこに共闘の意味がある。

（4）保護主義のとらえ方をめぐって

　以上，親との生活をめぐる教師との共同（共闘）の姿勢を考えたが，逆に
「保護主義」的な立場から教師との関係がなかなか築けない事例もある。ここ
でいう保護主義とは，よくパターナリズムと言われてきた問題を指している。
自分の子どもの障害等を受容しがたい親の思いの背景の一つにある立場だ。
　「視線が定まらない・自分のことを言われているという誤解と敏感さ・周囲
とのコミュニケーションが成立しない」ASD の中学生（記録では，けい子）に
取り組んだ事例（井原，2008）がある。この事例の生徒は小学校から「暴力
的・交友関係がうまくいかない」と引き継がれて中学に入学してきた。入学後

のカンニング・机の動かし方をめぐるクラスでの言い争い・自分の言い分が通らないと窓から通学鞄を投げるなどの行動が続く。周りからの非難にも視線はキョトンとしている。

　こうした行動に対して担任の教師は，学級集団の活動を媒介に指導を進めていく。同時に補助教師がつく指導体制を取って対応していった。その結果，先に示したような粗暴な行動は減るが，教師は「変化していないのではないか」とその生徒をとらえる。実際，自分が失敗すると周りがいつまでも自分を許してくれない錯覚に陥り「いつまでもしつこい」と地団駄を踏んだりする。2年生になる時点で補助教師の配置を親に相談すると，親はその必要性を認めず，「周りの子どもたちもよくなってきたので大丈夫，けい子もグチをあまりこぼさなくなった」と述べてくる。

　この親の考え方に担任の教師は，「他人ならだれでも認めるけい子の実態に親は気づいていても認めたくないのか」と疑問を持つ。そして補助教師の存在については，車イスを必要としている人に車イスの使用を認めるように，障害や病気があれば，そのことを知ってどう生きていくかを考えるべきだという思いを持つ。しかし，親にとってみれば，ある程度安定してきている子どもの様子から，補助教師の必要性は認めがたいという立場だ。そして，「グチをこぼさなくなった」「けい子が周りからとやかく言われないか」という親の思いには，生活に適応させ，いやな気持ちにならないように保護したいという願いが込められている。こうして教師と親との関係は壁に突き当たる。

　先に保護主義と指摘したが，この親はたんに子どもの障害を受容していないというのではなく，また子どもを保護主義的に支配しようとしているのではない。補助教師の力とともに担任の指導で，けい子は学級の中で新しい生活に踏み出そうしている。その事実を親も認めている。だとすれば，たんに補助をつけるかどうかの次元ではなく，前進している生徒の力とそれを支えた学級集団の力を評価しつつ，それでも必要な補助とは何かについての，当事者であるけい子と親を含めた対話による共同が求められる。「私は，心のどこかでけい子がみんなの中で安心して過ごす日が来ると信じています。けい子も，みんなも，

けい子の家族も，それを求めているからです」と教師が指摘するように，「当事者の安心とは何か」をめぐる共同の模索の過程をどう共有できるのか，そこに支援困難な事例を克服する鍵がある。

（5）貧困の中の中学生への支援

　支援が困難なケースの中でも現代に特徴的なのは，格差と貧困の進行で多様な生きづらさを抱える生徒への支援である。そこには家族問題が背景にあり，そこに学校教師がどう介入できるのかが問われている。

　小学生の頃から両親が別居し，アルコール依存で祖父と喧嘩を繰り返す父と暮らす生徒に取り組んだ事例（波田，2015）では，担当した教師が国語科ということもあって作文を契機にしてその生徒の思いを引き出している。教師は，大変な家族なのに「家族大好き」と書いてくる生徒の内面には，そう呼びかけなければ自分の存在が消されるという気持ちがあると分析する。しかし，「自分の気持ちがわかってもらえない」とキレる学校生活が続く。そこで教師は「父に苦しむ会」を学級に呼びかける。こうした作文や活動などで教師はその生徒が学級の他の生徒たちのことを分析する力があることを発見していく。

　ここまで指摘すればとても支援困難な事例とはいえない。しかし，この生徒は「ジェットコースター」と特徴づけられているように気分がつねに浮き沈みする。不満がたまると他人を叩く。そこでも教師は丁寧に聴き取りを進め，「親と言いあいになって将来が不安でどうなってもいい……，耐えれん自分がいや」などと生活を語る。こうした学校での取り組みをよそに祖父と父とが喧嘩を繰り返し，警察への通報にまで至る。そこでも教師たちはケース会議を開いていく。3年生になって父から離れて母親との生活に入り，体育祭などでは活躍するものの不安定で学校を脱け出すなどの行動が続く。卒業後は私立高校に通うが中途で退学した。

　この事例でのポイントは，貧困と家族の機能が崩れていく生活の中にいる生徒に対して，作文や「苦しむ会」などを通して思いを語る場をつくりだす支援，つねにケース会議を開くシステムが働いていることである。しかし，こうした

対応を行う生活にあってもその生徒の生きづらさは継続する。先に紹介したように，ことあるごとに「問題行動」を示す。その意味では，困難さが続くケースだ。しかし，この事例で教師はこの生徒の「友だちのことを分析し理解する力」を発見していく。そして事実「出る杭は打たれる」を意識して前面に出ようとしない同じクラスの女子に対してその生徒は働きかけ，合唱コンクールではリーダーとなり，「その生徒が一緒にリーダーとして頑張ったから」と消極的だった女子生徒は自らもリーダーとして活動に参加するようになる。そして，いろいろな課題を持つその女子生徒は教師の周りに集まり，家族のことを語る生活をつくりだしていく。

　家族問題を引きずりつつも学校においてできる支援は，この事例のように個人の課題をつねに学級の多様な層の生徒と結びつけていくことである。この記録では，家族の困難さの大きさから教師が介入を避けることは教師によるネグレクトだと指摘しているように，あきらめずに教師の立場から介入の在り方を模索する姿勢が，支援困難なケースに挑む基本だといえよう。

4　困難な課題を持つ青年への支援

（1）青年期の「ひきこもり」への支援

　最後に，学校時代とともに青年期を社会の中で生きようとすることに困難さを抱える事例から本章の課題を考えてみたい。その一つは「ひきこもり」の青年の課題であり，もう一つは特別支援学校等を卒業してなお社会に出にくい青年たちの課題である。いずれもその困難さは，当事者の自己責任ではない。社会から逃げて籠らずに生活することがあたりまえ，そして支援学校を卒業すれば働くことがあたりまえという社会の側の眼差しが，こうした青年たちの困難さを生みだしている。

　今日では「何度でもやりなおせる」という趣旨でひきこもりの課題が広く問われるようになってきた（漆葉・青木・藤本，2017）。その提起の一つに，ひきこもっていた中学生に人形劇を通して社会への参加のきっかけをつくった取り

148

組みがある（南，2017）。そこではこの活動に「できればきてほしいけど，無理はしなくていい」というゆるやかさが強調されている。絶対に来なくてはという抑圧，そして，来なくていいという突き放し感はなく，ゆるやかな信頼関係を紡ぐ意味が提起されている。本章が課題にしている取り組みに求められる常套句として挙げられるのが「共感」「自己肯定」の大切さだ。しかし，その大切さを支援する側がどう意味づけているのか。この事例では，たんにひきこもりの生徒への人形劇活動の取り組みというよりも，「障害のある子どもに人形劇を」という発想を持つことから，困難さを生きる存在への信頼とその裏にある要求（文化の世界に参加することを信頼して促す）の確かさがある。その確かさが，「ゆるやかな信頼」という支援のポリシーを生みだしている。

　次に「ひきこもり」の事例として取り上げるのは，その体験から支援者に立場を変え，そこにおける支援の困難さに向き合う記録である（鴻原，2016）。この青年は，中学校のときに不登校になり，その後，高等学校に進学するが通学できなくなり，ひきこもるようになり，それは4年間続く。その状態から抜け出す過程が記録に綴られている。ひきこもりに対して，「安心と信頼のある関係」をつくろうとする支援者の姿勢，その支援者のペースで促されることが，逆に自己否定を感じさせるようになる。それでも相談機関の職員の姿勢により安心と信頼のある関係が培われ，そして食事やドライブ等を通して少しずつ経験を増やしていった。その後この青年は縁あって「共同作業所」での支援者となり，ひきこもりの青年を支援する立場になる。しかし，そこでは「支援者としてリードする存在でなくてはならない」と自分を縛るようになる。そこで先輩からの「ここでは何もできない存在も必要」という言葉に励まされる。そして，支援者として働くとともに学齢期を越えた青年のサークル活動を通して人に頼られ，人の中で役割を担える経験を通して，サークルの仲間が友人になるまでの過程が自分の成長にとっての重要な契機として特徴づけられている。

　この青年の自立の過程には，先に紹介した人形劇を通した支援と同様に，支援する側を「人」として信頼する意義が示されている。この青年は立場を変えて，先に述べたように，ひきこもりの青年を支援する側に回るのだが，そこに

困難さが待ち受けていた。それは当事者としての体験から気持ちを共有できるという考えをくじかれた青年の，自分との闘いの過程であった。

　こうして支援困難に陥るのだが，そこを乗り越えることができたのはなぜか。記録では，あらためて不登校の時期から大学に進学したあとの体験までが振り返られている。不登校の時期には年齢の課題に到達できない自分へのこだわり，そして28歳になって通い出した大学での生活では，年齢不相応の自分へのこだわりである。大学ではそのことが課題となり出校できなくなる。こうした自己へのこだわりを降ろしていくことが支援者としての自分には必要であることに気づいていく。「自分を受け止められない者が他人を受け止められる訳がない」との思いに至る。そして，先に指摘した先輩の指導員からの言葉がその青年には届いていく。

　この事例には一方では「こだわり」からの解放という自立の課題の意味が示唆されるとともに，他方では，支援の当事者になるとは何かが見てとれる。ひきこもりの当事者だから，スムーズにひきこもりの青年を支援する側の当事者になれるわけではない。また「こだわり」から降りると言いつつ，こだわる自分を否定しているわけではない。ひきこもり体験から得た教訓を生かして支援の当事者になりゆく過程を体験した点にこの事例の意義がある。こだわる生活を否定するのではなく，その生活を相対化できる生活——それは先輩の助言により支えられていた支援困難な自己を見つめ直す契機になっている。支援困難な場面や事例を克服する過程を支えるバネになるのは，支援する側が生活してきた自己を相対化することである。その過程を紡ぐことのできる環境（人とのつながり）がなくてはならない。

（2）学校卒業後の学びの場における自立支援

　18歳までの学齢期を経て，それ以降は青年期に至る移行の時期である。そして学校から社会生活への移行の時期である。本章が課題にしてきた支援困難な子どもたちにとっては，15歳から18歳までの高等学校だけではなく，社会に出ていく段階においても自立に向けての丁寧な支援が求められる。

第8章　思春期・青年期における困難事例の理解と支援

　しかし，18歳までの生活で家族や学校で抑圧されてきた環境から社会生活の自立に向かうには相当の困難さがある。それはたんに当事者にとっての困難さというだけではなく，こうした困難さをフォローする制度の貧困さという困難さである。しかし，この10年の間に全国で困難さのある18歳以降の青年が自立に向かう力を育てようとする場づくりが盛んになされてきた。それは障害者の「生涯発達」を支援する運動と研究として展開するまでになってきた（全国障がい者生涯学習支援研究会，2017）。以下，A地方のB市における福祉型専攻科C（以下「学びの場」とする）での担当者からの聴き取りの事例をもとに，支援困難な青年の実像とその支援の在り方を考える（なお以下の事例については，担当者から当事者に連絡して情報を公開することの同意を得ているものである）。

　第一の事例のD氏は，軽度の知的障害とASDを併せ持つ20代の男性である。高校を卒業したが，精神的状態が不安定で入院をするがトラブルを起こして退院，関係者の情報で「学びの場」に入学する。当初はキレやすく，自分より目立つ人に対して許せず暴力をふるう，反省はするもののこうした状態は繰り返された。

　この事例について担当者が注目したのは第一に男性同士の交流である。高校までの生活で親からの虐待が続き，極度の人間不信を抱えたD氏にとって居場所をつくることが困難で，先に述べたような暴力をふるう生活が繰り返されてきた。担当者は，虐待を体験してきた生活は，他者との関係の取り方が困難で，それが暴力などの行動に出ているという。

　そんな中で「学びの場」に入学してきたD氏に対して職員が男性同士の交流の場を意識的に設定し，そこでの交わりがD氏に一定程度安定した状態をつくりだした。もちろんトラブルは繰り返されたが，卒業前には男友だちとの交流で安定していった。このような交流の場を体験することによってこの「学びの場」の2年間は，「自分を出す」ことを保障したのだと担当者は指摘している。しかし，担当者は困難さのある青年が自立に向かう「自分づくり」の支援までにはなかなか至っていないのが課題だという。「学びの場」が2年間と限定されている制度の実態が支援の困難さをつくり出している。しかし，「自分の名

151

前を変えたい」とまで言ってきたD氏にとって，自分をつくるための前の段階として「自分を出せる」場としてのこの「学びの場」，そして男性同士の交流の場の意義は大きいことが伺えよう。

　また，この「学びの場」だけではなく2年間に病院のケースワーカーや相談支援専門員との連携が取れて，D氏は多様な相談を体験することができた。担当者によれば，この体験によって「サービスを受けることを受容する力が形成された」という。「学びの場」がこうしたサービスのシステムをつなぐ役割を持ち，それが困難さを抱えつつ，それを支援してくれるシステムを受け止めて生活する力をD氏に育てている。D氏は現在，作業所に毎週3回程度通い，一人で生活している。そしてこの「学びの場」とも連絡が取れている。このように卒業後も困難な課題を持つ青年がいつも立ち返ることのできる「拠り所」の役割を「学びの場」は果たしている。

　第二の事例のE氏は，小学校・中学校ともに地域の学校に通い，高校は特別支援学校に在籍してきた女性である。卒業後は作業所に通うがそこで継続して通所することが困難となる。そこで紹介されてこの「学びの場」に入学してきた。担当者によれば，E氏には自分の世界がいつもあって，現実の世界になかなか戻ってくることができない生活が続いていた。「学びの場」に通ってくるのだが，いつも定位置（玄関先）でじっとしている状態で，誰かが声をかけてくれるのを待っている姿がよく見られた。担当者はそれを「エネルギーが内に籠っている」と表現した。

　この事例に対して，担当者が重視したのは，先に述べた状態にはあえて介入せず，「学びの場」でのカリキュラムの一つであるゼミ的な活動を設定することだった。そこではたとえば，東日本大震災のことを丁寧に調べて発表し，また仲間に震災についてのアンケートを実施したりして活躍する姿を見せた。こうした活動のためのミーティングでは仲間に対して歌を披露して場を盛り上げるなどの姿を見せるようになる。この事例についても，担当者は「学びの場」が「自分を出すための2年間」だったと指摘している。そのためには職員が徹底してE氏の声を聴く姿勢を持つことがポイントだったという。いつも定位置

第8章　思春期・青年期における困難事例の理解と支援

にいるE氏に張り付いて聴き取る職員のことをE氏は信頼し，それが「自分を出す」重要な要因になったという。E氏は現在在宅の生活だが，これからもこの「学びの場」とは連絡が取れて相談できる状態にある。ここでも先のD氏と同様に，「学びの場」とそこでの支援体制が，青年が自立に向かうための拠り所としての意義を持っている。

　以上，二つの事例を考察したが，18歳以降の「学びの場」で見せる青年たちの発達の課題は，それまでの生活史の中で背負ってきた困難さによるところが大きい。それだけにこうした「学びの場」の取り組みとそれまでの少年期・思春期までの実践の在り方とがつながり，トータルに支援するための制度的な枠組みをつくることが求められている。

付記

本章の内容は，平成29年度中部大学特別研究費（課題番号28IL14A）による研究成果の一部である。

〈文　献〉

別府悦子　2013　中学校の特別支援教育における教師の指導困難とコンサルテーション　障害者問題研究，**40**(4)，261-271.

井原美香子　2008　中学生の自立と向きあう――久志とけい子　湯浅恭正（編）困っている子と集団づくり　クリエイツかもがわ　pp. 90-115.

井上達夫　2017　自由の秩序――リベラリズム法哲学講義　岩波書店　pp. 178-179.

兼田幸　2017　支え合いながら自立に向かって――絵里子と歩んだ二年間　生活指導，**730**，34-41.

鴻原崇之　2016　私の"ひきこもり"と支援への思い――被支援者から支援者へ　生活指導研究，**33**，37-44.

京都ひきこもりと不登校の家族会ノンラベル（編）　2006　どう関わる？　思春期・青年期のアスペルガー障害　かもがわ出版

南寿樹　2017　人形劇を通して社会へのきっかけをつかんだ修二くん　漆葉成彦・青木道忠・藤本文朗（編）　何度でもやりなおせる　クリエイツかもがわ　pp. 125-139.

中村牧男・高木安夫・田中朋・福田敦志・舩越勝　2005　ゆきづまる中学校実

践をきりひらく　クリエイツかもがわ

波田みなみ　2015　実践記録 龍と大介がいた三年間　照本祥敬・加納昌美（編著）　生活指導と学級集団づくり　中学校　高文研　pp. 172-190.

大久保哲夫　1985　青年期における障害者教育の課題　障害者問題研究，**41**，2-12.

佐山喜作・寺内礼（編）　1981　子育ての心理学　労働旬報社

高橋紗都・高橋尚美　2008　うわわ手帳と私のアスペルガー症候群　クリエイツかもがわ

田村和宏・玉村公二彦・中村隆一（編）　2017　発達のひかりは時代に充ちたか？　クリエイツかもがわ

漆葉成彦・青木道忠・藤本文朗（編）　2017　何度でもやりなおせる　クリエイツかもがわ

湯浅恭正・越野和之・大阪教育文化センター（編）　2011　子どものすがたとねがいをみんなで　クリエイツかもがわ

全国障がい者生涯学習支援研究会（編）　2017　障がい者生涯学習支援研究　創刊号

第9章　強度行動障害者の困難事例の理解と支援
——障害者施設での実践

別府悦子・藤井美和・別府　哲

1　障害者施設で生活する人たちと支援

（1）「この子らを世の光に」——発達保障の理念

　2016年7月26日に神奈川県相模原市で障害者施設の元職員が障害者入所施設の利用者19人を刺殺，27人に重軽傷を負わせるという，痛ましい事件が起こった。

　かつて滋賀県の障害者施設近江学園園長であった糸賀一雄は，「謙虚な心情に支えられた精神薄弱な（筆者注：糸賀の言葉のママ）人びとのあゆみは，どんなに遅々としていても，その存在そのものから世の中を明るくする光がでるのである。単純に私たちはそう考える。精神薄弱な人びとが放つ光は，まだ世を照らしてはいない。…（中略）…しかし私たちは，この人たちの放つ光を光としてうけとめる人びとの数を，この世にふやしてきた。…（中略）…人間のほんとうの平等と自由は，この光を光としてお互いに認めあうところにはじめて成り立つということにも，少しずつ気づきはじめてきた」（糸賀一雄著作集刊行会，1982）とし，「この子らを世の光に」という言葉を残してこの世を去った。

　一人ひとりが光り輝く存在であり，「障害」を抱えた人とそうでない人がともに生きることのできる社会こそ「豊かな社会」であると主張したのである。そして，近江学園の実践の中で，「重症心身障害児も普通児（筆者注：引用文のママ）と同じ発達の道を通り，どんなにわずかでもその質的転換期の中で豊か

さをつくるのだということ，治療や指導はそれへの働きかけで，その評価が指導者との間に発達的共感を呼びおこし，次の指導技術を呼びおこし，すべての人の発達保障の基盤が生まれてくる」とした（京極，2001）。こうした糸賀の理念を受け継ぎ，全国各地の障害者施設では，必ずしも十分とは言えない条件の中で，一人ひとりの命と発達を尊重し実践が進められている。こうした支援者の第一線の労苦を心に留めながら，2016年の事件を風化させてはいけないと考える。

（2）障害者施設における支援

さて，障害者施設（行政上は障害者支援施設）とは，2013年に制定された障害者総合支援法第5条の11によると，「障害者につき，施設入所支援を行うとともに，施設入所支援以外の施設障害福祉サービスを行う施設」と定められている。その中では，表9-1のように，障害者に対して夜間から早朝にかけて「施設入所支援」を提供するとともに，昼間は「生活介護」などの「日中活動系サービス（昼間実施サービス）」が行われている。

表9-1にある障害福祉サービスのうち，施設のサービスは，昼のサービス（日中活動事業）と夜のサービス（居住支援事業）に分かれており，利用者がサービスの組み合わせを選択するようになっている。また，事業を利用する際には，利用者一人ひとりの個別支援計画が作成され，利用目的にあわせサービスが提供されるという名目になっている。たとえば，常時介護が必要な人は，日中活動の生活介護と，住まいの場として施設入所支援を組み合わせて利用するなどである。また，地域生活に移行した場合も，日中は生活介護を利用する，など計画にそって利用サービスを選択するという仕組みになっている。

（3）激しい行動障害の困難と支援

このような障害者支援施設の実践の困難性の一つは，「強度行動障害」および激しい問題行動への対応である。

強度行動障害は1993年から厚生労働省が示している「強度行動障害判定基準表」または「行動援護の判定基準表」に基づいて判定されている。中身として，

第9章　強度行動障害者の困難事例の理解と支援

表9-1　障害者総合支援法に基づく障害福祉サービスの内容

居宅介護	居宅において，入浴，排せつ及び食事等の介護，調理，洗濯及び掃除等の家事並びに生活等に関する相談及び助言，その他の生活全般にわたる援助を行う。
重度訪問介護	重度の肢体不自由者又は重度の知的障害若しくは精神障害により行動上著しい困難を有する障害者であって，常時介護を要する方に，居宅において，入浴，排せつ及び食事等の介護，調理，洗濯及び掃除等の家事並びに生活等に関する相談及び助言その他の生活全般にわたる援助並びに外出時における移動中の介護を総合的に行う。
同行援護	視覚障害により，移動に著しい困難を有する障害者等につき，外出時において，当該障害者等に同行し，移動に必要な情報を提供するとともに，移動の援護，排せつ及び食事等の介護その他の当該障害者等が外出する際に必要な援助を適切かつ効果的に行う。
行動援護	障害者等が行動する際に生じ得る危険を回避するために必要な援護，外出時における移動中の介護，排せつ及び食事等の介護，その他行動する際に必要な援助を行う。
療養介護	病院において機能訓練，療養上の管理，看護，医学的管理の下における介護，日常生活上の世話その他必要な医療を要する障害者であって常時介護を要するものにつき，主として昼間において，病院において行われる機能訓練，療養上の管理，看護，医学的管理の下における介護及び日常生活上の世話を行う。また，療養介護のうち医療に係るものを療養介護医療として提供する。
生活介護	障害者支援施設その他の以下に掲げる便宜を適切に供与することができる施設において，入浴，排せつ及び食事等の介護，創作的活動又は生産活動の機会の提供その他必要な援助を要する障害者であって，常時介護を要するものにつき，主として昼間において，入浴，排せつ及び食事等の介護，調理，洗濯及び掃除等の家事並びに生活等に関する相談及び助言その他の必要な日常生活上の支援，創作的活動又は生産活動の機会の提供その他の身体機能又は生活能力の向上のために必要な支援を行う。
短期入所（ショートステイ）	居宅においてその介護を行う者の疾病その他の理由により，障害者支援施設，児童福祉施設その他の以下に掲げる便宜を適切に行うことができる施設等への短期間の入所を必要とする障害者等につき，当該施設に短期間の入所をさせ，入浴，排せつ及び食事その他の必要な支援を行う。
重度障害者等包括支援	重度の障害者等に対し，居宅介護，重度訪問介護，同行援護，行動援護，生活介護，短期入所，自立訓練，就労移行支援，就労継続支援及び共同生活援助を包括的に提供する。
施設入所支援	施設に入所する障害者につき，主として夜間において，入浴，排せつ及び食事等の介護，生活等に関する相談及び助言，その他の必要な日常生活上の支援を行う。
自立訓練（機能訓練）	身体障害を有する障害者につき，障害者支援施設若しくはサービス事業所に通わせ，当該障害者支援施設若しくはサービス事業所において，又は当該障害者の居宅を訪問することによって，理学療法，作業療法その他必要なリハビリテーション，生活等に関する相談及び助言その他の必要な支援を行う。
自立訓練（生活訓練）	知的障害又は精神障害を有する障害者につき，障害者支援施設若しくはサービス事業所に通わせ，当該障害者支援施設若しくはサービス事業所において，又は当該障害者の居宅を訪問することによって，入浴，排せつ及び食事等に関する自立した日常生活を営むために必要な訓練，生活等に関する相談及び助言，その他の必要な支援を行う。

157

宿泊型自立訓練	知的障害又は精神障害を有する障害者につき，居室その他の設備を利用させるとともに，家事等の日常生活能力を向上させるための支援，生活等に関する相談及び助言その他の必要な支援を行う。
就労移行支援	就労を希望する65歳未満の障害者であって，通常の事業所に雇用されることが可能と見込まれる者につき，生産活動，職場体験その他の活動の機会の提供その他の就労に必要な知識及び能力の向上のために必要な訓練，求職活動に関する支援，その適性に応じた職場の開拓，就職後における職場への定着のために必要な相談，その他の必要な支援を行う。
就労継続支援A型（雇用型）	企業等に就労することが困難な者につき，雇用契約に基づき，継続的に就労することが可能な65歳未満の者に対し，生産活動その他の活動の機会の提供，その他の就労に必要な知識及び能力の向上のために必要な訓練，その他の必要な支援を行う。
就労継続支援B型（非雇用型）	通常の事業所に雇用されることが困難な障害者のうち，通常の事業所に雇用されていた障害者であって，その年齢，心身の状態その他の事情により，引き続き当該事業所に雇用されることが困難となった者，就労移行支援によっても通常の事業所に雇用されるに至らなかった者，その他の通常の事業所に雇用されることが困難な者につき，生産活動その他の活動の機会の提供，その他の就労に必要な知識及び能力の向上のために必要な訓練，その他の必要な支援を行う。
共同生活援助（グループホーム）	地域で共同生活を営むのに支障のない障害者につき，主として夜間において，共同生活を営むべき住居において相談，入浴，排せつ，食事の介護その他の日常生活上の援助を行う。

（出所）厚生労働省ホームページ「障害福祉サービスの内容」をもとに筆者作成 https://www.mhlw.go.jp/stf/seisakunitsuite/bunya/hukushi_kaigo/shougaishahukushi/service/naiyou.html（2018年4月15日閲覧）

「ひどい自傷」「強い他傷」「激しいこだわり」などの11項目について，1日に起こる頻度から点数化され，10点以上の場合に評定される。たとえば，直接的他害（嚙みつき，頭つきなど）や間接的他害（睡眠の乱れ，同一性の保持など），自傷行為などが，通常考えられない頻度と形式で出現し，その養育環境では著しく処遇が困難であることが定義されている。

　こうした著しい自傷や他害，物壊しなどの激しい行動障害がある障害児・者の養育に家族が困難を抱え入所する場合もある。処遇困難である事例ほど，それに対応する職員は自己有能感を低下させ，それがさらに適切な処遇を難しくする悪循環の存在が指摘されている（細渕，2005）。その支援に困難を伴い，職員がバーンアウトに陥る場合も少なくない。自治体ではその対応として職員配置への補助や研修事業などを予算化しているが，あわせて医療的診断・ケアなどの他職種との連携も欠かせない。

第 9 章　強度行動障害者の困難事例の理解と支援

その一つとして，対応方法を助言するコンサルテーションが行われており，筆者たちも障害者施設に出向いたアウトリーチ型の臨床活動を行っている（別府・別府，2014）。そこでは，コンサルタント（助言など間接支援を行う者）が職員（コンサルティ）の自己有能感を高めるプロセスを組み込んだ形で行うことが重要である。その際，事例の発達や行動理解を共有することが，指導のあり方をコンサルティ自身が考え工夫する基盤を提供することにもなる。具体的な指導方法の提示も必要であるが，職員の実践の困難性の背景を共有し，事例の発達的理解に焦点化することによって指導の見通しをもてるような支援を行うことが，コンサルティやその集団の自己有能感を高めることにもつながると考える。

　ここでは，そういう視点から一つの施設の事例をもとに，強度行動障害を呈している青年・成人障害者への発達支援について考える。

2　行動障害の人たちの実践事例から支援について考える

（1）実践の対象施設と対象の人たち

　実践報告の対象にしたのは，障害者総合支援法に基づく障害者施設「いぶき」である。表9-1の中では，介護給付型の生活介護事業所，就労継続支援 A 型，グループホームなどの複合施設を抱えている。もとは一人の障害者の家族と関係者が廃品回収などを行って共同作業所の運営に当たっていたが，地域の父母や関係者が障害者の自立と社会参加を願って資金活動を行い，法人資格を取得し，現在の施設に拡充している。

　ここでは日中支援を行っている生活介護のうち，一つのグループ J の実践を取り上げた。J グループの中には14名の成人障害者が在籍している。男性 7 名（うち車椅子 1 名），女性 7 名（うち車椅子 3 名）の合計14名，職員は正規職員 3 名，非常勤 3 名の合計 6 名のグループである。職員も入職 1 ～ 2 年目の若い職員，非常勤職員が中心になっている。14名の仲間たちは，身体障害の程度が重度であったり，知的障害の程度は軽度で電動車椅子を利用し，パソコンも利

159

用できるような人，自閉スペクトラム症（ASD）の特性が強い人，話し言葉を発することが困難である人など，障害の程度や状況の幅広い人たちが在籍している。

　ここでは，保護者や当事者の掲載許可が得られ，また，実践を考察していく上でキイパーソンとなる人について報告する。この人たちは個性的で素敵な面もたくさんあるが，ここでは行動障害への対応を中心に記述するため，職員から見た対応困難な行動とそれへの対応を中心に述べる。また，施設が大事にしている「仲間」という記述を使うが，人と記しているところもある。

　一人は，Aさん。20代の女性である。特別支援学校高等部を卒業後入所した。ASD があり，先に何が起こるかについて見通すことに対しての不安が強い傾向にある。そのため，給食の献立表を使いながら行事や施設が休みの日を示すようにしている。食事に対する偏食や過食があり，給食の苦手なメニューを見ると，イライラすることも多い。また，大きな音，動物，野菜，暑さなどに過敏で，こうした苦手なものや嫌いなものに対して不安や恐怖，イライラが募り，それが高じると，自傷行為（手を噛む，頭・お腹を叩く），他害行動（近くにいる人・物に噛みつく，叩く，その場で倒れこみ，暴れる）が見られる。しかし，人と一緒にいることは好きで，男女関係なく過度なスキンシップを求めてくることがある。Aさんは体格も大きく，力も強い。

　二人目はBさん，30代の男性である。てんかんの持病があり，疲労時に発作があるので，疲れているときは座ることを促している。周りの大人に話しかけて応答してもらえると，もっと話したいという要求が高まる。これがかなり頻繁にあるので，職員の対応としてはさらっと受け流すことにしているが，対応に苦慮することも多い。Bさんも比較的体格が大きく，介助に力を要する。

　三人目はCさん，30代の男性である。パニック時建物からとっさに飛び出すことがあり，事故など危険なことにならないよう，気をつけている。また，パニックのときには気分が高揚して行動が激しくなるため，必要以上に声をかけないよう，対応している。インターネットや電話へのこだわりも強くなかなか止められないこともある。

他に，自分が決めたことができないとき，職員を蹴ったり，押すことが見られたり，注意されるとつばを吐きかけることのあるDさん（男性），気になると，エアコン，スイッチ，デッキなどを壊す可能性のあるEさん（男性）も同じグループである。Eさんには基本的にそうした機械類には触らないでもらうように注意し，紙に何か書いてほしいといったときは担当職員に連絡するようにしている。また，Fさん（男性）は一人で屋外や他の作業室，洗濯機のある場所に行ってしまうとき，戻るように繰り返し指示されると壁や窓を叩いたり，指示した人を壁におしつけることがある。力が強いため，しばらくそっとしていると落ち着いてくる。

（2）施設の生活スケジュール

生活支援を考えていく上で，施設の日中の生活の流れやスケジュールの特徴を明らかにすることが重要である。以下に，仲間のエピソードも交えて示す。

朝に仲間がそろう前の一騒動

仲間が出勤する9時半には，職員は今日一日の動き，担当を確認する。まず，グループホームに入所しているBさんが一番に出勤してくる。自分の席に行き，カバンから荷物を取り出し片づける。使う必要のないものも毎日カバン一杯に詰め込んで出勤し，またカバンにしまって帰るのである。そのため毎日たくさんの物をカバンに入れて持ち歩くようである。

次々と送迎車が到着し，トイレに行く人，ロッカーに片づけをする人など，部屋はだんだん賑やかになる。Dさんは行動の切り替えが苦手で，きっかけがつかめないといつまでも玄関から動けない。人が多くても動けない。そのため結局いつも20分近く玄関にいることが多い。

Fさんは，靴へのこだわりが強く，ほぼ毎日母親に新しい靴を買ってもらっている。そのため，毎日いろんな靴を履いてくる。実習生，見学者など普段目にしない人がいるときは，別の建物にも行って靴の確認をする。好きな職員が休みだと，上履きが下駄箱に入ったままになっているため，ときにその靴を隠したり，場所を変えたりといたずらすることもある。車のリフトも好きなので，

リフト車，工事の車などがいるとそこから動けないこともある。そのため，一時期は頻繁に別の建物の玄関等に居座っていた。そのたびに迎えに行ってもなかなか帰って来ることがなく，そのうち他の仲間とケンカになり，再び迎えに行くなどを繰り返していた。しばらくは本人の確認したいものを一緒に見て，納得したら戻るというやり方に変えたところ，自然と施設の玄関にいることが増えた。

　このように朝の始まりの前にも一騒動のあることが多い。大体全員の仲間がそろうころを目安に声をかけ，全員でラジオ体操を行う。運動してほしいという思いもあるが，体操することが目的というよりは，朝の始まりをみんなで一緒に意識したいという思いからこのラジオ体操を始めた。

　しかし，みんなが揃うと，トラブルは起きやすくなる。Ｂさんは，調子が悪いとラジオ体操に出てくることなく，自分の席で黙々と仕事をしている。これは，怒っていることをアピールしているようにもみえ，放っておけば済むことも多いが，あえて声をかけるようにしている。以前は，みんなで決めたルールなので，「なぜそれに従わないのか」と注意していたが，今は「やらないの？どうして？」と，まず本人に理由を聞いてから，体操はやったほうがよいということを伝えるようにしている。そうすると，参加することもある。

午前と午後の活動

　午前の活動は①散歩，②パソコン操作，③紙粘土状のもので作った張子作りと，大きく３グループに分かれている。同じ散歩でも，仲間同士の相性の問題があるため，全員一緒には散歩に行けないことも多い。午後は，①ポン菓子というお菓子作り，②パソコン操作，張子作り，③「道の駅」等の店への納品作業，と大きく三つに分かれる。職員の休みや，人事異動等があることなども考慮して，どこでも，どの仲間でも担当できるようにできるだけ順番に担当している。しかし，半数が非常勤職員で，車の運転を行いながら，暴力を振るう可能性のある人に対応しなければならないなど，十分な体制をとれないことが多い。ポン菓子の製造販売がまだ軌道に乗っておらず仕事量が少ないという事情があり，約半数はその間散歩に出かける。こうした中，車椅子を使用している

162

人と体力のない残りの半数の人は室内で先に述べた仕事を行っている。この半数の人が部屋にいないことで，比較的静かに仕事ができる時間帯でもある。

昼食時も大騒動

　午後12時ごろに，散歩の仲間も帰ってきて，昼食になる。以前は，職員が昼食をテーブルに配膳している最中でも，車椅子の仲間たちは自分の食事がセットされるとさっさと自分の席について食べ始めていた。早く食べ終えて，休み時間を長く確保したかったのだと思われる。散歩の仲間が帰ってくるころには食べ終わっているといった状態だった。これには違和感があったので，配膳を散歩の仲間が帰ってくるタイミングに合わすようにし，できるだけみんな揃って食べようという雰囲気を作る中，仲間を待つ姿が見られるようになってきた。その中で「お先に」「遅れてごめん」という会話も聞こえるようになった。Fさんは，みんなと一緒に給食が食べられない。給食を食べる前に必ずトイレに行くというこだわりもあり，トイレに行ったばかりなのに間違ってもう一度トイレに誘うと，トイレからなかなか出てこない。やっと出てきても，みんなの様子を伺ってからようやく席に着く。みんなが歯磨きを始めると，そちらが気になって食事が進まないこともある。

昼休みのトラブル

　食後の昼休みはトラブルが起きやすい時間帯である。14名が揃っているので人の声も賑やかで，騒がしくなる。これは集団が苦手な仲間にはつらい時間帯でもある。ある人が大声を出せば，その声に反応し怒り出す人もいる。ことに音刺激に過敏なAさんは声に反応して不快になることも多い。こうした様子に腹を立てる人もいれば，面白がって近づいてくる人もいる。その掛け合いがほぼ毎日である。Aさんは他害があるため一人で行動させず，付き添う職員が必要である。そうすると，職員が一人減るため，部屋の中が手薄になり，車椅子の人のトイレ介助などもできなくなってしまう。部屋の中で集団が苦手な仲間が楽しめることをやろうと，音楽をかけてダンス活動をするが，仲間たちのテンションがあがるとその声でAさんが怒るという具合であり，うまくいかないこともある。

163

トイレの介助等が落ち着くと，午後の仕事に向けて仲間たちが準備を始め，それぞれの作業に分かれるため，再び部屋は静かになる。しかし，昼休みの仲間同士のいざこざが長引くとそういうわけにはいかない。ときにはＡさんは気持ちの立て直しがうまくいかず，ソファーに寝転がったまま，顔をタオルで隠し大泣きし部屋は騒然としている。Ａさんの気持ちが落ち着く前に仕事に誘うと再び怒ることもあり，この場面転換の切り替えに要する時間が長引くことも多い。

遅れて出勤するＣさん

　Ｃさんは皆が昼食が終わり，午後の作業が始まるこの時間に出勤する。しばらくの間は給食をとっておくが，衛生上の問題もあり，ある時間で給食を片づけることになっている。給食に間に合わないとイライラすることも多い。仕事の準備をするため荷物を退けてほしい，早く食事を済ませてほしいなど，本人にとって都合の悪いことを言われるとすぐにカッとなって大声で「うるさい」「黙れ」と叫んで怒ることもよく見られる。最近はほんのちょっとした気に入らない言葉に反応し，大声を出すことも多い。

　嫌なことがあると，母親を伴って出勤し何とかしてもらおうとすることもある。Ｂさんは，Ｃさんと年齢が近いこともあり，Ｃさんのことをライバル視している。Ｃさんが職員と楽しく会話しているのが気に入らないため，「うるさい」「遅刻するくせに」と，怒り出すこともある。しかし，Ｃさんは，Ｂさんのことを相手にしないため，Ｂさんはますます怒り出すという具合である。このような場面に遭遇した他の仲間たちも自然と声を殺し，静かに作業を行っているように見える。仕事の時間なので，静かに集中して行えばよいのだが，Ｂさんがいないときはみんながほっとした様子で楽しそうに仕事をしているのを見ると，これでいいのだろうかと職員は課題を感じている。同じようにトラブルをさけるために給食時間も喋らずに食べるように促しており，部屋の中が静まり返っていることも課題である。

帰り支度と次の日への願い

　帰り支度が始まる15時すぎには，再び慌ただしくなる。トイレや，玄関が混

みだし，タイミングを逃すとBさんは，「帰らない」とアピールすることもある。

　こうして施設の一日が終わる。しかし，家に帰るまでに仲間との間で，家に帰ってから家族との間で，ふたたびトラブルが生じたり，生活のこだわりに家族が奔走されることもあり，今日も穏やかに過ごしてほしいと職員は願いつつ，見送っている。

3　実践の試行錯誤と職員の願い

　毎日，こうした騒動の連続ではあるが，Jグループの部屋ができ，比較的落ち着いてくるようになった。しかしここまでには，試行錯誤の経過があった。その間，職員の健康問題や異動も抱え，施設全体の取り組みを考え直さなければならないような深刻な事態も起こった。ここでは，障害者施設の実態を反映していると思われる，そうした事例を紹介する。

（1）様々なトラブルとその原因

　それまで施設では，ある程度安定した既存のグループの中で特別支援学校を卒業した新しい仲間を受け入れてきた。しかし，制度の変更で施設事業も多岐にわたるようになったころから変化が起きる。生活施設ができ，職員体制もグループ編成も変更を余儀なくされた。また，作業内容も，いわゆる業者の下請け作業ではなく製菓や布製品などの新しい商品開発に取り組み始めた。そのような新しい変化に伴い職員も仲間もともに安定せず，様々なトラブルや事故が相次いだことで，職員の退職や休職も続くという深刻な事態となった。

トラブル続出

　問題はすぐに起き始めた。菓子（団子作り）班では，Bさんが毎日のように発作を起こし，倒れ，失禁を繰り返した。ときには救急車を呼ぶこともあった。後に病院で検査の結果，「疑似発作」と判明した。そのため，職員の対応が今までと異なり，（疑似）発作に対し過度に反応しなくなったことで，自分の思うようにいかない際に部屋を飛び出したり物を投げたりし始めた。また，Cさ

んは送迎車に間に合わないなど時間通りにことが運ばないことからプレッシャーを受け，人から注意を受けるたびにパニックを起こし，施設から飛び出したり家庭では自分の知っているところに片っ端から電話をかける等の行動が激しくなっていった。

　このころＡさんが入所する。入所したばかりのＡさんは，慣れない環境のためか，他の仲間や職員への他害を頻繁に起こした。そこで，小さな休憩スペースをＡさん用の部屋にし，暴れるとその部屋に移動した。そこで，しばらく大の字で横になっていることが多かった。仲間に対しても手が出たり，何度も噛む等けがを負わせることもあったため，けがをした人の保護者からグループを変えてほしいと苦情がくることもあった。

何でも受け入れていた

　このころは，Ａさんが暴れて，職員を噛んでも，手を噛まれたまま「よしよし辛かったね」と擁護したり，機嫌がよいときに職員に抱きつくのを受け入れていた。また，Ｃさんが何時に出勤しようと自由で，好きな時間に給食を食べ，好きなタイミングに仕事に入ってもそのままの状態だった。Ｂさんは，今まで長くかかわってきた職員が，暴言が出始めたら，暴力に至る前に物（シール，小物，かわいい紙袋など）を与えるなどの対応で場面を切り替えることも多かった。

　しかし，そのような「仕方がない」と，好ましくない行動を認め放任しているような状態ではいけないと職員間で話し合い，「ダメなものはダメ」と，ストレートに仲間たちに伝えることになった。しかし，問題はよけいに悪化していった。うまくいかなかった原因として，職員と仲間との関係性ができていないこともあったが，仲間への理解に欠けていたとも職員は述懐している。仲間の問題行動の意味をよく理解し，その辛さや苦しみを理解した上で，「でも，これはダメ」ということを，伝わるように伝えることが大切だということを確認した。

（2）トラブルへの対応

仲間との接触を減らす

　Aさんが入所2年目になったころ，Aさんは，菓子の製造グループからJグループの所属となった。この新しいグループで仕事を模索しながら，草木染の材料となる葉っぱちぎりなどの作業を行った。そのため，Jグループの部屋の一角にAさんがパニックになったときに落ち着けるスペースとしてソファーを置いたり，ロッカーで場所を区切り，他の仲間と距離を置いた場所で仕事をするようにした。また，移動する際には両脇に職員がつき，他の仲間と接触しないようにした。

パーテーションで区切られた中での作業

　Jグループの中でも仲間の障害の程度や介助の内容によって，四つの班が設定されていたため，職員も分散されていた。各グループでそれぞれ問題を抱えていることから連携も難しく，Aさんが新たにメンバーとして加わったことで，さらに困難を抱えることになった。トラブルや事故も相次ぎ，リーダーとなる職員が体調を崩して休職することにもなった。現状を取り戻すために，製菓作業を縮小し，そのための職員配置が見直され，とりあえず大きな問題が起きることはなくなりしばらく落ち着き始めていた。

　このころのJグループは，部屋の仕切り内で車椅子の仲間がパソコン作業をしていた。仕切りの外では個別にパーテーションで区切られた中，それぞれの机で作業を行うようにしていた。室内でずっと同じ作業をすることが苦手な人たちは非常勤職員とともに草木染で使用する草木を採りに外へ出かけることが主になっていた。このように，落ち着きを取り戻すために，班ごと，あるいは個別に区切られた空間の中で，それぞれの人が作業や生活を送るようにしていた。Aさんを刺激しないことも目的の一つであった。

（3）仲間とのかかわりを大切にする

対応の見直し——集団を大切にした取り組み

　このようにJグループは，落ち着きを取り戻し始めていた。しかし，個別に

仕切られた空間でそれぞれの人が過ごすことに対し，職員の中で疑問が生じた。ASD の特性の強い人，他の仲間が気になって集中できない人などにとっては，たしかに仕切りによる自分のスペースを確保することは有効だと思われるが，施設に通う仲間たちの将来を考えたとき，いくつかの課題が考えられた。

　仲間たちは今後も誰か人の手を借りて生きていかなければならない。困ったことが上手に伝えられるようになってほしい。また，グループホームなどで親から離れて暮らすには，集団での生活をしていかなければならない。職員にも異動があり，ずっと自分を理解してくれる人がそばにいるわけではない。そのため固定された職員ではなく多様な人と仲良くなれるなど，変化にある程度対応できる力をつけてほしい。こう考えたときに部屋やパーテーションで仕切ることへの疑問が職員たちに生じた。

　しかし，突然仕切りを撤廃することは仲間にとっては刺激が強すぎるため，午前の仕事は現状通りにパーテーションで区切り，午後の仕事は大きなテーブルを 3 台使用し，それぞれ 4〜5 人が一緒のテーブルで仕事を行うことにした。その際，テーブルの場所や一緒に過ごす人の組み合わせは職員が決めた。車椅子の仲間たちは仕切りの中ではなく，皆がいる場所でパソコン作業を行い，午後は他の仲間と一緒に染めの仕事をした。どの仲間への対応もどの職員でもできるよう順に席を変え，どの作業にも職員が順番に入るようにした。

　こうした中，職員へ依存傾向のある仲間に対して様々な職員がかかわるようになり，最初は幼児がよく見せる「試し行動」のように突然赤ちゃんのように泣きじゃくる場面もあったが，冷静に対応することで見られなくなった。

みんなが同じテーブルで仕事をする

　しかし，みんなが同じテーブルで仕事をすることになり，いろんな問題が起きた。B さんは，今までもずっと一人で作業をすることが多かったが，もともとみんなとかかわりたいという思いが強いだけに，こうした集団での活動は嬉しいようであった。一緒にいるとおしゃべりがしたくなる。それを注意されると怒る。疲れて居眠りするとそばにいる仲間が知って，職員から注意されては怒る。その繰り返しが頻繁に起きた。職員はそれまで何でも許すという対応に

第9章　強度行動障害者の困難事例の理解と支援

ついて，「ダメなことはダメ」と善悪について知ってもらおうと考えていたときであった。そのため何度も激しいケンカが本人との間で起こり，周囲を巻き込んでは部屋の雰囲気を悪化させていった。

　Aさんはこのころ入所から3年目になるが，気分が高揚していると，どんな場所でもそばにいる職員にハグをするようになっていた。男性職員は拒んでいたが，女性職員は受け入れるという対応に不統一なところもあったため，全職員がハグは断るようにした。しかし，Aさんにとっては，一気に環境が変化し，周囲の仲間が落ち着かないことが増えたこともあって，パニックを起こして暴れることが再び増えた。

　このころに出身学校や主治医・心理士（本章の第三筆者）など他機関からの情報をもとに，Aさんに対しての支援の見直しをした。苦手なことを理解し，無理に強要しないこと，パニックのときに「ダメ」などの苦手ワードを言わないこと，ハグを握手で代替えするなどである。それらによってAさんは，だんだんと落ち着くことが増えていった。パニックのとき，安心できるソファーなどで横になるようにしてから，活動に復帰するまでの時間も早くなった。この状態を見て，Aさんだけみんなと少しテーブルを離していたが，同じテーブルで仕事に取り組むことにした。

　みんなが同じテーブルで過ごすことでJグループは混乱したが，次のような変化もあった。たとえばBさんに職員が注意するよりも，車椅子の仲間たちが注意した方が素直に聞けることが多い。車椅子の仲間も自分たちがそのような役割を持っていると感じて，上手にBさんへの注意を促していた。みんなと一緒に仕事をするようになってから，Bさんはグループホームでも，自室から出てきてリビングで過ごすことが増えたようであり，日中活動の経験を通し，人とかかわる楽しさ，心地よさを知り，人を求めるようになったのではないかと考えられた。

169

（4）それでも続く困難

次々に見られた荒れ──もっと自分を見てほしい

　しかし，その後の職員の異動により，Ａさんの調子が再び崩れた。職員に噛みついたり，叩いたり，怒ってその場で倒れこんだりすることが毎日のように見られた。Ａさんが少し落ち着きを見せた後，次にトラブルを起こし始めたのはＢさんだった。その次は車椅子の仲間，次は別の人といったように，まるでみんな順番を待って問題を起こしているかと思えるほど，次々に問題行動を起こした。そこでは，仲間の影響を受けながら他者の真似をしているように思えた。「〜をしたくない」「職員にそばにいてほしい」「もっとかまってほしい」，そういった訴えが，自傷や他害，物投げ，飛び出し，暴言，泣きわめく，叫ぶといった行動として現れているようであった。この時期，新人職員も多く，毎日の業務をこなすのに精一杯であった。仲間の行動に向き合い「本当の要求」にどうこたえるかよりも，目先の問題行動を収めることに日々を費やしていた。その中で，仲間たちが間違った要求の仕方を身に付け，より問題行動を増幅させていったようでもあった。仕事場所，仕事のやり方，給食場所などを一度に変更したのも失敗ではないかと考えられた。

自己決定を大事にしたい思いに対しての制約

　仲間を一人の人として尊重し，その人の自己決定を尊重することを心掛けたい。しかし，そう思ってもいろんなトラブルや課題が次から次へと起こり，それに職員も振り回されている。一つひとつ乗り越えながら続けてきたが，また別の大きな問題がすぐに起こる。とくに困難の背景には次の２点があった。

　その一つが仕事内容であった。草木染の作業自体は単純作業で，だれでも取り組めるため道具を工夫するなどして皆で取り組んできた。しかし，でき上がった製品が売れない。販売につながるクオリティの製品ができない。また，草木染の材料は季節や天候に左右され，14人分の仕事量を確保するのも大変であった。仲間の給料保障の観点からもこのまま草木染を続けていくことは難しいと考え，染めの作業をやめることにした。現在は，先述したポン菓子袋詰めなどの三つに分かれて仕事を行っている。

第9章　強度行動障害者の困難事例の理解と支援

　二つ目は，職員体制の問題である。環境も，人員も限りがあるが，安全な生活を考えたときには最低でも何らかの基準が必要である。そして，Ｊグループでは，14名を三つの班に分けているが，それぞれのリスクにきちんと対応できるようにするための体制が必要である。

（5）困難を乗り越える

仲間の変化

　4年目になり，Ａさんは特定の職員ではなく，どの職員にも安心してかかわることができ，指示や急な変更に対しても徐々に受け入れられるようになってきた。以前はパニックを起こし，倒れ込んで，担架で職員が運んだこともある避難訓練も，一緒に逃げることができるようにもなった。他の仲間と一緒に散歩に出かけたり，買い物をするなど，楽しい時間を共有することも増えてきた。パニックを起こしたときのことを考え，Ａさんを完全に一人で自由に過ごさせてはいないが，以前のように職員が隣にぴったりと付くことは減っていった。

　長い時間はかかったが，Ｂさんは「物でつる」という支援はしなくとも，自分で考え直し気持ちを切り替えることが随分とできるようになった。いろんなことを受け入れる力がつき，今まであまりかかわったことのない職員たちが対応することで混乱や戸惑いが見られていたが，徐々にいろんな職員との関係が築けるようになり，変化を見せてきた。

失敗をチームで共有して困難を乗り越える

　そうした幾度もの失敗をつねにチームで共有してきた。この4年の間にわかったことは，仲間たちにとって過ごしやすい集団の規模や数があること。そして，全員にぴったりと適合する仕事作りが難しいということである。仕事ではなく，余暇としてお金にならないものを作ることが許容されるのなら，各自にぴったり合った作業を行うことも可能であるが実際にはそうではないことも多い。しかも限られた部屋などの環境や職員数で行わなければならないことから困難さや制約があるのも事実である。

　さらに通所施設の一番の困難は，家庭生活と施設とのギャップである。こと

171

に家庭に帰ってから，様々な行動を示し，ときに家族が疲弊している状況を聞くにつけ，施設が何も対応できないもどかしさを感じることもある。家庭，施設それぞれに役割があるのだが，同じ方向を向いていかないと，お互いに辛くなることもあり，これが大きな課題である。

　たとえば，Ｃさんはパニック時の飛び出しがあったり，他者へ苦情等の電話を一方的にかけたりして，家庭が困っていた。パニックが酷かったころ，精神科に通院し薬を飲んでいたが，本人は病院が古くてトイレが使えないということを理由に病院へ行くことも拒んだ。しかし，本人が希望した医師がいたため病院側に直接依頼し，受け入れてもらうことができた。このように病院や他施設との交渉や連携，情報交換を施設側が行い，しばらくは本人，母親，施設職員も同行して一緒に通院した。本人が落ち着いてきたところで職員の同行を中止したが，母親が精神的に落ち込むようになったため，職員がまた一緒に同行するようにした。同行が母にとっての心の支えになっていたようである。この間，母親が今まで以上に本人の言いなりに動くようになっていき，Ｃさんは自分に不都合なことがあれば，どんどん大声を上げ，母親に暴言を吐き，手をあげることで母親が自分の言いなりになることを覚えていった。

　施設でＣさんに注意するとそのストレスを母親にぶつけるようになり，施設側も手を出せない状況になっていった。そんなとき，こだわって毎日のように通い詰めていたコンビニエンスストアで母親に暴言を吐き，騒動を起こす事件が起こった。そのことをきっかけに，施設長と職員で家庭に介入することになった。コンビニエンスストアにも謝罪に行き，近隣の警察に情報を伝えておいた。家庭訪問で今後母親にも暴力をふるわない，暴言を吐かないことを，警察という言葉とともに伝えたところ，本人も事の重大さを知ってその後は落ち着きを取り戻した。まだ，母親はＣさんを怒らせないように言いなりになったり，Ｃさんが些細なことで怒り始めるようなこともあるが，我慢すること，仕方がないと思えること，許せるということは，集団生活に必要な能力だとあらためて感じ，簡単なルールや決まりの中でそうした“ちょっとした我慢”や，他者に対して“許す，譲る”ことを覚えていってほしくて支援をしているところで

172

第9章　強度行動障害者の困難事例の理解と支援

ある。

　こうした中，家庭への支援で気を付けていることとして，毎日の様子は連絡ノートを利用してやり取りしているが，気になるときは家庭に電話連絡して話をするようにしている。しかし，保護者が高齢になり，介護力が落ちてきている家庭などに対しては，施設でカバーできることはフォローをしている。また，施設ではカバーしきれない部分もあるため，ヘルパー等使える地域の支援等の情報を伝え，支援につなげるようにしている。ただ，施設側から親亡き後や保護者が病気で倒れたときなどにショート・ステイを利用するなど将来のことを先走って提案すると，拒否されてしまうこともある。その伝え方やタイミング，方法を間違えるとすぐにすれ違ってしまうことも多い。考えの異なる保護者もいて，同様に考えの違う職員もいる。とくに若い職員がチームに入る場合には，各家庭，保護者に対して必要な配慮等を伝え，チームでよく考えてから支援を行うようにしている。

4　集団の中で生活経験を踏まえた支援を

　この実践から考えられたことを下記にあげる。

　一つは，落ち着いた状況で仲間が生活を送ることができる集団のあり方である。このJグループの実践では，他の仲間の存在や音などの情報の過多が原因となり不安定になり，問題行動を頻発したり，パニックになる仲間の存在があった。そして，そうした行動がまた他の人の混乱を誘発するという悪循環を起こしていた。そこで，パーテーションで区切ったり，そうした状態を引き起こす人から集団を遠ざけるような対応が取られた。

　その後しばらく落ち着きを見せたが，職員集団はそれではこの仲間たちの発達保障につながらないとし，再び集団（机を一つにするなど）の中で作業や生活をすることに転換した。

　こうした中で，再び混乱状態を招くことになったが，それでも一人ひとりの思いに寄り添い，仲間や集団から切り離すのでなく，それぞれが落ち着く場所

173

やかかわりを工夫することで対応してきた。ここに問題行動を軽減することに主眼を置くのでなく，困難を内包しつつも，人とかかわる経験の重要性，人とともに生活することの意味を尊重してきたことに，この実践の意義がある。

　また，当初はとにかく落ち着かせるための対処方法として，物でつる，何でも許してしまう，という対応も取られていたが，それに対しても発達要求に沿い誤った行動には毅然と対応するなど，議論の中で対応を一致させてきた。長い時間の試行錯誤があったが，このように当事者の思いを尊重し，チームで共有しながら取り組みを進めてきたことに意義がある。

　二つは，成人障害者たちが抱える生活の重みを踏まえることの重要性である。Bさんの行動に，車椅子の仲間から注意を受けることが効果的だということが実践の中で表されていたが，成人施設ではこうした生活経験を踏まえた実践にこそ価値があると思われる。一方で，長年の生活の中で変えられないこだわりや人との関係性における誤った学習スタイルが実践の困難性を起こしていることも否めない。「私を見て欲しい」という要求行動がエスカレートして他者に被害を与えたり，生活を混乱させたりする場合もあり，その都度職員が振り回されることも起こっていた。しかし，職員集団がとことん話し合い，相互の理解の深まりの中で，粘り強くそれに向かう支援が進められていったことから学ぶことは多い。

　一方で，施設の条件の制約が困難状況を生み出していることも否めない。職員の異動や退職，そして工賃のために購買につながる製品化を重視する作業が，仲間の発達状況とうまくかみ合わないことからくる離齬が行動障害やトラブルを引き起こし，それが生活の混乱と職員の疲弊を起こすことにもなっていた。ここに，施設実践を下支えする制度の条件向上とともに，職員待遇面の充実が求められているといえよう。

　　付記
　　本章の事例は「いぶき」の全面的なご協力のもと掲載されている。「第二いぶき」の森洋三施設長をはじめ，職員，保護者，当事者の皆様のご協力に心より感謝いたします。

〈文　献〉

別府悦子・別府哲　2014　重度知的障害のある自閉症の行動障害に対する発達
　　臨床コンサルテーションの効果──入所施設職員へのコンサルテーション
　　支援を中心に　臨床発達心理実践研究，**9**，113-119.

細淵富夫　2005　「強度行動障害」と「動く障害児」　障害者問題研究，**33**，2-9.

糸賀一雄著作集刊行会（編）　1982　糸賀一雄著作集　Ⅱ　日本放送出版協会

厚生労働省ホームページ　障害福祉サービスの内容　https://www.mhlw.go.jp/
　　stf/seisakunitsuite/bunya/hukushi_kaigo/shougaishahukushi/service/
　　naiyou.html（2018年4月15日閲覧）

京極高宣　2001　この子らを世の光に──糸賀一雄の思想と生涯　日本放送出
　　版協会

第10章 支援の困難を生み出す保育の構造的な課題
──巡回相談の現場から

田宮　縁

1 問題の所在

（1）背　景──特別支援教育の流れの中で

　1980年代ころから，障害とは診断されないものの，「ちょっと気になる」「グレーゾーン」という表現がなされ，保育や幼児教育の現場では特別な配慮が必要とされる子どもが増加しているといわれている。また，2007年4月から「特別支援教育」が学校教育法に位置付けられ，その特徴的な行動特性についてマスコミなどでも取り上げられることが多くなり，発達や障害の専門家でなくても，「ADHD」や「自閉症」といった言葉を知ることとなった。ましてやその最前線にいる保育者や教師は，特別支援教育の推進前後より多くの研修会等で幅広い知識を得たことはいうまでもない。

　そのような中で，好奇心が旺盛で，自己主張の強い子どもをもつ保護者の中には，子どもの発達過程で生じる健常な行動特性であったにしても，「子育ての仕方が悪いのかしら」と過度な心配をする人も少なくない。また，多くの保育施設で，障害のある子どもの有無にかかわらず，わかりやすさの保障の名のもと，園の日課表や，写真入りの手順表や，約束事を守らせるためのトークンエコノミーなどのマニュアル化された教材の安易な使用が見受けられる。このようにある一定の枠に収めることが最優先され，一人ひとりの子どもの発達や

177

思いではなく，大人自身が他者からどのような評価を受けるのかといったことに重点をおく大人も少なからず存在する。

（2）保育観のはざまで戸惑う若い保育者

　本来，園での生活は遊びを中心に，子どもの興味にもとづいた遊びの拡散と収束を繰り返しながら，子どもと保育者とのやりとりの中で片付けや食事といった生活場面が柔軟に織りなされていく。充実した遊びが展開されているときには，片付けに入る時間が少々おくれても，子どもにとって意味のある時間を過ごすことの方が優先されるべきである。また，本当に充実した時間を過ごしていたのならば，その後の片付けの時間は短くても，その充実感をもちながら片付けもすんなり進むものである。一方，片付けの時間を気にしながら十分に遊びこむことができない，あるいは，没頭していた遊びをたんに時間で分断されることほど，子どもの自己充実を妨げるものはない。もちろん日課表によりきちんと時間を守ることも大切かもしれないが，乳幼児期には，一日の生活の流れはあるものの子どもを中心に子どもと一緒に生活を創造していくことも保育者の専門性の一つではないだろうか。

　保育所の巡回相談に携わる筆者は，子どもの発達に応じた子どもを主体とした生活を模索している20代の若い保育者が，複数担任制の中で葛藤する姿をいくつも見てきた。たとえば，送られてきた事前資料のぎこちない文章，担任でありながら補助的な役割に徹する実践，面談での遠慮がちな様子などである。年長者である複数の副担任が，発達段階を考慮せずに問題行動だけに注目し，巡回相談の対象とするようにアドバイスをしたケースであることは容易に想像できた。

（3）今，保育現場では

　1989年の合計特殊出生率1.57，いわゆる「1.57ショック」以降，「エンゼルプラン」，「新エンゼルプラン」，「子ども・子育て応援プラン」と，国は子育て支援策を打ち出してきた。さらに，地域的に偏りはあるものの，認可保育所に入

第10章　支援の困難を生み出す保育の構造的な課題

れない「待機児童」の増加が大きな社会問題としてクローズアップされてきた。

　こうした政策課題と社会問題が存在する中，待機児童ゼロ作戦として，1998年，厚生省児童家庭局長通知「保育所への入所の円滑化について」と「保育所における短時間勤務の保育士の導入について」が出される。

　「保育所への入所の円滑化について」（厚生省児童家庭局保育課長，児福第3号平成10年2月13日）では，具体的には，年度当初は認可定員の10％，年度途中では，認可定員の15％（保護者が育児休業終了後に就業する場合）の範囲内であれば定員に追加することが可能だというものであった。つまり，100名定員の保育所の場合，年度途中からは，125名受け入れてもよいことになったのである。さらに，「（1）実施要項において定めるとおり，保育の実施は定員の範囲内で行うことが原則であり，定員を超えている状況が恒常に亘る場合には，定員の見直し等に積極的に取り組むこと。…（略）…」とある。つまり，園舎等の環境は変えないままで定員を超えても子どもを受け入れてもよいという「定員の弾力化」が示されたのである。

　また，「保育所における短時間勤務の保育士の導入について」では，「…（略）…保育所本来の事業の円滑な運営を阻害せず，保育時間や保育児童数の変化に柔軟に対応すること等により，入所児童の処遇水準の確保が図られる場合で，次の条件の全てを満たす場合には，最低基準上の定数の一部に短時間勤務（1日6時間未満又は月20日未満勤務）の保育士を充てても差し支えないものであること。なお，この適用に当たっては，組やグループ編成を適切に行うとともにこれを明確にしておくこと」とある。留意すべき事項には，「職員会議等を通じて職員間の連携を十分図るとともに」とあるが，保育所の場合，幼稚園や学校と違い，保育時間が長時間に及ぶこと，また，それに伴うシフト勤務から，園全体での職員会議や園内研修の時間の確保もままならない状況に置かれており，さらに短時間勤務の保育者については，職員間の連携を図るための打ち合わせ時間や保育の質の向上のための園内研修の時間の確保は難しい。

　本章では，それぞれは単発の事例であり，特別に困難な事例とも思えないが，若い保育者が抱えている問題やそのような問題を引き起こす保育の構造や保育

179

の現状といった根源的な問題について，巡回相談という切り口から述べるものである。一見すると困難な事例ではないが，解決には時間がかかりそうな問題であるため取り上げることとした。ただし，ここで紹介する事例は，事実を基にした架空のものであることを付記しておく。

2　巡回相談で出会った保育者たち

（1）事例1「活動の切り替えがスムーズになってほしい」── 2歳児クラス

事前資料からの検討

【子どもの様子】

・活動の切り替えができずに逃げまわったり，座り込んだり，寝そべったりする。（排泄，着脱，着席）

・電車やプラレールが好きで友だちと同じ場で遊ぶが，玩具の片付けが終わると，何をしてよいのかわからないのか，走り回ることが多い。

・気持ちが乗らないときや安定しないときには保育者の膝に座り，安心する。

【○気になること（課題）と●支援】

○排泄や衣服の着脱などの活動の切り替えをして，スムーズに次の活動に入れるようにしたい。

●個別に声をかけて，視線を合わせて手をつないだり抱っこしたりして，一緒に次の活動を促すようにしている。年度当初は排泄や着脱を拒んでいたが，今では，拒むことも一週間に一度程度となってきている。

○次の活動への見通しが持てるようにすることで，走り回ることを減らしていきたい。

●落ち着かないときには，一対一でスキンシップを取りながらコミュニケーションを図るようにしている。お気に入りの保育者ができ，その保育者の指示は入りやすくなってきた。

第10章　支援の困難を生み出す保育の構造的な課題

　保育所の場合，遊びの後の排泄→絵本→給食→……と，毎日同じ生活が繰り返され，子どもも幼いうちからそのパターンが定着し，上手に取り組むことができるようになる。この保育者も対象児にあった支援を見つけたようで，年度当初からの変容も，把握している。他児との比較で，対象児の行為を問題行動としてとらえていたのかもしれない。

　事前資料を読み，2歳児という発達段階を考慮した上で，対象児の思いに寄り添うことができる保育者だが，何らかの理由で，今は，大人の都合で，対象児を見ているだけではないだろうかと思い，10分程度，参観をさせていただくことにした。

対象児の様子と実践

　2クラス分の広さの保育室に16名の子どもと4名の保育者がいた。欠席は2名とのことだった。午前中の保育室内での自由遊びが終了し，給食前のひとときを過ごす時間だった。順番にトイレで排泄を済ませ，紙芝居を読もうとしている一人の保育者のところに集まるという流れのようである。

　4人の保育者はそれぞれ担当が決められていた。紙芝居を読む，紙芝居の補助，トイレの外での着脱の補助，トイレの中での排泄の補助といった具合である。子どもはベルトコンベアに乗せられた部品のように動き，補助をしてもらいながら流れに沿って動いていく。子どもたちも躊躇なく動いていた。たしかに対象児は，その流れに加わっていなかった。

　ほとんどの子どもが床に座り，紙芝居を聞く態勢となった。対象児は，集団には入らずに少し離れたところに座っていた。トイレの3名を残したところで，紙芝居はスタートする。その雰囲気を感じ取り，対象児は集団に入り床に座ったが，すぐに紙芝居の補助の保育者の膝の中に滑り込む。保育者が紙芝居を読み始めると一番前に移動した。着脱の補助をしていた保育者が前の方に座ると，対象児はサッとその保育者の膝の中に移動した。一人の子どもが咳をしたことをきっかけに，もう一度，後ろの保育者の膝の中へ行く。

　紙芝居は，8分程度のものであったが，2歳児には内容が難しかったのか，おもしろい場面でも一人も笑う子がいなかった。みんな下を向いており，聞い

181

ている様子が見られなかった上，二人ほど，動き出す子もいた。保育者の演じ方は，筆者が思うにかなり上級に近いものだった。もし，4歳児，5歳児が対象だったのなら，また違った印象を受けただろう。

　最後に，保育者が「こんなにいっぱいになっちゃったね」と言うと，数人の子どもが「いっぱい」とだけ言った。その後，保育者が「お……，お・し・ま・い」と言うと，子どもたちは「ありがとうございました」と言い，蜘蛛の子を散らしたかのように保育室内を走りまわった。

　保育者が椅子を並べ，新聞紙で作った車のハンドルを模したものを出してきた。一人の子にハンドルを持たせ，椅子に座らせ，「椅子に座って運転する人，座ってください」と言った。

　対象児は，紙芝居の間に小便を漏らしたのか，保育者の「パンツ，替えておいで」という声かけに応じ「替えてくる」と言ってトイレに向かった。

保育者との面談

　参観では，4名の保育者がおり，誰が担任なのかがわからなかった。面談室で待っていると，入ってきたのは，一番若い保育者だった。大学を卒業後，2年目とのことだった。対象児に対しての有効な支援方法が見つかったことへの労いや参観での対象児の様子を伝え，事前資料と参観をふまえて，現在の支援を継続しながら，経過を観察していくことにするという方針を伝えた。

　そして，実践についての質問をさせていただいた。まず，紙芝居の選定の理由やねらいを聞いたところ，担任は読まれた紙芝居のタイトルすら把握していなかった。子どもの発達や興味にあっているのかなど内容の吟味が必要であろう。子どもと保育者の信頼関係の重要性をこの保育者は認識しており，大切にしているということも事前資料から読み取ることができたので，保育の方法や内容の検討を行い，障害の有無にかかわらず，子どもに寄り添う保育をしてほしいと伝えて面談を終了した。

本事例から見えてきたこと

　問題と思われる行動が見られると，時として発達段階にかかわらず安易に障害ではないかと疑ってしまう傾向が見られる。これは，特別支援教育に関して

182

第10章　支援の困難を生み出す保育の構造的な課題

の研修会などが増え，保育者の理解が高まっているからだともいえる。その一方で，対象児の障害の有無にかかわらず，保育者が，子どもの思いに寄り添っているか，子どもの過ごしやすい環境となっているか，遊びや活動は子どもの興味や関心にあっているかなど，省察がおろそかなケースもある。また，クラスの規模は適切かなど園全体を見渡した運営面での検討も必要と思われる。

（2）事例2「保育者の指示が伝わりにくい」――2歳児クラス
事前資料からの検討

【子どもの様子】

• 遊びが転々としており，友だちの玩具を取り上げたり，嚙んだりして友だちとのかかわりを求める姿がある。

• 保育者の指示は，口頭や表情だけでは伝わらないことが多い。

【○気になること（課題）と●支援】

○友だちとかかわりたいという思いから，使っている玩具を取ってしまったり，手が出てしまったりする。

●車や三輪車など好きな玩具などを用意して遊びに誘ったり，友だちとかかわりたいようなときには，傍で気持ちを伝えたりしながら，安心して過ごせるように心がけている。

○保育者の指示が伝わりにくい。

●視覚カードを活用して，伝えるようにしている。

　事前資料を受け取ったとき，パターン化されたあっさりとした文章からは切実感が伝わってこなかった。対象児の言語理解はどの程度なのだろうか。保育者の指示が伝わりにくいとは，保育者と一対一のかかわりの中での指示が伝わりにくいのか，集団での活動時に伝わりにくいのか，どのような場面でどのような内容なのか，どのような方法で伝えているのか，場面がまったく想像できなかった。また，視覚カードの使用は有効だったのか，どのくらいのクラス規模かなど，資料から，様々なことが気になりだした。

183

対象児の様子と実践

　保育室に入ると，ブルーシートが敷いてあった。普段は12名の子どもたちを２名の保育者で保育しているとのことだったが，この日は一人休みで11名の子どもたちがいた。保育者の一人が，「海の方に座りましょう」と言った。ブルーシートを海に見立てていたのだろう。子どももそのイメージを共有しているのだろうか。普段の生活を見ていない筆者は戸惑った。

　そして，牛乳パックで作った小さな机を出しながら，「今からいいものを入れるもの」と勿体をつけ言った。お弁当のときに使用する底径が３cm程度の４色のチェック柄のオーブンケースを取り出した。４色の紙製のオーブンケースを見せると，興味を持った子どもたちが身を前へ乗り出す。机の高さは20cm，面は30cm×40cmで11人の子どもが周りで見られる環境ではなかった。「みんな，後ろに行かないと」というのだが，机が低いために後ろの方では見えない。好奇心旺盛なこの時期の子どもたちは，前のめりになり，押し合いになるが，興味の方が勝り，文句を言う子もいない。

　次に保育者は，傍においてあったクーラーバッグを見せる。「何が入っているかな？」と言うと，子どもたちはさらに前のめりになる。おもむろに食品を保存するパックを四つ取り出した。そして「おいしそうでしょ」と中に入っている食紅で色をつけた寒天を見せた。

　保育者は「みんな，どれを選んでもいいよ」と，一人ずつオーブンケースを選ばせ，手にのせさせて，寒天を２色選ばせ，「食べちゃ，ダメ」と言いながらオーブンケースに入れていった。寒天をスプーンですくうのに時間がかかったが，子どもたちは様子を見ながら待っていた。寒天をもらった子が，口に持っていこうとすると，「食べちゃ，ダメ」と言うが，その一方で，「おいしそうだね」とも言う。

　もう一人の若い保育者は笑顔で「触ってごらん。冷たいよ」と言いながら，説明をしている保育者にあわせて「おいしそうだね」と言っている。子どもが触ると，オーブンケースから寒天がスルリと落ちてしまう。様子を見かねた園長が，紙コップとプラスチック製のスプーンを持ってきて，寒天をオーブン

第 10 章　支援の困難を生み出す保育の構造的な課題

ケースから移し，「スプーンで混ぜるとどうなるかな」と言った。

　全員に配り終わったところで，保育者は余った寒天を小さなたらいの中に移した。「手で触っても楽しいよ」，「もっとグチャグチャやってごらん」と言うが，たらいの周りに座れる子は 4 〜 5 名だった。先生の声は聞こえるが，子どもたちは戸惑っている様子で，ただ立っている子も少なくなかった。対象児も他児と同じような行動をとっており，トラブルは見受けられなかった。

保育者との面談

　面談に現れたのは，補助に入っていたと思われる若い保育者だった。担任だと言う。筆者が，対象児の事前資料にあるような行動を観察することができなかったことを告げ，今回の活動のねらいを尋ねてみた。保育者は困った表情をみせ言葉が出なかった。筆者が，「先生が，子どもたちに体験してほしかったことは，寒天のヒヤッ，ツルッ，グニュ……そんな食感を体で感じてほしかったんじゃないの？」と話したと同時に，保育者は表情がゆるみ，「そうなんです。私の保育構想では，園庭にブルーシートを敷いて，寒天の大きな塊をいくつも置いておく。そこに，水着に着替えた子どもたちが全身を使って寒天の感触を楽しむというものでした」と堰を切ったかのように話し出した。「それなら理解できる。楽しいよね」と筆者が相槌を打つと，「保育構想をもう一人の先生にクラスで話したら，早速，作ってきてくれたんです。でも，私が考えているのはもっと大量の寒天でした。体ごと遊べるものを考えていたんです。せっかく作ってきてくださったので，プールに入れない子の遊びとして提供したいと提案したのですが，メインの時間にやりたいということなり，ご覧いただいた実践となりました」と話してくれた。筆者が「まだ暑い日が続きそうだから，別な日にやってほしい遊びですね。そのときも説明から入るの？」と聞くと，「私は，すぐに遊び出せる環境を作っておいて，説明からではなく，遊びから入っていきたいと思っています。私も一緒に遊びながら。子どもの感じる感覚について擬音語や擬態語をたくさん私から発したい」と目を輝かせて語る。「今日のようにいつも活動に入る前の説明が長いの？」と尋ねると，「私は，子どもが自分から環境にかかわってほしいと思っているんです」と答えたので，

185

「もう一人の先生は，先生の思っている通りに子どもたちに動いてほしいと思っている？」と言うと，「保育観の違い」とポツリと言った。

　同席していた園長が「先生も苦労しているんだよね。私も悪いなと思いながらオープンケースでは遊べないと思って，カップとスプーンを出してしまったけど。もう少し，環境を変えて，様子を見た方がいいようですね」と加えてくれた。保育者もすっきりとした表情で面談が終わった。

本事例から見えてきたこと

　担任保育者は子ども主体の保育を大切にしたいと考えており，巡回相談を受けるかどうかも迷っていたようである。もう一人の保育者は，参観をした限りでは，どちらかというと保育者主導の保育を志向している傾向が強く，自身の枠から出てしまった子どもが気になるのだろう。しかし，その保育者も自身の保育を問われたとき，「子ども主体」と答えるのではないだろうか。抽象的な言葉を使う場面が多い保育・幼児教育の場では，実践を見ることを通して，抽象的な言葉と具体的な子どもの姿を結びつけていくことが重要である。抽象的な言葉でいくら語れても保育の質は一向に向上していかないからである。とくに，保育所の場合，園内外の公開保育による研修を行っているところは幼稚園に比べて多くないと思われる。お互いの保育を参観しながら，語り合う場を設けることで，保育観の違いを擦り合わせていくことが今後の課題かもしれない。

3　考　察──現場の構造的な課題

　筆者の経験では，2歳児クラスでの保育でこのような事例に時折出会う。ここでは個々の保育者の発達観や保育観には触れず，現場の構造的な課題に言及したい。

（1）クラスの規模と保育室の広さ

　事例2の保育所は，比較的海岸線に近い場所に位置しており，全園児数も定員を満たしていなかった。東日本大震災以降，海岸線に近い保育所はこのよう

な傾向にある。11名という小集団で、こぢんまりした保育室が子どもたちの大きさにあっているように感じた。また、保育者が2名で大人の存在も違和感がなかった。一方、事例1の保育所は、駅から徒歩で行ける距離にあり、どのクラスも定員を満たしていた。巡回相談当日は、16名の子どもの保育に4名の保育者があたっていたが、園全体の保育者の勤務状況に応じて、3名での保育も可能なのだろう。もし、8名の子どもに2名の保育者の2クラスであれば、もっと違った実践だったのかもしれない。二つの保育室の壁を取り払った部屋の広さも形も家庭的な雰囲気を作っていくのには難しく、不自然な印象を受けた。幼い時期には、小集団で落ち着いた雰囲気の中での生活が自然である。

　事例にあげた保育所ではないが、園庭の中にプレハブ工法の建物が新しく立てられた保育所を見る機会が多くなった。0・1歳児の保育室である。ある保育所では、待機児童対策で建設されたプレハブ工法の建物には、0歳児が入るという。今までの0・1歳児の保育室は、1歳児の保育室となった。面積としては、各24名の乳児を受け入れることが可能だと、園長は苦しげな表情で語った。0歳児は、どうにか受け入れ可能な人数を12名と設定し、現在は11名の乳児が在籍しているが、1歳児は、24名だという。面積も保育者の人数も確保されているが、一人の子どもを中心に考えると、他児や保育者は人的環境である。もし、一人が大声で泣き出したら、同じ空間にいる子どもも不安になってしまうだろう。大勢の保育者が動き回るのも子どもにとってはストレスになるのではないだろうか。

　また、遊びや生活の場面で、「自分で」、「いや」といった自己主張が強くなる2歳児の時期には、子どもは、保育者に丁寧にかかわってもらいながら、自分でできることを一つずつ増やし、自信をもつようになる。保育者には、子どもの自我の育ちを積極的に受け止め、一人の子どもを丸ごと受け止めていくことが求められている。しかし、事例1のように担当を決めて、流れ作業で子どもの世話をしている場合、一人の子どもを丸ごと受け止めることは難しい。

　質の高い保育を考える上で、適切なクラス規模や保育室の広さについて再考する必要があるのではないだろうか。

（2）保育の質の向上

　二つの事例より，同じクラスの保育者の連携がはかれていない様子が浮き彫りになった。保育所の場合，勤務形態が複雑であるということも一つの要因となっていると思われる。事例1では，打ち合わせをしていない，または，する時間を確保できないという実態があった。また，事例2では，「もう一人の先生はベテランではありますが，4月からいらしていただいたばかりなので，ここでの保育の方法がつかめないのかもしれません」と園長は語っていた。比較的ベテランの保育者に対しては，園長も指導力を発揮できず，巡回相談のような場での外部の力を使って改善していこうと考えているケースも少なくない。

　事例2の保育者は「保育観」という言葉を発したが，子どもを主体に子どもに寄り添いながら生活していきたいと考えている若い保育者も少なくないことが巡回相談の中でわかってきた。ある3歳児の担任保育者の事前資料には，自閉スペクトラム症（ASD）の行動特性が参考書から書き写したかのように苦しげに書かれていた。「数字，アルファベット，ひらがなへの興味」，「扇風機へのこだわり」との記述の一方で，「その場にいることはできるが，大勢の人が集まる集会の時に，両耳を手で塞ぐことがある」，「友だちのものを強引にとってしまうことがある」と「～することがある」という記述が複数あった。筆者が対象児と直接，話をしたところ，休日の過ごし方や保育所での好きな遊びや仲のよい友だちについて尋ねると会話は成立していた。担任保育者の他に，加配の保育者が2名いた。すぐに使用できるパズルは，ひらがなの50音順のものとキャラクターが描かれたものとの2種類のみだった。そして，「扇風機へのこだわり」については，回っている扇風機の羽をじっと見ているのではなく，動いていない扇風機を見つけると，「つけて」と言うとのことだった。面談時，筆者は担任保育者に，3歳児の発達特性について聞いてみた。すると，自己形成の過程を中心にきちんと話した上で，対象児は「3歳児の特性そのものですね。もう少し，様子を見てみます」と自身で面談を終了した。園長からは，「彼はよくがんばっています。この資料の記載は彼の本意ではなかったかもしれません」と付け加えられた。

第 10 章　支援の困難を生み出す保育の構造的な課題

簡単に支援が必要な子どもと決めつけてしまうのではなく，子どもに寄り添った保育を志向する保育者を支えていくシステムが巡回相談とは別に必要となってきていると考えられる。短時間勤務の保育者が増加しており，職員会議や研修会の時間が保障されていない現状を考えるとすぐには難しいかと思うが，園内外の公開保育を通しての研修会等を行うことで，若い保育者を育成していくこと，そして保育の質を高めていくことが急務である。

4　人と人との営みの中で

　ある私立の保育所を訪問した折，必要に応じて遊戯室になると思われる，保育室 6 部屋分くらいありそうな部屋に 3 ～ 5 歳児，各 1 クラスの子どもたちが生活をしていた。縦割りといっても仕切りも何もなく，縦割りグループということで広い保育室の中にグループごとのテーブルが置かれていた。特別支援が必要な子どもにとっては，過ごしにくい環境だったので，その旨を主任に話すと，「やはり，そうですよね。わかってはいるんですけど」と前置きをした上で，私立の場合は加配の保育者がいないので，幼児組の保育者は 3 名で，支援が必要な子どもに一人の保育者がつくと，あとの 2 名で 3 クラスの保育をすることとなる，主任も補助に入ってはいるが，限られた人数で対応できるように，園舎を新築する折に，このような保育室を作ったとのことだった。このように人的環境が十分ではないにもかかわらず，支援が必要な家庭には個別に訪問をすることもあるという。

　この保育所を訪問したときに，「おはようございます」と声をかけても誰も出てこなくて，結局，靴を脱ぎ，乳児組の先生に声をかけたという経緯があった。そのときには，不審者も容易に侵入してしまうのではと保育所の運営に疑問をいだいたが，主任と話をする中で，余裕のない状況で精一杯対応していることが見えてきた。

　いつからか保育が「保育サービス」という言葉で語られるようになった。経済活動に組み込まれ，効率や成果が求められるようにもなってきている。保育

189

現場への ICT の導入も進み始めているようである。個性あふれる人と人との営みであるということを前提に語られるようになってほしいものである。

〈文　献〉

別府悦子　2016　第 7 章　保育者の労苦に共感し保護者と連携する巡回相談
　　──発達保障論からの実践をもとにして　浜谷直人・三山岳（編著）　子ど
　　もと保育者の物語によりそう巡回相談──発達がわかる，保育が面白くな
　　る　ミネルヴァ書房　pp. 191-203.
厚生省児童家庭局保育課長　1998　保育所への入所の円滑化について　http://
　　www.ipss.go.jp/publication/j/shiryou/no.13/data/shiryou/syakaifukushi/
　　673.pdf（2018年 7 月12日閲覧）
森上史朗（監修）　2017　最新保育資料集2017　ミネルヴァ書房

第11章 災害時における障害児・者や家族の理解と支援

小 林 朋 子

1 支援の必要性

　内閣府（2006）が発行している「災害時要援護者の避難支援ガイドライン」によれば，要援護者とは，必要な情報を迅速かつ的確に把握し，災害から自らを守るために安全な場所に避難するなどの災害時の一連の行動をとるのに支援を要する人々を言い，一般的に高齢者，障害者，外国人，乳幼児，妊婦等をあげている。また，「要援護者は新しい環境への適応能力が不十分であるため，災害による住環境の変化への対応や，避難行動，避難所での生活に困難を来たすが，必要なときに必要な支援が適切に受けられれば自立した生活を送ることが可能である」とも記述されている。つまり，要援護者に対しては，健常者以上に災害時への支援内容を充実させ，かつ災害に備えた準備をしておく必要があるといえる。

　そこで本章では，災害時の障害のある子どもの心身の変化や，保護者が抱える困難をふまえた上で，その支援についても述べる。

2 災害後の障害のある子どもの心身の反応

災害時における障害のある子どもには，①障害にかかわらず被災したことに

よる心身の変化，②障害の特性や程度に関連した変化，そして③医療的ケアが必要な心身の変化，といった三つの心身の変化が見られることがわかっている。

（1）災害を経験したことによる心身の変化

　災害時には，まず障害のあるなしにかかわらず，被災したことによる心身の変化に着目することが必要である。白橋ら（1980）は，宮城県沖地震で被災した障害のある子どもと，障害を持たない子どもを対象に，地震時ならびにそれに伴う状況変化に対する子どもの反応を調査した。その結果，不安・恐怖反応がどの子どもにも見られたことを明らかにし，障害のあるなしにかかわらず，地震のとらえ方や地震への恐怖を伴う即時的な反応には質的な差異がなかったとしている。また，中越地震の保護者を対象とした小林（2007）の調査結果では，「暗がりを怖がるようになった子どもがいた」「突然の大きな音などを怖がるようになった」，や「甘えるようになった」といった項目は，障害のあるなしにかかわらず多くの子どもたちに当てはまり，災害後に子どもによく見られていた心身の変化はかなり共通した部分があったことを示している。このことから災害時には，障害のあるなしにかかわらず，子どもの支援を行う場合には，まず災害を体験したことによる心身の変化がどのような状態であるかを把握していくことが重要である。

　災害を経験すると起こりやすくなる心身の変化は，「からだ」「行動」「気持ち」「考え方」と，大きく四つにわけることができる。

からだ

　「心は平気」と思っていてもからだがついていかないという経験はないだろうか。心はある意味，「自分は大丈夫，やれる」と思いこむことができるが，からだはそうはいかず正直で，空腹になれば，お腹は「グ〜っ」となるのである。そのため，危機のときに限らず，普段の生活でもからだからのサインをきちんと受け止めることはとても大事なのである。

　「からだ」の変化で，まず重要なのが「睡眠」である。遠足の前日に興奮してなかなか寝つかれなかったという経験はないだろうか。このように何かしら

の理由で神経が高ぶっているとなかなか寝つきにくくなる。この寝つきがいいかどうかも，ストレスがかかり過ぎているかどうかの一つのサインになる。また，2〜3時間ごとに起きてしまいぐっすり眠れなかったり，朝起きたときに「寝たのに疲れている」と感じるのも心配なサインである。子どもが眠れない場合には，叱らないで添い寝をしてあげるなど，子どもがほっとした気持ちで，安心して眠れる環境を整えてあげ，それでもぐっすり眠れないことが2週間以上続いている場合には，無理をさせずに医師などの専門家に相談することも必要である。保護者が精神科への受診に抵抗感がある場合には，まずは避難所にいる保健師や医師への相談を勧めることもできる。また，教師や保護者など大人の場合には，眠れないときにお酒を飲みたくなる人もいるため，できるだけお酒に頼ることは避け，どうしても眠れないときは医師などの専門家の力を借りたり，また普段の生活の中でリラックスできる時間をとったりして上手にコーピングできるよう支援していく。

　また，下痢や便秘，食欲不振なども起こりやすくなるため，危機発生時には睡眠や食事などに配慮し，できる限り生活習慣を整えることが重要である。心だけでなくからだの健康も保てるような生活支援を進めていく。また，心身の変化を訴えてきたときには，短時間でいいので，苦痛を和らげる手当てをしたり，話を聞くなどして，守られているという安心感を与えるとよいだろう。

行　動

　危機発生後（とくに，災害直後）は交感神経が高ぶっているために，障害のあるなしにかかわらず，子どもの場合は興奮しやすく落ち着きがなくなったり，不自然にはしゃぐことが多く見られる。一見，元気な様子であるため，「元気なので大丈夫」と周囲の大人が思ってしまうのだが，落ち着いて座っていられないなど，その危機が発生する前と比べて，行動に落ち着きがない場合には，それも重要なサインの一つになる。子どもの小さな心ではその体験が受けとめきれずに，なんとか消化しようとがんばっている姿なのである。また（主に）思春期以降になると，人とのかかわりを回避するようになり，学校に行くのを嫌がったりすることも出てくる。その際，子どもを叱るのではなく，「大変だ

ったね」などと言葉をかけながら，見守ってあげることが大事である。さらに，子ども返りして保護者（とくに母親）が見えなくなると泣いたり，べったりとくっついていたがったり，今までできていたことができなくなったりすることもある。こうしたときは，普段と同じ接し方でいいので少し時間をさいてかかわっていくと，大人に甘えることで子どもの心が癒され，徐々に元気が回復していくのである。

気持ち

びくびくしたり，一人でいるのを怖がるなどの反応は，災害の場合，発災直後だけでなく，数年経ってもそうした反応を訴える人が多いことがわかっている。また，ちょっとしたことでイライラしたり，いつも何かに追われていて気持ちが焦っている感じがするといった症状もある。さらに，気分が落ち込んだり，重くなったり，突然涙が出たり，何もやる気がなくなる無力感や，誰にもわかってもらえないという孤独感などが出てくることがある。こうした反応は，直後だけでなく，少し時間が経過したころに出てきやすくなる。子どもの場合だと，学校に行くのを嫌がったりするなど人を避ける行動に注意していく。さらに，悲しいや嬉しいといった気持ちが起こらず，何も感じない状態になることがある。それは，その体験があまりにも衝撃的で，その記憶や感情を凍結してしまわないと自分を保っていられない状況なのである。いわゆる，心を保つためのセーフティモードが作動しているのである。こうした場合には，家庭や学校で子どもがほっとできる環境を整えながら，状況に応じて専門家の力を借りることも必要である。

考え方

危機を体験すると，物事に集中できなくなったり，考えがうまくまとまらないといったことも見られる。子どもの場合，そうしたことは，学習に集中できなくなることによる成績の低下などに表れ出てくることがある。とくに思春期以降は，保護者に心配をかけないようがんばってしまうために，こうした表れによって，ようやく周囲の大人にわかることがある。また，衝撃的な記憶が無意識に思い出され，現実に起こっているかのような感覚になったりするフラッ

シュバックがあったり，そのときの状況を聞かれても記憶がなかったり，とぎれとぎれでよく覚えていないこともある。スクールカウンセラーや精神科医のアドバイスを受けながら，家庭や学校での生活を支えていくことが必要である。

また，"悪い子だからバチがあたった"といったように，自分を責めるとらえ方をすることがある。こうした場合には，自然現象だという事実を伝え，「がんばっていてエライよ」などよいところを褒めるかかわりをしていく。

（2）障害の特性や程度に関連した変化

ユールとゴールド（2001）によれば，「知的に遅れを持っている子どもは危機的状況にさらされたときの情緒的（心理的）影響を受けやすい」と述べている。さらに自閉スペクトラム症（ASD）の子どもの反応として，「（地震の揺れを）げらげら笑いながら，喜んでいた」というものもあれば，「地震によって窓ガラスが壊れる音を聞き途端に奇声を発した」，「棚に並べてあったマジックインクが倒れると『ダメ，ダメ』と叫びパニック状態になった」といった反応もあったことが指摘されている（白橋ほか，1980）。これらのことからも災害時には，障害のあるなしにかかわらず現れる不安や恐怖反応だけでなく，障害の特性に関連した心身の変化も現れる。

知的な障害が比較的軽い子どもは「災害での体験や失った体験を，繰り返し話していた」が，さらにASDの子どもでは，「奇声を出すことが多くなった」，「こだわりが強くなった」といった様子が多く現れることが明らかになっている。これは，災害によってこれまでの生活パターンが一変し，かつ余震や復興作業などの騒音で落ち着かない状況下で，ASDのある子どもは多くのストレスを感じ，「こだわりが多くなった」り「奇声を出すことが多くなった」りしたと考えられる。そのため，ASDのある子どもは，災害による外傷体験だけではなく，災害によって起こった環境の変化に対しても，支援を強く必要としているのである。

（3）医療的ケアが必要な心身の変化

　また障害のある子どもに出現しやすく，かつときに命にかかわるリスクがあることから医療的ケアが必要になる心身の変化もある。小林・石川（2012）の障害のある子どもをもつ保護者を対象とした調査で，「てんかんになることが多くなった」，「けいれんが多くなった」，「地震が起こる直前に発作がおきたり，心拍数が上がった」と述べていたことを明らかにしている。また心拍数が上がることに関しては，健常者と比較して慢性疾患をもつ者は被災後に動悸が高まる頻度が多くなることも示されている（辻内ほか，1996）。これらの変化が現れた原因として，災害による薬の損失や不足によって薬が服用できず，てんかん等の増加が引き起こされた可能性も考えられる。そのため，医療的ケアも含めて，災害時の障害のある子どもへのケアや防災対策を講じていく必要がある。

3　災害時における保護者の困難

（1）災害時に障害のある子どもを持つ保護者が困難を抱えた事例

　ASD の 7 歳の子ども（Aくん（男児））を持つ母親Bさんは，自宅のある地域では「昔から大きな地震は発生していないから大丈夫」と聞いていたため，災害が起きたときのことをまったく考えていませんでした。そうした中，Aくんと一緒に家にいたところ，突然大きな地震が発生しました。Aくんは突然の揺れと，物が割れる音，家がきしむ音にびっくりし，パニックになって揺れが続いているにもかかわらず，外に飛び出そうとしました。BさんはAくんを制止し，倒れてくるものがない廊下でAくんを抱えたまま揺れが収まるのを待ちました。

　Aくんは，パニックになり，奇声をあげたり，突然走り出すなど興奮状態になってしまいました。Aくんに突然起こった出来事を理解させることが困難な状況で，とにかく落ち着かせようとしましたが，なかなか落ち着くことができませんでした。

第11章 災害時における障害児・者や家族の理解と支援

被害状況がわからず，電気もつかない状況で不安だったため，Ｂさんは地域の小学校の避難所にＡくんを連れて行きましたが，避難所は人で込み合っていました。余震が続いて落ち着かない状況で，さらに慣れない場所だったこともあり，Ａくんは奇声をあげ，落ち着きのない行動をとっていました。このＡくんの様子を見て，Ｂさんは「他人に迷惑をかけるので避難所にはいられない」と考え，車の中にいることにしました。普段，Ａくんが落ち着かないときは，家でお気に入りのビデオを見せていましたが，車の中ではビデオを見ることができませんでした。そのため，車の中でＡくんは奇声をあげたり，あばれたりしていて，その状況がしばらく続いていました。

避難所に食事をもらいに行こうと思いましたが，Ａくんと一緒に順番を待つことができないため，仕方なく家にあった食料品を余震の合間をぬって取りに行き，少しずつ食べることにしました。また自宅の片づけをしたくても，Ａくんを見ていてくれるところがなく，片づけもままならない状況でした。

他の家族と連絡をとろうとしましたが，携帯電話がつながらず，連絡がとれない状況で，近所に頼れる知り合いや親せきもいないこともあって，次第にＢさんは疲れてきました。

障害をもつ子どもにとって災害時の支援の重要性は高く，保護者は障害をもつ子どもにとって重要な支援者であると考えられる。しかし，保護者自身も被災者であり，災害時には様々な負担と困難を抱えることがわかっている。たとえば，ASD の子どもをもつ保護者が「環境が変わり子どもが奇声をあげたため，他の避難者から，『静かにさせてほしい』と言われてしまい，結局子どもを連れて家に帰った」といったことも起きている。このことから通常時だけでなく，災害時にも対応した保護者への支援を行うことが非常に重要である。そのためには，保護者の困難を想定して，避難場所や支援について事前に検討しておく必要がある。

197

（2）安心安全の得にくさ

　災害時に最初に，そして非常に重要なことは避難場所の確保である。災害時要援護者の避難支援ガイドライン（内閣府，2006）には，要介護度が高い人や恒常的医療措置が必要な人，また避難所内に手話通訳者の配置を望む人など，一般の避難所全てで行うことが困難な支援に対し，それぞれの必要に応じて特化した避難所である，「福祉避難所」の開設について記述されている。障害児・者やその家族に，危険や不安を感じながら，自宅や車の中で生活をさせないために，通常の避難所よりも支援の充実を図った避難所の設営は非常に重要である。しかし，福祉避難所の設置は，市町村の事業とされており，地域によりその準備状況は非常に違いがあるのが実情である。

　実際に，新潟県中越地震で障害のある子どもの家族が避難した場所として，「自宅」，次いで「車の中」となり，「地域の避難所」に避難した人は30人（約18％）程度と少なかった（図11‐1）（Kobayashi, Ishikawa, & Oishi, 2011）。ASDの診断経験がある子どもに自宅での避難生活があるケースが多かった。とくに，ASDの子どもの中にはパニックなどを起こしやすく，避難所などで集団生活をすることが困難なケースもある。そのため，障害のある子どもやその家族が安心して避難できる場所の確保がまずもっとも検討されるべき点であることがわかる。

　また避難生活時に保護者が抱えた困難のうち，まず避難所の問題があげられる。「パニックになることを考えると，避難所などが使えなかった」「使えるトイレやお風呂が少なく，使うことができなかった」などの理由で，地域の避難所の利用が少なかったことがわかっている。家族や支援者は，災害に備えて，市町村に問い合わせるなどにより，どこに避難すればいいのか，福祉避難所がどこにあるのかなどについて理解し，もしものときの対応について想定しておく必要がある。

　「子どもから目を離せず，非常食の受け取りや家の片づけができなかった」「子どもが夜眠れないので，眠ることができなかった」もあげられている。食事の受け取りや家の片づけなどちょっとしたときに子どもをみてもらえる場所

第11章　災害時における障害児・者や家族の理解と支援

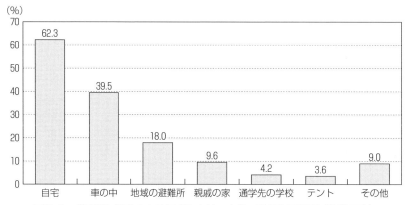

図11-1　災害時に障害のある子どもを持つ家族の避難生活場所（複数回答）
（出所）　Kobayashi, Ishikawa, & Oishi（2011）

や人がないために，保護者は孤立し，精神的にも非常に厳しい状況に置かれていたことがわかっている。障害のある子どもの特性を理解している人，そうした人たちがいる場所を確保し，保護者が必要なことを行ったり，からだを休めたりする支援が必要である。

　また家族も，災害に備えて防災用品に一工夫しておくとよい。たとえば，普段から子どものお気に入りで，それがあると落ち着いていられるものを防災用品の中に入れておくなどの対応をしておくのである。災害時のように，子どもに大きな心身への負担がかかるときだからこそ，子どものお気に入りがあることは子どもが安心感を得る手助けになり，またそれによって，保護者の負担も軽減されるのである。

　こうした点について支援者は，災害後ではなく，災害前に，保護者に情報提供をし，災害に備えて準備していくことが重要である。

4　障害のある子ども・人および家族への支援

（1）災害を体験した後のストレス反応への対応

　先述したように，障害のあるなしにかかわらず，災害を経験した後には心身

の変化が起こることがわかっている。そのため，障害のある子どもやその家族も，災害を体験した後に，ストレスのメカニズムや心身の変化について知り，どのようにそのストレスに対処すればよいかを考えたり，実際に体験してセルフケアができるようにすることは非常に重要である。こうした心理教育とストレスマネジメントは，早期に，かつ集団を対象に行うことができるものである（もちろん，個別に行ってもよい）。こうした集団に対して行う心理教育やストレスマネジメントは「場のケア」とも言われ，混乱した気持ちを落ち着かせることができるため，早期に実施することが望ましい。

（2）セルフケアの実際

　保護者への心理教育と同時に，以下に示すような呼吸法やリラックス法などのセルフケアの方法を伝えていく。また支援者自身もこうしたセルフケアを実践しながら支援を進めていくことも必要である。

呼吸法

　ヨガ，気功，瞑想など，古くからあるリラクセーションには必ず呼吸の要素が含まれている。医学的には，ゆったりとした深い呼吸をすることによって，副交感神経を働かせる効果がある。先人たちはその経験から呼吸の重要性を見出し，生活の中に取り入れていたのである。呼吸が止まれば私たちは生きていけない。生命を維持するためにも必要な呼吸の「質」をよくしていくことは，ストレスの中で生きていくために有効なスキルとなる。

　よく「深呼吸をするよ～」というと，息をパンパンに肺に吸い込み，かえってからだに力が入ってしまうことがある（とくに子どもたちはその傾向が強い）。そうではなく，楽に，気持ちよいな～と思う程度でゆっくりと呼吸をすることがコツである。その際，意識してもらうとよいのが「丹田」というからだの場所である。丹田の位置は「へそ下三寸」ともいうが，体の中心軸上でおへその下辺りの位置である（骨盤の左右のでっぱりを結んだからだの真ん中あたり）。ここを意識して，この丹田に息をゆっくりと送るようなイメージで鼻から息を吸う。丹田を中心に骨盤の中に新鮮な空気が巡るような感じで息を吸い，そして，

この丹田あたりに溜めた空気を，上半身，口を通してゆっくりと吐いていく。その際に，からだの中にあるいやな気持ち，不快感も一緒に出してしまうイメージで進めていくとよい。そしてまた，新しいフレッシュな空気を丹田に送ってあげるように呼吸するのである。丹田がつかみにくい場合に

表11-1　リラックス呼吸法

①楽な姿勢で自然にまっすぐ腰かけます。目は閉じても，開いたままでもいいです。
②楽に気持ちよくおなかで深呼吸をします。
③鼻から吸って，口からゆっくりと吐き出します。
④もう一度，吸って，1，2，3，ハイ，少しとめて，吐きます，6，7，8，9，じゅう〜。
⑤吐いてしまうと自然に息が入ってきます。
⑥もう一度，らく〜に気持ちよく深呼吸します。
⑦息を吐くときに，体の疲れや心のイライラなども一緒に吐き出すイメージで，ゆっくりと吐き出します。
⑧自分のペースで，しばらく続けましょう。
（1分程度）
⑨はい，終わりです。全身でウ〜ンと伸びをします。適当に首や肩を回したり，足を動かしたりして終わりです。

（出所）　小林ほか（2010）

はおへその下に手をあてるとわかりやすいという人もいる。また，目をつぶるとイメージしやすいという人もいる。人それぞれであるが，力まずにゆっくりと行うのがコツである。からだ全体やおなかのあたりからじわ〜と力が抜けていき，気持ちいいな〜というのを感じられるとうまくいっているサインで，からだがじわ〜とする体験ができるようゆっくりした雰囲気で実施できるとよい。

肩のリラックス法

　肩のリラックス法は，からだの緊張を緩めることによって，心もリラックスする方法である。小学校低学年の子どもたちにも十分教えられる。危機発生時だけでなく，ストレスがかかる場面，日常生活の緊張する場面でも役に立つ。

　注意する点としては，まず「息を止めないこと」である。ぎゅっとからだのどこかに力を入れると，無意識に息を止めてしまう。ゆっくりと呼吸を続けるよう子どもたちに声をかけながら進める。次に，「力を入れているからだの場所に意識を向ける」。とくに重要なのが，ぎゅっと力を入れて，ふ〜っと力を抜いたときに，力を入れた個所がじんわりしている感覚をしっかり味わうことである。「からだがリラックスしているな〜」と心が感じ取れることが大事なのである。からだがじんわりとリラックスしてくるのを感じられたら，うまくいっているサインである。就寝前にやるとリラックス呼吸法と同じく，深く眠

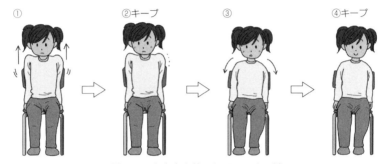

図11-2 上半身を使ったリラックス法

（出所）小林ほか（2010）

りやすくなる。ただ，日中やる場合には，最後は必ず手をグーパーグーパーしたり，ぐっと背中を伸ばしたりして終わりにする。これはリラックスして頭がボーっとしてしまった状態から，気持ちを切り替えるために必要なのである。

5 キーワードは「場所」「情報」「人」

　災害は日常生活が根底から覆される体験であり，障害のあるなしにかかわらず心身に大きな影響を受ける。そのため障害がある人はもちろんのこと，生活を支える家族に大きな負担がかかりやすくなる。近年，地震だけでなく，大雨による水害などが多発しており，災害が起こらない地域はないと言われている。そのため，障害のある子・人やその家族，そして支援者が，「ここは昔から災害が起こらない」とするのではなく，「災害が起こったときにどうするか」を話し合っておくことが非常に重要である。キーワードは，「場所」「情報」「人」である。

　「場所」は，どこに避難できるか，福祉避難所の場所を確認しておくとよい

だろう。「情報」は，障害のある子・人が学校や作業所などにいる場合に家族との連絡をどのようにとるのか考えておく必要がある。さらに，自分の力で通学・通勤している場合には，その途中で災害に遭ったときの想定もしておく必要がある。そして，「人」は，家族が障害のある子・人を見ていてもらえる人材である。家の片づけ，休息など，障害の特性を理解した人がいてくれることは何よりも心強いものである。こうした三つのキーワードを軸に，災害が起こる前に家庭や地域で対策を進めておく必要がある。

　また家庭での防災用品の準備，とくに障害の特性に応じた生活用品，好みのおもちゃなどを各自で準備しておくことはもちろん最低限の備えである。こうした準備，態勢作りを家族と支援者が一緒になって進めておくことが重要である。

〈文　献〉

小林朋子　2007　児童を持つ保護者が災害発生時におかれた状況とその支援のあり方　静岡大学教育実践総合センター紀要，**14**，103-109.

小林朋子・石川礼　2012　災害時における障害のある子どもの心身の変化に関する研究——新潟県中越大震災で被災した保護者を対象とした調査から　障害理解研究，**14**，43-52.

Kobayashi, T., Ishikawa, R., & Oishi, H.　2011　Difficulties faced by children with disabilities and their families in the event of a disaster. *The Asian Journal of Disable Sociology*, **11**, 61-74.

小林朋子・中垣真通・吉永弥生・今木久子・長島康之・石川令子　2010　支援者のための災害後のこころのケアハンドブック　静岡大学防災総合センター　http://tomokoba.mt-100.com/（2018年7月10日閲覧）

内閣府　2006　災害時要援護者の避難支援ガイドライン　http://www.bousai.go.jp/taisaku/youengo/060328/pdf/hinanguide.pdf（2017年10月5日閲覧）

白橋宏一郎・横山奎吾・谷津久子・畠山博・木村成道・目黒保伯・小野寺たみ　1980　宮城県沖地震に伴う障害者の反応　精神医学，**22**(6)，625-638.

辻内琢也・吉内一浩・嶋田洋徳・伊藤克人・赤林朗・熊野宏昭・野村忍・久保木富房・坂野雄二・末松弘行　1996　阪神淡路大震災における心身医学的諸問題（Ⅱ）身体的ストレス反応を中心に　心身医学，**36**(8)，657-665.

ユール，W., & ゴールド，A.　久留一郎（訳）　2001　スクール・トラウマとその支援——学校における危機管理ガイドブック　誠信書房

第12章　支援が困難と感じるとき
──児童精神科医の立場から

田中康雄

　僕はあまり平均点な精神科医，あるいは児童精神科医ではないと自覚している。そのようなものが本書に記されてきた悩み多き日々の臨床に対して，示唆的なことはいえない。当初，児童精神科医からの示唆という表題に思い悩み，何度も書いては消し構想を練りながらも頓挫しつづけた。

　結果，日々の臨床の中で体験し，戸惑い，思い知らされ，反省しつづけてきた中で考えたことを綴ることにした。その意味で非常に私的な自己開示である。

1　われわれのクリニックの現状

　僕の現在の臨床は，全年齢を対象としている。「児童精神科医」という肩書きはあまり用をなさなくなっている。

　看板を下ろさざるを得なくなった理由はシンプルである。当初診ていた子どもたちが成長し，成人になっても僕がかかわりつづけている方がいるからであり，子どもの診察の経過中に，親や家族にも医療的対応が求められる場合が少なくないからでもある。かつて児童専門外来に勤めていたころは，こうしたときに別の医療機関を紹介せざるを得ないことがあったが，家族が一緒に対応されることを希望される場合，とくにそれを断る理由もないと思ったからである。年齢制限をしなければ，当然成人以降の方を初診で診る機会は増えてくる。

　僕のクリニックを訪れる方の多くは，とくに限定しているわけではないが，

205

いわゆる発達障害圏に位置づけられる方が多い。その中で，僕が行う治療対応は，わかりにくいが故にかかわりにくいと思われてきた，その方の生き方の輪郭を一緒に見つめ直し，それを周囲だけでなく自分自身に対しても，よりよき理解が深められるよう情報を整理し，提案しつづけることである。なので，治療的対応というよりも，日々の生活の応援と呼ぶ方が妥当ではないだろうかと考えている。

　たとえば，相談の主人公が乳児期の子どもであれば，なにをおいても主たる養育者に，幼児期からは保育・教育の関係者に，その子について，僕が知り得た情報と推測を伝え，適応を強いるのではなく，生活しやすいような配慮と環境整備を提案することに力点をおく。主人公が学齢期になれば，徐々に主人公本人へも自らの得手，不得手を含めた情報と僕の推測を伝え，自己理解の手助けを心がける。ときに僕の推測が大きく誤っていることもある。あるいは，関係者や親，家族へ情報の修正をさせていただく場合もある。生活するうえでは，己を知ることと相手を知ることが，大切なことだと僕は思っている。そのため診察室で，僕はその子に，周囲の人たちの言動を，あるいは周囲の人たちに，この子の思いを，僕の推測も交えつつ翻訳する。そこにも僕の誤訳は当然生じる。なので，その都度軌道修正を行いながら，日々の生活の営みを一緒に考えつづけていく。

　この思考錯誤を補修するのが，僕のクリニックのスタッフたちであり，クリニックの造り全体である。クリニック総体の支援力に僕が助けられている。

　受付スタッフや看護師，心理士や言語聴覚士といったメンバーが，僕の躓きを補償する。補って余りある対応をしてくれる。クリニックの明かり，風の流れ，さりげなく置いてある雑誌や小さいぬいぐるみなどの小物たち。それらすべてが，クリニックを訪れる方をもてなす。

　こうしたクリニック力に，僕は支えられて日々の診療を行う。クリニック力が奏功する要因は，それぞれの力量や立場，専門性以上に，互いが助け合うために必要な相互の信頼関係の構築と惻隠の情である。そのうえでクリニック全体が子どもたちと親にとって，よりよき日常生活のヒントを一緒に考えていけ

第12章 支援が困難と感じるとき

る場所を目指したい。ここで心のゆとりを取り戻せることの一助になるような
出会いを目指したい。

2 支援が困難と感じるとき

（1）支援者側の力量の問題

そのようなかかわりの中で、支援が困難だなぁと僕が、あるいはわれわれス
タッフが感じるとしたら、申し訳ないが僕（あるいはわれわれ）の方に問題が
ある。

発達障害が重度だから支援が困難である、ということではないことは自明で
ある。言語的なやりとりが難しいから困難である、とも言えない。つまり、そ
の子の問題だけで、判断できるものではない。

支援が困難と感じる理由の一つに、「かかわりにくさ」というものがある。

これまでの臨床経験の中で、面接を拒否されたことは何度もある。一言も言
葉を発せず「あなたには、話したくない」という雰囲気を強く感じて、僕は言
葉に詰まったこともある。初回面接が中断し、おそらく見限られたのだろうと
思い知らされたこともある。

これらは、僕に問題がある。僕の出会い方に問題がある。おそらく僕の態度
や言葉のどこかが適切でなかったはずである。なによりも、この子の辛さに僕
はきちんと向き合えなかったのである。せっかく精一杯の思いと力を込めて診
察室を訪れた『キミ』に、僕はその思いを折り、信頼の芽を摘んでしまったの
である。

せっかくかかわりが始まろうとしても、僕が設定した達成基準と現実のギャ
ップが支援困難性を形成してしまう場合もある。今ここで、なすべき優先順位
の設定に僕が失敗した場合である。これも僕の問題である。

支援には明確なゴールはない。その手段、方法にも正解・不正解があるわけ
ではない。なかなか正解が見つからない中で、僕は不確実性にあふれたかかわ
りを強いられる。僕は、これでよいのだろうか、まちがっていないだろうかと

207

不安になる。幾つになっても，経験を積んでも，自信はつねに乏しい。そういえば，医師になった1年目に，僕は，自分の力では太刀打ちできないと思ったある患者さんとご家族に，「よい医者を紹介させてください」と述べ，失笑されたことがあった。先輩に呆れられたエピソードである。

でも，僕は今でも，自分の力量や自分の臨床現場であるクリニックで，この課題に対応しきれるかどうかを考えつづける。半歩先を想定して，次の対策を検討する。自分と自分の臨床現場であるクリニックの限界をつねにチェックする。もう一踏ん張りという思いを持ちながらも，抱え込み過ぎてしまうことで，相手の生活に支障を来してしまうことにならないだろうか，つねに悩む。素晴らしいことをしようとするよりも，せめて失礼なかかわりだけは避けたいと思っている。

その現実検討に誤りが生じるときは，僕の焦りが大きいときである。どこかで何とかならないか，という熱心さが仇になることがある。熱心さは意地となり，ときに支援は支配となる。

中井（1995）は，「…（前略）…ラカニストが，患者を治療者の（治したいという）欲望の対象にしてはならないという戒めを語っているのは，派のいかんを超えて聴く価値がある」と述べている。つねに心に留め置きたい。

（2）信頼関係の構築の躓き

さらに，治療的対応あるいは生活を応援していく中で，信頼関係が危ぶまれたときも，僕は支援の困難さに直面する。

そもそも支援が必要な子どもを前にしたとき，家族，とくに主たる養育者の理解と協力が得られなければ，どのような実践も，僕はできない。

子どもに寄り添い，育ちに一喜一憂し，その結果，医療に相談してみようと思い立ったのは，子どもではなく親である。その後，必要に応じて相談をするために通いつづけようと判断するのも親である。その親に背を向けられないように，あるいは信頼とまではいかないまでも不信感を抱かせないようにしなければ，僕の行為は始まらない。継続もしない。僕は，個人面接に加え家族面接

第12章　支援が困難と感じるとき

を重視する。子どもの日々の生活の支援者との連携も欠かせない。

　クリニックにおける信頼関係の構築の躓きは，僕自身および僕の臨床現場であるクリニック総体の力量不足と判断するべきである。

　解決への糸口は，誠意あるかかわりを，手を抜かずに行いつづけることである。それでも中断してしまった場合は，いつあるかどうかわからない再会に備え，そのときに失礼がないように，心に留め置きつづけておくことである。

　万が一，クリニック以外，たとえば日々の生活の支援者と子どもや親・家族の信頼関係の構築の躓きであれば，僕が仲介して関係修復できるかどうかを斟酌する。日々の生活の支援者とは，他の医療機関，保育・教育・保健・行政などの関係者である。ときにはもう一方の親（夫婦間の衝突）やそれぞれの親の家族への介入も試みることもある。

　僕は，家族や日々の生活者とかかわるときに，この子への支援を困難にしているのは，その子のせいでも，家族に責任があるわけでも，日々の支援者に課題があるのでもない，という提案を心がける。

　コンラッドら（Conrad, P., & Schneider, J. W., 1992/2003）は，社会における子どもの地位と，子どもの問題に対してわれわれが向ける注意と反応により，逸脱の医療化が生起した，と述べている。われわれは，課題視される子どもを，過剰な医療対象化に晒すことのないよう留意したい。僕は，そこにある個人の課題のように取り上げられる現象を個人に還元するのではなく，つねに時代的，思想的に，社会的に彩られ浮上したものである，と理解したい。ルソー（Rousseau, J-J.）（1962）が言うように，「弱い者として生まれ」，「なにも持たずに生まれ」，「分別を持たずに生まれ」た子どもにわれわれが向きあうとき，その子どもともっとも身近で生活をともにする家族の理解と協力は欠かせない。

209

3 「理解・協力者」から「応援されるべき者」へ
──子どもにかかわる人への支援

（1）子どもにかかわる親・家族を支える

　発達障害というその子にある特性と生活の営みとの関係に，困難性が生じることもある。生活をともにする者の辛さを無視してはならない。身近で生活をともにする家族に理解と協力を要請するだけでなく，ときに僕は家族を応援する側にも回る。支援の困難さに直面しているのは僕だけではない。1日24時間，僕以上に家族もまたその困難さに戸惑っている。

　止まらない自傷行為や器物破損，親やきょうだいへの暴力行為やパニックといった自制させることが難しいわが子の言動を前にして，かかわる親が疲弊し，困惑している。

　僕ができることは，その苦労に寄り添い，労いの言葉をかけつづけることである。同時に具体的な解決策を探し，提案する。その言動の引き金などを行動観察し行動療法的な接近を試みる。ごく少量の薬物療法を試みる。しかし，なかなか思うようにいかないことは少なくない。子どもたちの周囲を困らせる言動には必然性が必ずある。その意味を拾えないと，その言動は消失しない。

　その子の成長をひたすら待つこともある。丁寧に検討を繰り返し，環境調整に心を配る必要もある。家族生活空間や学校生活空間の微妙な変化が，その子の心を大きく揺らしている場合もある。しかし，それらは，当初なかなか解明できず，その間ただひたすらの忍耐を親・家族に強いてしまうこともある。ときには，親・家族と一定の距離を作らないと共倒れになってしまうような場合もある。診察室でできることは，親を労いつづけることである。せめて，忍耐から家族の綻びが生じないよう，生活支援を継続して心がけていく。

　時間をかけていく中で，その子自身が成長し，同じ生活環境の中で行動が収まってくることもある。僕は，ともに喜び，それまで頑張りつづけた家族に頭を下げる。

第12章　支援が困難と感じるとき

　ときには医療以上に，訪問看護や保健師の訪問指導が奏功することがある。児童相談所との連携も必要に応じて行う。使える資源の活用を精一杯行う。

　しかし，僕も含めて，関係者を増やすことが，単純によりよい応援者を増やすことにならず，子どもや親・家族を傷つけ，追い詰め，困惑させ，孤立感に至らしめることもある。気づいたときには迅速に軌道修正のため，僕は環境を調整するための関係者・連携会議を試みる。

　問題はなかなか解決しないが，解決に向けての努力を怠らない姿勢は示すべきである。こうした尽力が，親・家族の心をささやかに癒やすと信じている。

（2）親自身への支援

　子どもの発達障害の理解そのものの齟齬が家族内で生じている場合も支援困難になることがある。

　二人親で養育方針に大きな差異が生じている場合，就学先や教育方針，あるいは生き方全体へも影響を及ぼすことがある。僕が介入者として双方の話を聴かせてもらうと，双方の親の人生観が語られ，そこにはそれぞれの親が受け継いだ「育てられてきた歴史」が浮上してくる。僕は夫婦で外来受診してもらい，それぞれの育て方と子どもへの思いを重ね合わせ，新しい家族の有り様を作りあげるお手伝いをさせていただくため，継続的に相談する。

　このときに支援が必要なのは夫婦であり，子どもではない。診療カルテは夫婦それぞれのものが必要になる。それぞれが医療的支援を求め，主人公として診察室に足を運んでもらう。このとき，親は親ではなく，個々となる。

　支援とは，主体性を持って生きていく力をエンパワメントすることである。僕は，親がときには，「自分の問題」と自覚して受診してもらうことに意味があると思っている。

　親自身への支援の困難性にもたくさんのことが隠れていることがある。夫婦間に情緒的齟齬が強まり，離婚問題に発展したり，じつはドメスティックバイオレンスが隠れていたということがあったり，双方あるいは片方の親に子どもと似た特性があることで，夫婦間でのコミュニケーションに齟齬が生じていた

211

り，誤解から感情的に衝突ばかりしていたり，といった夫婦の歴史が明らかに
なることもある。

　夫婦それぞれに，あるいはどちらかに深い課題があるか否か，双方の親（子
どもにとっては祖父母）に来ていただき生育歴を聴き取り，夫婦個々に心理検
査を行う場合もある。ただし，こうした深い介入は，双方がそれを経てよりよ
い家庭を築いていくという前向きな覚悟が前提でないと，行う意味がないと僕
は思っている。生活や家庭を追い詰めるために医療は存在するべきではない。
家庭が壊れるような方向に医療が加担しないよう，十分注意すべきである。

（3）社会的養護の中の子どもとかかわる大人

　最近の課題は，「社会的養護」という生活形態にいる子どもたちである。
様々な理由により，養育者と離れ施設で生活している子どもへの支援は，ひじ
ょうに困難である。彼らの日常にはなにかしらの虐待，ネグレクトといったか
かわりが存在しつづけ，子どもたちはその生活環境が「当たり前」なものと認
識し，必死に適応しつづけてきた。その経験しかない生活の中で，二者関係が
形成され，それを下敷きに自分が作られる。感情や行動をどこまで自制してよ
いか，戸惑いながらも己の内にある感情と刺激に触発された感情を素直に表出
してきただけである。しかし，どのように感情発散したとしても明日に繋がる
よりよき変化は生じない。そんな人生を生きてきた子どもたちにはよりよき生
活としての安全と安心の不断の提供が必須ではあるが，それを社会的養護の生
活環境の中で得るには困難がつきまとう。

　実際は施設生活の中で彼らはサバイバルする。信頼と安全を求めながら，感
情や行動の調整を自制できない。安全を求めながら，危機的状況を自ら作り，
自傷し，他害し，安全でない状況を作りつづけ，保ちつづけ，それを普通の生
活として営みつづけようとする。

　診察室での対応に，僕は限界を痛感している。究極的には，生活を共にする
中で，安心を，安全を，提供しつづけるよう「努力」しつづけないといけない
のに，診察室は断片的な生活しか提供しない。

第12章　支援が困難と感じるとき

よい方向に導かれそうになればなるほど，彼らにとっては普通の生活でなくなるため不安を惹起し，彼らにとっての普通の生活を取り戻そうと，誤った安心を確認しようと，様々な迷惑行為を繰り返す。

彼らが過去の普通のしかし安心ではない生活から脱け出して，真の安心した生活こそが普通の生活なのだと知るまで，日々をともにする職員は，彼らの思いを受け止めそれでも壊れない姿を見せつづけないといけない。その経験が大人や社会を信頼する力を育ませる。

ともに生きる社会的養護という生活空間が，職員もまた保護する力を持たない限り，この支援はとても困難である。こうした子どもたちと日々をともにするほとんどの職員は，実際は疲弊しつづけている。その中で，僕ができることは，前述した親や家族へのかかわりとほとんどが同じである。

4　優れた支援者

優れた支援者とは，今ここでもっとも求められている対応が臨機応変に行える人のことであろう。

そのために必要なことは，小さなことでも見落とさない細心の注意と，対峙したときの空気あるいは雰囲気の違和感（気配というべきかもしれない）に敏感でいられることであろう。

それはたとえば，全体の雰囲気，身だしなみへの気遣い，小さな落ち着きのない動きへの留意，眼の輝き，表情の動き，挨拶からはじまる支援者の言葉への反応の仕方などである。

同時に，優れた支援者は，自分自身の心身の状態にも敏感でないといけない。それはたとえば，他者にかかわる己の気持ちの動き具合，疲れ具合，心のゆとりの程度，私的な心配事の有無，聴く姿勢の自己モニター，話の間の取り方，言葉の選び方，今自分の周りに流れている雰囲気の把握，緊張感を醸し出すことなく五感を研ぎ澄ましているかなどである。

尾崎（1997）は，援助における基本として①まず自分に働きかけ，②相手や

213

援助に対する防衛や構え，先入観，意気込みを自覚し，それらからできるだけ自由になり，③相手の感情に率直になり，自分に対して無理，ごまかしのない自然な構えと姿勢を備える，と述べ，「自然体」と称した。

僕にとっては日暮れて道遠しではあるが，今後も精進したい。

5　愚者の独語

（1）知識を積み重ねて支援を生かす

結局，僕たちは支援が困難と呼ばれる子どもとその家族，そして自分も含めた支援者という立場の方々に対して，どう考え，どうしていけばよいのだろうか。

まずは，知識の積み重ねは感情的なあるいは先入観的な誤解を防いでくれるだろう。

発達心理学について，発達障害の特性について，虐待やアタッチメントの躓きについて学ぶことは，理論武装としての基礎となるだろう（付録参照）。

次にその知を，眼の前の子どもや家族，関係者とともに，これまで生きてきた物語として紡ぎだし，その仮の理解を，可能であれば本人に伝え，修正と同時に，自己理解の機会とし，次にそれぞれができるかかわりを計画していくことであろう。その際，そこここの生活の場所を基盤に，できること，できないことをつねに提起して，変化が期待できること，変化を強要しないことを，その都度確認していくことで，期待が希望になるか，幻想として重くのしかかることになるか，が想定できよう。

（2）本人の主体性を支える環境を作る

よりよく生きていくために重要なことは，本人がいかに主体性を形成し，確保し維持できるかである。これは生涯の目標ともいえる。

発達障害という生活の障害を作りだしやすい方には，無理な苦労を強いられないような環境作りが大切であろうと僕は思っている。すくなくとも，治療の

名の下に，「健常に近づける」という視点で規範化，正常化を図るという旧来の医療の治療目標は，すべて取り下げたうえで，あらためてよりよく生きていくための主体性を考えつづけたい。とくに，他者とともに生きる中にある前向きな感情に光をあてたい。

個別性は重視されながらも，多様性の理解が乏しい中で，僕たちがかかわる方々は，日々の生活に，いまだ呻吟している。

支援に行き詰まり，途方に暮れたとき，われわれは，投げ出したくなったり，落ち込んだり，他罰的になったり，自責的になる。ときには仕事への情熱を失うこともあるかもしれない。

僕は，そんなとき，こうした日々の生活で一番困っているのは，この子であり，次に，わが子に充分な対応ができないと思いこんでしまっている親だろうと想像することを心がける。ときに自宅での日々のやりとりを想像し，できるだけ生き生きと彼らの日常を思い浮かべるようにしている。

彼らの真の日常に比べれば，僕の日常の辛さはまだまだ甘い。僕の日常は多くの部分で支えられていると安堵できるものであると思い知る。

彼らの日常に「なにが生じているか」，「そのことでどのような思いが生じたのか」ということに耳目を集中し，そこに想像力を働かせる。すると，彼らの孤独感や追い詰められ感に，ささやかながらも思いが重なる。

ほんの少しでも，「この暗闇の中の辛さ」に小さい光を遠くからでも，灯すことができればと思う。いやそれは支援者の自己満足かもしれないが。

6　支援者へのエール

多くの失敗や限界を感じながらも，長く支援という場で生きてきて，学んだことを記す。

支援者も一人ではないという保証と支えが必要である。それを目に見えるようにするために連携会議がある。

抱えきれないときに，ふと浮かぶ人が自分の支援者であるという自覚をし，

今支援している方々にとって，そうした浮かぶ存在になっているかと自戒したい。

うまくいかないときは，その後にうまくいくために必要な序章であると考え，時熟を待つことも大切である。

キミは一人でないと言えるためには，己自身もまた頼れる人を保持しておくべきである。

佐藤（2001）によれば，ショーン（Schön, D. A.）は専門家を，患者が苦闘している泥沼を山の頂から見下ろす特権的な存在に留まる古い専門家と，その泥沼を引き受けて患者とともに格闘する新しい専門家に二分し，前者を技術的合理性にもとづく技術的熟達者とし，後者を行為の中の省察にもとづく反省的実践家と提示した，という。僕は，支援者はつねに反省的実践家であるべきだろうと思っている。

7　支援から共生へ

杞憂を述べておく。

現代は，人間における有り様の多くが，狭義の精神医学的視点での説明を求められているように思われる。いわゆる「事態の精神医学化」である。その一方で精神医学が対象にしてきた病態，障害像は高速に変遷している。ここには社会環境の変容が反映されていると思われる。

岩井（1980）は，「個人の状態を究めることで病因を明らかにしようと努力してきた精神医学（病理学）は，個人にかかわりながらも，なおかつ個人を越える現象にまで病因を求めざるを得ない状況に追い込まれてきた」と述べ，まるで現代の混沌を予言したかのようである。そして岩井は「その個人が存在する場である社会が，いかに病むかということが新たな問題としてクローズアップされてきた」と言をつづけた。四半世紀以上前の考察である。

最後に希望を処方したい。

「支援が困難な子どもたち」とは社会病理をあぶり出し警鐘を鳴らしている，

先駆的な子どもたちなのかもしれない。僕たちは，彼らを理解しようと，彼らの語りにきちんと耳を傾けつづけなければならない。支援をすることで，彼らの主体性が明らかになることで僕たちは自らにあらためて気づくことができる。

双方が自己理解を深めて生活を紡ぎ出していく。支援から共生へ，そのために僕たちができることは，なんだろうか。

それぞれが考え，実行に移すときが，来た。

〈文　献〉

Conrad, P., & Schneider, J. W.　1992　*Deviance and medicalization: From badness to sickness.*　Temple University Press.（進藤雄三（監訳）　杉田聡・近藤正英（訳）　2003　逸脱と医療化――悪から病いへ　ミネルヴァ書房）

岩井寛　1980　まえがき，臨床社会病理学の理論　岩井寛・福島章（編）　現代臨床社会病理学　岩崎学術出版社　pp. 1-36.

中井久夫　1995　分裂病の陥穽　家族の深淵　みすず書房　pp. 133-151.

尾崎新　1997　対人援助の技法　誠信書房

ルソー，J-J.　今野一雄（訳）　1962　エミール（上）岩波文庫

佐藤学　2001　訳者序文　専門家像の転換――反省的実践家へ　ショーン，D. A.　佐藤学・秋田喜代美（訳）　専門家の知恵　ゆるみ出版　pp. 1-11.

付　録

1　発達障害について

　診断分類としてわが国では，福祉行政分野の診断基準にはWHOによる
ICD-10（疾病及び関連保健問題の国際統計分類第10版）が使用されているが，臨
床分野では米国精神医学会の精神疾患の診断分類（DSM）も使用されている。
とくに注意欠陥多動性障害という診断名はICD-10にはなく，DSMのみで採
用されている。そのDSM分類が，2013年に19年ぶりに改訂された。「精神疾
患の診断・統計マニュアル第5版」通称DSM-5である。またICD-10の次の
改訂，ICD-11は2018年以降に公表される予定であるが，DSM-5の考え方が
かなり踏襲される可能性が高いという。

　以下，DSM-5を中心にその前身のDSM-Ⅳ-TR，ICD-10を織り交ぜなが
ら簡単に説明しておく。

　わが国で定義されている発達障害が，DSM-5では「神経発達症群」として，
知的能力障害群を加え，コミュニケーション症群，自閉スペクトラム症，注意
欠如・多動症，限局性学習症，運動症群を一括りとし，「発達期に発症する一
群の疾患である。この障害は典型的には発達期早期，しばしば小中学校入学前
に明らかになり，個人的，社会的，学業，または職業における機能の障害を引
き起こす」発達上の特徴をもつものと定義された。

①知的能力障害群

　これまで精神遅滞あるいは知的障害と言われていたものである。これまでは
知的機能を示す知能指数（IQ）と日常生活上の不適応で判断されるとし，IQ
が平均を下回る数値で重症度分類していた。平均以下とはIQ70未満を指し，
軽度：50～69，中等度：35～49，重度：20～34，最重度：20未満としていた。
DSM-5ではこの数値が必ずしも生活の困難さに結びつかないということで，
IQの数値だけではなく，社会生活上の困難さの程度によって重症度を総合的
に判断することにした。

218

②コミュニケーション症群

　表出性言語障害（言語，身振りによるコミュニケーションの障害），受容—表出混合性言語障害（言語，身振りに加えて言語理解の障害），音韻障害（音声の産出，使用，表現，構成の誤り），吃音症（会話の流暢さと時間的構成の困難）などを包括した診断名である。DSM-5では，ここに「社会的（語用論的）コミュニケーション症」という診断名を新しく採用した。これは言語的および非言語的コミュニケーションの社会的使用（言葉の裏を読む，場の空気を察知する，相手の表情を伺うなど）が持続的に困難である状態を指す。「社会的（語用論的）コミュニケーション症」は，限局したパターン的な興味と行動が認められない点で自閉スペクトラム症と鑑別できるとしている。

③自閉スペクトラム症（ASD）

　対人関係とそこに生じる非言語的交流や関係性を維持し，育む能力に躓きがあり，興味関心の偏りや反復的言動があることを特徴とし，ここに感覚の過敏さ，鈍感さが加わっている。これまで広汎性発達障害という大項目の下に，自閉性障害，アスペルガー障害という下位分類が設定されていたが，DSM-5では下位分類をなくし，自閉スペクトラム症と一括した。

④注意欠如・多動症（ADHD）

　年齢不相応の不注意，多動，衝動性を特徴としたもので，DSM-IV-TRでは7歳未満に認められ，広汎性発達障害との併存を認めないと定義されていたが，DSM-5では発症年齢が12歳以前となり，自閉スペクトラム症との並存が認められるようになった。また症状必要項目が不注意9項目中6項目以上，17歳以上の青年成人期では5項目以上，多動性・衝動性も9項目中6項目以上，17歳以上では5項目以上と加齢により少なくてもよいことになった。

⑤限局性学習症

　これまで学習障害と呼ばれていたもので，基本的に，知的な遅れがないのに読字，書字，算数の基礎的な学習が身につきにくいものをいう。

⑥運動症群

　(1)運動技能の稚拙さや不正確さといった発達性協調運動症と，(2)身体を揺す

る，頭を打ちつけるといった行動を繰り返す常同運動症，(3)瞬きなどの運動性チック，鼻鳴らしなどの音声チックといったチック症群をここに組み込んだ。

2 アタッチメント障害について

　虐待，ネグレクトを受けた子どもには，社会で肯定的に生きることを保障されていない結果として多彩な身体面，行動面，精神面の症状が認められる。それ以上に子どもたちは，強い攻撃性や衝動性といったセルフコントロールの躓きと，基本的生活行動の躓き，いわゆる人間らしく生きることを護られていない状況を示す。

　本来，生理的早産として一年間を絶対依存者として生まれてくる子どもは，自己中心的に欲求し受動的に保障される中，養育してくれる相手を信頼していく。これは，エリクソン（Erikson, E. H.）のいう「基本的信頼感」の獲得であり，希望という活力を手に入れる。子どもの「求め」に，養育者（主に母親役）がきちんとほどほどに「応じる」ことで，子どもにアタッチメントが形成される。アタッチメントは，安定した対人関係を成立させるうえで不可欠なものであり，もしなんらかの要因で形成できないと，その子どもはアタッチメント障害という躓きのある状態像を示す。

　DSM-5では，養育者への抑制され引きこもった行動，持続的な対人交流と情動の躓き，不十分な養育の既往を診る反応性アタッチメント障害と，見知らぬ大人への積極的な接近，社会的な逸脱行動，不十分な養育の既往を診る脱抑制型対人交流障害という二つのアタッチメント障害が設定されている。上述の発達障害との関連で言えば，反応性アタッチメント障害と自閉スペクトラム症との鑑別，脱抑制型対人交流障害とADHDとの鑑別は至難である。

　〈文　献〉

　American Psychiatric Association　2000　*Diagnostic and statistical manual of mental disorders, Fourth edition, Text revision: DSM-IV-TR.*　APA.（髙橋三郎・大野裕・染矢俊幸（訳）　2004　DSM-IV-TR　精神疾患の診断・統計マニュアル新訂版　医学書院）

第 12 章　支援が困難と感じるとき

American Psychiatric Association　2013　*Diagnostic and statistical manual of mental disorders: DSM-5.*　APA.（日本精神神経学会（日本語版用語監修）髙橋三郎・大野裕（監訳）　2014　DSM-5　精神疾患の診断・統計マニュアル　医学書院）

World Health Organization　1993　*The ICD-10 classification of mental and behavioural disorders: Diagnostic criteria for research.*　WHO.（中根允文・岡崎祐士・藤原妙子（訳）　1994　ICD-10　精神および行動の障害——DCR 研究用診断基準　医学書院）

あ と が き

　あとがきでは，本が出版されるまでのプロセスに携わってくださった関係の
みなさまや読者に対して，感謝の気持ちを述べるのが通例である。もちろんこ
こでも多くの方々に心より気持ちを述べさせていただきたいのだが，この本の
場合，とりわけ執筆の労を取ってくださったみなさまにもお伝えしたい気持ち
がある。

　困難であったと感じた事例，その実践を振り返るという作業は，臨床実践を
行うものにとっては当たり前の営みである。しかし当たり前とは言いつつも，
その作業の中で生じてくる息苦しさや重さ，ざわつき，揺らぎといった感覚を
からだに置き続けるのはけっして心地よい時間ではない。少なくとも自分は，
目につきやすい教訓や糧といった実だけをさっと取り出して，これらの感覚を
霧散させ，遠ざけることが少なくないように思う。長い時間，感覚に身を浸す
のは避けたいのが正直なところである。しかし執筆となると，種々の感覚から
遠ざかってばかりいるわけにもいかず，からだの中に置き続けながら，実践の
過程を見つめ直すことが求められる。見つめ直しの中では，新たな気づきもも
たらされるが，居心地のよろしくない感覚をともなうこともある。各執筆者に
あっては，執筆の過程の中で様々にこのような体験をされたのではないかと想
像される。その労苦にあらためて敬意を表し，感謝申し上げたい。

　さて本書の執筆，編集を行いながら，新たにわいた疑問がある。それは困難
だった実践事例があるとすれば，その逆，うまくいった事例，うまくいった実
践とはどのようなものを指すのだろうか？という疑問である。たしかにうまく
いった**事例**というのはあるのかもしれない。ある生きにくさや悩みを持ってい
たクライエントにおいて，その問題が解消されたり，対処されたりすることは
あるだろう。身体疾患でいえば「治る」というようなことはあるのかもしれな
い。もちろんこれほど望ましいことはないだろう。

　ではうまくいった**実践**とは，どのような実践だろうか。上述のように問題が

解決して終結した事例をうまくいった実践と呼んでいいのだろうか。そこには何かしっくりこない感じがしている。たとえば，筆者には長年にわたり関係を持ち続けている家族がいる。その家族には，子どもの成長・発達や生活の変化にともない，あるいは日々の生活の中で，大小様々な問題が起きていく。その時々に，そのいくつかに対して，家族を中心に我々支援者も含めて多くの人が協働して対処しながら，日常の生活が営まれている。問題そのものに向き合うこともあれば，日常の生活の繰り返し＝今日を生きることに視点が向くこともある。全部の問題がクリアに解決されることなどありえない。「一難去ってまた一難」あるいは「日々問題を抱えながらの生活」といえば大変そうにも聞こえるが，むしろ健全な家族のあり方にも思える。あるときにふと，そのような家族によりそった実践ができていると感じられたとき，うまくいった，うまくいっている実践の一つとよぶことができないだろうか。このような思考のめぐらせは，支援者として何を目標にするのかを考える幅を広げてくれるのかもしれない。

　いずれにしても困難さを見つめる作業から，新たに考えるべきテーマが生まれたことは，この本の編著作業が生産的な仕事であった証である。このような機会を持たせていただいたことに深く感謝申し上げたい。

　最後に，この本の構想の段階から丁寧かつ頻繁にアドバイスをいただいたミネルヴァ書房の吉岡昌俊さんには，本当にお世話をかけた。それぞれの原稿を丹念に読みやすくしていただいた実践には困難さもあったのではないかと推察するが，あらためてここにお礼と感謝を申し上げる次第である。

　2018年8月

香野　毅

索　引

（＊は人名）

あ　行

愛着障害　*5, 7*
アウトリーチ　*iii*
アウトリーチ型　*159*
アスペルガー障害　*21*
アセスメント　*iii, 2, 4, 15, 36, 121*
アタッチメント　*69, 214*
怒り　*31, 33*
怒りのコントール　*34*
移行期　*119*
意志表示　*114*
1歳半健診　*66*
1歳半の節　*66, 72, 78*
＊糸賀一雄　*155*
居場所　*30, 52, 53, 57, 113, 125, 131,*
　　　141-143, 151
医療的（な）ケア　*101, 102, 192, 196*
因果関係　*109*
インクルーシブ教育　*140*
陰性転移　*38*
インテーク　*21*
エコラリア　*66*
エピソード　*46, 50*
エンパワメント　*126, 211*
応用行動分析　*63*
親子並行面接　*21, 25, 34, 36*
親との共闘　*144*
親との共同　*96*
折り合い　*91*

か　行

外傷体験　*195*
階層一段階理論　*66*

快の状態　*112*
快・不快の感情　*103, 116*
解離　*6, 7*
かかわりにくさ　*207*
学習性無力感　*64*
学童期　*119*
学童クラブ　→放課後児童クラブ
家族との連携　*10*
家族の機能　*147*
家族面接　*208*
学校の福祉的機能　*121, 122*
活動の切り替え　*180*
活動論　*79*
寡動　*43*
加配　*188*
からかい　*69*
からだ　*192*
考え方　*194*
感覚の世界　*84*
環境設定　*47*
環境調整　*210*
関係発達　*16*
感情のコントロール　*33*
寛容さ　*140*
キーパーソン　*103*
記号　*116*
期待反応　*102*
気になる行動　*84*
機能連関　*65, 70, 72, 74, 76, 78, 79*
気分障害　*7, 9*
基本的安心感　*113*
基本的信頼感　*142, 220*
気持ち　*194*
虐待　*214*

教育相談　*120*

共感・共有体験　*103*

共感的自己肯定感　*57*

共感的他者　*143*

共感的な人間関係　*95*

共感的理解　*94*

教職員集団の専門性　*98*

共生　*217*

共同注意（joint attention）　*66, 69, 72*

共同治療者　*10*

強度行動障害　*ii, 156*

強迫的行動　*72, 74, 77*

共有・共感関係　*112*

居住支援事業　*156*

緊張状態　*111*

クライエント　*11, 17, 21, 223*

クリニック　*205*

グレーゾーン　*177*

傾聴　*13*

ケース会議　*123, 124, 127, 147*

高機能自閉スペクトラム症　*43, 45*

攻撃性　*29, 36*

後続事象　*63*

行動　*193*

行動療法　*210*

校内委員会　*41*

広汎性発達障害　*6, 19*

呼吸法　*200*

極微の変化　*117*

個人面接　*208*

こだわり　*150*

子ども虐待　*7*

子ども主体　*186*

子ども食堂　*133, 134*

子ども理解　*98*

「この子らを世の光に」　*155*

個別性　*215*

個別の指導計画　*4, 94*

コミュニケーション　*74*

コンサルタント　*159*

コンサルティ　*159*

コンサルテーション　*ii, iii, 159*

さ　行

最良の教師　*10*

先走り行動　*71, 76*

三項関係（triad relation）　*66, 69, 72*

3歳児健診　*12, 22*

支援チーム体制づくり　*121*

自我　*114*

自我の誕生　*70*

視覚優位　*85*

自己像　*32*

自己と他者の意図　*69*

自己と他者の意図のつながり・調整　*70, 74*

自己有能感　*158*

自己理解　*206*

思春期・青年期　*140*

自傷行為　*i, 63, 160, 210*

姿勢介助　*104*

姿勢づくり　*112, 113*

姿勢の相互調整　*116*

自然体　*214*

実践の主体者　*95*

児童虐待　*119*

児童精神科医　*205*

児童相談所への通告　*125*

児童養護施設　*i*

シビアケース　*iii*

自分づくり　*151*

自閉症　*19*

自閉スペクトラム症（ASD）　*3, 19, 20, 36,*
　41, 63, 86, 139, 145, 160, 195-198

社会適応　*35*

社会的擁護　*212*

社会福祉士　*125*

就学相談　*12*

重症心身障害児　*101*

226

索　引

集団的自己　*56*

集団の親密性　*51*

重要な他者　*103, 110, 116*

主体性　*214*

巡回相談　*ii, 178, 180*

障害者権利条約　*79*

障害者施設　*156*

障害者総合支援法　*156*

障害受容　*123*

障害の特性　*195*

省察　*216*

情動　*114*

情動の伝染　*116*

衝動性　*31*

初期コミュニケーション　*116*

処遇困難　*158*

事例　*1*

事例検討会　*8*

人格（の）形成　*94, 95*

神経発達症　*20*

心身の変化　*192*

身体への働きかけ　*113*

新版K式発達検査　*67, 71*

信頼関係　*47, 105, 208*

心理教育　*200*

心理療法　*20*

スーパーバイザー　*21*

スクールカウンセラー　*iii, 2, 120, 123, 195*

スクールソーシャルワーカー　*iii, 120*

ストレス　*199*

ストレス反応　*199*

ストレスマネジメント　*200*

ストレングス　*125*

生活介護　*156*

生活支援　*210*

生活指導　*139, 141, 142*

生活保護　*128*

生活臨床モデル　*17*

精神疾患　*128*

生理心理学アプローチ　*102*

生理的基盤　*107*

生理的指標　*102*

セラピスト　*36, 37*

セルフケア　*200*

先行事象　*63*

選択制緘黙　*42*

専門性　*97*

創造性の欠如　*37*

相談行動　*11*

相談ニーズ　*11, 14*

ソーシャル・スキル　*4, 42*

ソーシャル・スキル・トレーニング　*20*

ソーシャルワーカー　*9, 119, 120, 134*

外への志向性　*110*

た　行

第一反抗期　*64*

体験世界　*111*

退行　*23*

退行現象　*36*

退行状態　*23, 28*

対峙の感覚　*116*

対人援助専門職　*120*

対人的な過敏性　*32*

第二次間主観性　*69*

多価的パーソナリティ　*56*

他害　*i, 5, 166*

他害行動　*160*

他者の意図　*49*

多動　*21, 23*

試し行動　*168*

多様性　*215*

多様性尊重　*134*

地域包括支援センター　*129*

チーム学校　*iii*

知的障害　*8, 9*

知能検査　*ii*

注意の転導性　*31*

227

中心的な課題　95

聴覚障害　9

調整　69

重複障害学級　83

治療モデル　17

定位反応　102

定型発達　68

定型発達児　55

てんかん　160

動作訓練（心理リハビリテイション）　13

当事者　147, 150

当事者研究　79

特別扱い　56

特別支援教育　i, 4, 138, 177

特別支援教育コーディネーター　126

特別な教育的支援　41

特別な配慮　51

トラウマ　7

＊トレヴァーセン（Trevarthen, C.）　69

トレランス　140

な 行

内面理解　114

納得優位　85

二次障害　42

日中活動事業　156

ネグレクト　142, 212

脳性まひ　8, 13

能力の発達　95

は 行

破壊行動　71, 76

箱庭　31

発達観　186

発達検査　ii

発達支援　8, 17

発達障害　6, 7, 19, 206, 210

発達段階　178, 182

発達の層化現象　65

発達保障　156

発達保障論　138

発達要求　64, 77, 78, 93, 174

発達臨床　119

パニック　i, 22, 23, 83, 166, 169, 171

場面緘黙　43, 55

パワーレス　139

反省的実践家　216

＊ピアジェ（Piaget, J.）　68

ひきこもり　119, 139, 148

非行問題　119

人と交わる世界　85

表象　68, 109

貧困　133, 147

不安　36

不安の高さ　28

福祉避難所　198

不登校　3, 23, 137

フラッシュバック　194

プランニング　iii

プレイルーム　37

プロセスゴール　55

分離不安　33

変化の兆し　96

保育観　178, 186, 188

放課後児童クラブ（学童クラブ）　44, 45

訪問型学習支援サービス　134

訪問教育　104

保健師　125

保護者のニーズ　10

保護者面接　20

保護主義　145

母子分離　27, 29, 33

＊ホブソン（Hobson, P. R.）　69

本当の要求　170

ま・や 行

学びの場　151

見通し　85, 107, 145

索　引

問題行動　*ii, 23, 42, 63, 64, 70, 78, 93, 148, 178, 181*

遊戯療法　*20, 25, 36-38*

有能性　*55*

ゆるやかな信頼関係　*149*

養育環境　*125*

要援護者　*191*

養護教諭　*125*

要支援児　*45, 51*

陽性転移　*38*

要保護家庭　*128*

要保護児童対策地域協議会（要対協）　*130*

予期的追視　*109*

拠り所　*152*

ら・わ 行

療育　*8, 14*

リラックス法　*201*

レスパイトサービス　*9*

連携　*15*

連携会議　*215*

わがまま　*48, 86*

＊ワロン（Wallon, H.）　*116*

欧 文

ASD　→自閉スペクトラム症

DSM-5　*19, 42, 218*

DV　*7*

Family-Centred Service　*8, 10*

ICD-10　*42, 218*

ICF　*4*

showing　*66*

showing 行動　*75*

TEACCH プログラム　*64*

Transactional Model　*16*

WISC-Ⅲ　*65*

229

《執筆者紹介》

別府悦子（べっぷ　えつこ）編者，まえがき，第2章，第6章，第9章
　　中部学院大学教育学部　教授

香野　毅（こうの　たけし）編者，第1章，あとがき
　　静岡大学教育学部　教授

中西由里（なかにし　ゆり）第2章
　　椙山女学園大学人間関係学部　教授

服部敬子（はっとり　けいこ）第3章
　　京都府立大学公共政策学部　教授

別府　哲（べっぷ　さとし）第4章，第9章
　　岐阜大学教育学部　教授

竹沢　清（たけざわ　きよし）第5章
　　元 愛知県立千種聾学校 教諭／あいち障害者センター　講師

近藤博仁（こんどう　ひろひと）第6章
　　元 岐阜県立の特別支援学校　教諭

鈴木庸裕（すずき　のぶひろ）第7章
　　日本福祉大学子ども発達学部　教授

湯浅恭正（ゆあさ　たかまさ）第8章
　　中部大学現代教育学部　教授

藤井美和（ふじい　みわ）第9章
　　いぶき福祉会 第二いぶき 生活支援員

田宮　縁（たみや　ゆかり）第10章
　　静岡大学教育学部　教授

小林朋子（こばやし　ともこ）第11章
　　静岡大学教育学部　教授

田中康雄（たなか　やすお）第12章
　　こころとそだちのクリニック むすびめ　院長

《編著者紹介》

別府　悦子（べっぷ・えつこ）

東京学芸大学大学院連合学校教育学研究科博士課程修了　博士（教育学）

臨床心理士，臨床発達心理士

現　在　中部学院大学教育学部・大学院人間福祉学研究科 教授

主　著　『特別支援教育における教師の指導困難とコンサルテーション』風間書房，2013年

　　　　『発達障害の人たちのライフサイクルを通じた発達保障』全国障害者問題研究会出版部，2012年

　　　　『「ちょっと気になる子ども」の理解，援助，保育——LD, ADHD, アスペルガー，高機能自閉症児』ちいさいなかま社，2006年

　　　　『LD・ADHD・高機能自閉症児の発達保障——子ども・家庭・学校をつなぐ』全国障害者問題研究会出版部，2003年

　　　　『発達支援と相談援助——子ども虐待・発達障害・ひきこもり』（共編著）三学出版，2014年

　　　　『臨床発達心理士わかりやすい資格案内　第3版』（共著）金子書房，2017年

　　　　『子どもと保育者の物語によりそう巡回相談——発達がわかる、保育が面白くなる』（共著）ミネルヴァ書房，2016年

　　　　『保育のなかでの臨床発達支援』（共著）ミネルヴァ書房，2011年　ほか

香野　毅（こうの・たけし）

九州大学大学院教育学研究科博士後期課程退学

臨床心理士，日本リハビリテイション心理学会スーパーバイザー

現　在　静岡大学教育学部 教授

主　著　『KIDS こころの救急箱——気づけば大人も育ってる』静岡新聞社，2013年

　　　　『基礎から学ぶ動作法——心理リハビリテイション・ガイドブック』（共著）ナカニシヤ出版，2015年

　　　　『インクルーシブ教育時代の教員をめざすための特別支援教育入門』（共著）萌文書林，2015年

　　　　『ジョイント・アテンション——心の起源とその発達を探る』（共訳）ナカニシヤ出版，1999年

　　　　『自閉症 もうひとつの見方——「自分自身」になるために』（共訳）福村出版，2018年　ほか

支援が困難な事例に向き合う発達臨床
──教育・保育・心理・福祉・医療の現場から──

2018年10月10日　初版第1刷発行　　　　　　〈検印省略〉

定価はカバーに
表示しています

編著者	別	府	悦	子	
	香	野		毅	
発行者	杉	田	啓	三	
印刷者	中	村	勝	弘	

発行所　株式会社　ミネルヴァ書房

607-8494　京都市山科区日ノ岡堤谷町1
電話(075)581-5191／振替01020-0-8076

© 別府・香野ほか, 2018　　　　　　中村印刷・清水製本

ISBN978-4-623-08404-3

Printed in Japan

関係の中で人は生きる A 5 判／384頁
──「接面」の人間学に向けて 本体　2800円
鯨岡　峻 著

遊戯療法──様々な領域の事例から学ぶ A 5 判／304頁
伊藤良子 編著 本体　2600円

発達障害児・気になる子の巡回相談 四六判／232頁
──すべての子どもが「参加」する保育へ 本体　2500円
浜谷直人 編著

子どもと保育者の物語によりそう巡回相談 四六判／272頁
──発達がわかる、保育が面白くなる 本体　2400円
浜谷直人・三山　岳 編著

多様性がいきるインクルーシブ保育 A 5 判／248頁
──対話と活動が生み出す豊かな実践に学ぶ 本体　2200円
浜谷直人・芦沢清音・五十嵐元子・三山　岳 著

自閉症スペクトラムの症状を「関係」から読み解く A 5 判／292頁
──関係発達精神病理学の提唱 本体　3500円
小林隆児 著

自閉症の子どもたち A 5 判／448頁
──間主観性の発達心理学からのアプローチ 本体　5500円
C. トレヴァーセン・K. エイケン・D. パプーディ・J. ロバーツ 著
中野　茂・伊藤良子・近藤清美 監訳

身体・自我・社会 四六判／276頁
──子どものうけとる世界と子どもの働きかける世界 本体　2500円
H. ワロン 著／浜田寿美男 訳編

「心の理論」から学ぶ発達の基礎 A 5 判／264頁
──教育・保育・自閉症理解への道 本体　2700円
子安増生 編著

驚くべき乳幼児の心の世界 A 5 判　378頁
──「二人称的アプローチ」から見えてくること 本体　3800円
ヴァスデヴィ・レディ 著／佐伯　胖 訳

スクールソーシャルワーカーの学校理解 A 5 判　264頁
──子ども福祉の発展を目指して 本体　2500円
鈴木庸裕 編著

──────── ミネルヴァ書房 ────────

http://www.minervashobo.co.jp/